GOTT UND SEINE ATTRIBUTE

Lektionen in der Islamischen Doktrin

Buch I

SAYYID MUJTABA MUSAVI LARI

Frei übersetzt unter Aufsicht Von

Dr.Mohammad Razavi Rad

Musavi Lari , Mojtaba , 1314 -
Gott und seine attribute lektionen in der Islamisden
Doktrin buch I/Mojtaba Musavi Lari ; frei ubersetzt unter
Aufsicht von Mohammad Razavi Rad.– Qom : Foundation
of Islamic C.P.W, 2009.

ISBN : 978-964-5817-61-0
Original Title : خدا و صفاتش
۱خدا(اسلام) - - صفات. ۲. خداشناسی   الف. رضوی راد ، محمد ،
مترجم . ب. عنوان .
۲۹۷ / ۴۲   م۹ص۱۵۴۹.۷/۲۱۸BP
شماره کتابشناسی ملی : ۱۷۱۶۲۸۶   ۱۳۸۸

خدا و صفاتش – ترجمه آلمانی

Gott und seine attribute
Lektionen in der Islamisden Doktrin buch I
Auteur : Seyyed Mojtaba Moussavi Lari
Translator : Dr Mohammad Razavi Rad
Publisher : Foundation of Islamic C.P.W
Firs Editation : 2009-1388-14304
1rd - Al-Hadi Press
Page : 304
Copies: 2000
ISBN : 978-964-5817-60-0

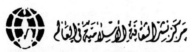

Sayyed Mojtaba Musavi Lari
Foundation of Islamic C.P.W
21 Entezam St., Qom, I.R.Iran
Tel: [0251] 6605408 – 6609550
Fax: [0251] 6602335
Website: www.musavilari.org
E-mail: info@musavilari.org

Inhaltsverzeichnis

In Gedenken an die verstorbene Tochter
Wahide Haschemi Zadeh
haben ihre Eltern die angefallenen Kosten für dieses
Buch übernommen und hoffen, dass Gott diese
Handlung ihrer Tochter zugute kommen lässt.

Über den Autor

Sayyid Mujtaba Musavi Lari ist der Sohn des Ayatollahs Sayyid Ali Asghar Lari, einer der großen religiösen Gelehrten und Persönlichkeiten des Irans. Sein Grossvater war Ayatollah Hajj Sayyid Abdul Husayn Lari, der in der Revolution für Freiheit focht. Während des anhaltenden Kampfes gegen das damalige Schah-Regime, schaffte er es, für kurze Zeit, eine islamische Regierung in Larestan zu errichten.

Sayyid Mujtaba Musavi Lari wurde 1314/1935 in der Stadt Lar geboren, wo er die Grundausbildung in islamischen Studien absolvierte. 1332/1953 zog er nach Qum, um sein islamwissenschaftliches Studium fortzusetzen.

1341/1962 engagierte er sich als Journalist für das wissenschaftliche Journal „Maktab-i-Islam" mit zahlreichen Artikeln über islamische Ethik. Diese Artikel wurden später gesammelt unter dem Buchtitel „Ethische und psychologische Probleme" veröffentlicht. Das neunmal aufgelegte persische Original ist mittlerweile ins Arabische und vor kurzem auch ins Französische übersetzt worden.

Aufgrund einer notwendig gewordenen medizinischen Behandlung kam er 1342/1963 für einige Monate nach Deutschland. Bei seiner Rückkehr in den Iran schrieb er das Buch „Das Gesicht der westlichen Zivilisation", welches eine komparative Diskussion der westlichen und islamischen Zivilisation beinhaltet, wobei der Autor versucht argumentativ, rational und umfassend die Überlegenheit der multidimensionalen islamischen Zivilisation über die westliche zu beweisen. Dieses Buch wurde nun zum siebten Mal gedruckt. 1349/1970 wurde es von dem britischen Orientalisten F. G. Goulding übersetzt und fand ein breites Echo in Europa. Diverse Artikel thematisierten das Buch in Magazinen, und BBC arrangierte ein Interview mit dem Übersetzer über seine Motive es zu übersetzen als auch die Resonanz, die es in England fand, wurde diskutiert.

Etwa drei Jahre nach der englischen Publikation, übersetzte es der deutsche Professor Rudolf Singler ins Deutsche. Ein führendes Mitglied der SPD schrieb dem Übersetzer damals, dass dieses Buch nicht nur einen tiefen Eindruck bei ihm hinterlassen, sondern auch seine Ansichten über den Islam verändert habe und er es seinen Freunden weiter empfehlen werde. In Deutschland wurde das Buch bereits drei Mal aufgelegt.

Der Nachdruck der englischen und deutschen Übersetzung des Buches erfuhr durch das Ministerium für islamische Leitung über das Auslandsministerium bis hin zu den Islamischen Studentenvereinen zusätzlich weite Verbreitung im Ausland.

Zeitgleich mit der deutschen Übersetzung kam durch den indischen Gelehrten Maulana Raushan Ali eine Fassung in Urdu heraus, die in Indien und Pakistan verlegt wurde. Das Buch in Urdu wurde zum fünften Mal aufgelegt.

Sayyid Mujtaba Musavi Lari hat außerdem ein Pamphlet über das Tauhid (die Einheit Gottes) herausgebracht, was ins Englische übersetzt, besonders in Amerika, mehrmals publiziert wurde.

1343/1964 gründete er eine karitative Organisation in seiner Heimatstadt Lar mit dem Ziel Islam zu propagieren und es der ländlichen Jugend nahe zu bringen, sowie den Bedürftigen zu helfen. Diese

Organisation war bis 1343/1967 aktiv. Seine größte Errungenschaft war die Entsendung von Studenten der theologischen Fakultäten in Dörfer, um den Kindern und Jugendlichen den Islam zu lehren. Dabei wurden Tausenden von Kindern Kleidung, Schulbücher und Schreibmaterial zuteil. Mehrere Moscheen und Schulhäuser wurden errichtet, Arztpraxen wurden in kleineren Städten und Dörfern eingerichtet und der Zugang zu diversen Dienstleistungen ermöglicht.

Sayyid Mujtaba Musavi Lari verfolgte weiterhin sein Interesse in islamischer Ethik und schrieb Artikel zu diesem Thema, die gesammelt 1353/1974 unter dem Titel „Die Funktion von Ethik in der menschlichen Entwicklung" erschienen.

1357/1978 wurde er von einer islamischen Organisation nach Amerika eingeladen. Später bereiste er England und Frankreich. Zurück im Iran schrieb er Artikelreihen über islamische Ideologie für das Magazin Saroush. Diese Artikel über die fundamentalen Glaubensgrundsätze des Islams (Tauhid bzw. die göttliche Einheit, göttliche Gerechtigkeit, Imamat und das Jüngste Gericht) wurden später in einem vierbändigen Werk unter dem Titel „Das Fundament der islamischen Doktrin" zusammengefasst.

Dieses vierbändige Werk wurde ins Arabische übersetzt, einige Teile bereits dreimal. Die englische Übersetzung des ersten Bandes wurde in der hier vorliegenden Arbeit ins Deutsche übersetzt. Urdu, Hindi und Französische Übersetzungen sind ebenfalls in Bearbeitung. Zwei Bände der französischen Übersetzung sind schon erschienen.

In Qum hat Sayyid Mujtaba Musavi Lari 1359/1980 die Organisation „Büro für die Verbreitung von islamischer

Kultur im Ausland" geschaffen. Es versendet weltweit übersetzte Schriften an interessierte Personen und hat unter anderem den Koran kostenlos an einzelne Muslime, Institutionen sowie Theologieschulen in Afrika verteilt.

Vorwort des Autors

Ein intellektuelles als auch ideologisches Vakuum zieht den Menschen zunehmend fort von der Wahrnehmung der Realität hin zur Korruption. Heute sehen wir, wie der Mensch eine Menge Energie verschleudert, wenn er seine Augen gegenüber dem reichen und weiten Meer der Kultur und dem Denken verschließt, das ihm die Religion bietet, sein intellektuelles Leben abtötend durch die Ideologie der modernen Welt.

Heute werden einer durstigen und verzweifelten Generation viele Ideen präsentiert, welche die hastigen und fehlerhaften Ansichten von Philosophen und Gelehrten mit beschränkten Horizonten widerspiegeln. Diese Ideen täuschen vor, auf die Bedürfnisse dieser Generation Antworten zu geben, aber sie geben dem Leben weder Bedeutung noch Sinn.

Der monodimensionale Ton, der diesen Gedanken zugrunde liegt, ist nicht geeignet die sensiblen Köpfe dieser Zeit zu nähren, ist nicht einmal Beachtenswert in jeglicher Umgebung, wo Intellekt und Logik noch Bedeutung über die Existenz besitzen.

Es wird keinen Zweifel darüber geben, dass die zahlreichen Ungerechtigkeiten, Grausamkeiten, Übel und chaotischen Zustände, die durchweg in der Geschichte zu beobachten sind, ihre Wurzel in den Widersprüchen haben, welche die Welt und das Leben des Menschen dominieren.

Wir glauben, dass der Islam und seine auf Tauhid - die Einheit Gottes - basierende Ideologie, welche weitreichende philosophische und wissenschaftliche Analysen der objektiven Welt bzw. externen Realität enthält, als auch dem Menschen mit all seinen Dimensionen des Seins bekannt macht, die Kapazität besitzt, die Widersprüche radikal zu lösen und den Menschen in jene Richtung zu leiten, wo nachhaltige kreative Taten seine Zukunft sichern.

Jedes Glaubenssystem bedarf trotz seiner universellen Prinzipien in jeder Generation einer erneuerten Präsentation, die den Umständen der Zeit entspricht. Denker und Wächter der Spiritualität, die mit dem Geist der Zeit vertraut sind und sich bewusst sind, dass es stärkerer Forschung in den fundamentalen Bereichen bedarf, um den Innovationen, welche die moderne Philosophie und Wissenschaft mit sich bringt, begegnen zu können, müssen sich daher ernsthaft und besonnen mit diesen Fragen auseinandersetzen, die Quellen des Islams zu Rate ziehend. Sie müssen den weiten, progressiven Geist des Islams präsentieren und die Welt mit den intellektuellen Prinzipien des Islams vertraut machen.

In der hier vorgestellten Arbeit steckt das Bemühen, grundlegendes über den Islam in kompakter und lebendiger Form vorzustellen, dabei philosophische Argumentation in einfachen Worten formulierend. Da es unser Ziel war, eine relativ prägnante Arbeit zu machen, haben wir Abstand davon genommen, unzählige Philosophen und Wissenschaftler in ihrer Länge zu zitieren.

Der erste Abschnitt der Arbeit thematisiert die heilige Einheit und Gerechtigkeit. Wir hoffen, dass wir hiermit einen Beitrag dazu leisten werden, die Ansichten des Islams in diesen fundamentalen Fragen bekannt zu machen.

Sayyid Mujtaba Musavi Lari

L1 - Die Entwicklung des Glaubens über die Jahrhunderte

Unter den fundamentalen intellektuellen Themen, welche das menschliche Leben betreffen, sind die religiösen Fragen von besonderer Wichtigkeit. Ihnen wurden seit jeher eine grundlegende Bedeutung für das Wohl und Schicksal des Menschen zuteil und sie haben tiefe Einsichten und vielfältiges Wissen produziert.

Gelehrte und Wissenschaftler haben weitreichende und umfassende Studien über die Ursprünge und Motive der religiösen Anliegen des Menschen gemacht. Dabei gehen sie bei ihren Forschungen mit bestimmten Meinungen und Methoden vor, die auch ihre Urteile und Schlussfolgerungen beherrschen.

Die Wahrheit ist, dass seit der frühsten prähistorischen Zeit, Religion und Glaube immer Teil der Struktur der menschlichen Gesellschaft waren. Weder in der Vergangenheit noch in der Gegenwart ist es möglich eine Gesellschaft zu finden, in welcher religiöse Themen nicht erörtert wurden. Der noble Koran verweist an mehreren Stellen auf die historische Tatsache, dass von Gott gesandte Propheten immer wieder vergangenen Völkern erschienen sind, wo sie zusätzlich zu ihrem wohltätigen spirituellen Einfluss auch ein große Rolle bei der Schaffung einer Zivilisation gespielt haben.

Bei genauerer Betrachtung der Art und Weise, wie sich menschliches Leben herausbildete und Wissen sich entwickelte, zusammen mit dem Wissen, welches an den entlegenen Gegenden der Geschichte gewonnen wurde, zeigt sich, dass der Mensch mit religiösem Glauben verbunden war, noch bevor er sich der Methoden der rationalen Deduktion bewusst war.

Die Phase der menschlichen Wissenschaft und Industrie hat daher keinen Vorrang gegenüber den Phasen des Glaubens und der Religion. Man könnte sogar behaupten, dass menschliche Anstrengungen im Bereich der Religion noch energischer und nachhaltiger waren als in den Wissenschaften, weil das Wissen um eine transzendentale Realität – der Essenz der Seinswelt – schwerer und weniger zugänglich ist, als das Wissen um die Essenz der Dinge, nach dem die Wissenschaften ständig streben.

Die essenzielle Natur der strahlenden Sonne, welche zu den am meisten manifestierten Dingen überhaupt zählt, blieb dem Menschen Jahrhunderte lang unerschlossen und ihre Bewegung und Wirkung war Anlass für vielfältige Interpretationen. Obwohl niemand ihre Lichtstrahlen negieren konnte, blieb das Wissen um die Beschaffenheit des Lichts für die meisten Menschen im Dunkeln.

Die Wahrnehmung von großer Wirklichkeit ist demzufolge unmöglich ohne logische Untersuchung, Deduktion und einem umfassenden Studium zu bewerkstelligen. Wenn Aberglaube und religiöse Mythen unter den Völkern vergangener Zeit zu finden waren, welche aufgrund von Ineffizienz und Schwäche im Denken und Mangel an Wissen ständig Neuerungen ausgesetzt wurden, so heißt dies nicht, dass Religion an sich mit seinen Doktrinen falsch liegen muss. Es zeigt vielmehr den Vorrang und die Autonomie von religiösem Bestreben in den Tiefen der menschlichen Seele und seinem Herzen. Darüber hinaus kann man nicht von der Wissenschaft erwarten, welche versucht prähistorische Zeiten zu entdecken, dass sie mehr von den Religionen alter Zeiten herausfindet als Spuren von Aberglauben und Mythen der Religionen alter Zeiten entschlüsselt. als

Spuren von in den überresten des primitiven Menschen unter der Erde herausfindet

Da menschliche Führung und Aktivität immer von zwei Charakteristika geleitet wird – Vorrang und Autonomie auf der einen und Umfang und Universalität auf der anderen Seite – erscheint es absolut logisch, dass wir den Ursprung dieser Leitung und Aktivität in den Tiefen des menschlichen Geistes postulieren. Die Existenz eines solch kontinuierlichen Phänomens in einer immer währenden und universellen Form, geschichtlich und vorgeschichtlich, kann nicht als ein Effekt von Traditionen und Gewohnheit betrachtet werden; es ist vielmehr die Manifestation eines ureigenen Durstes und imperativen Instinkts der Wahrheit. Alle religiösen Glaubensrichtungen mit ihren unterschiedlichen Aspekten und Formen stammen von einer einzigen überschwänglichen endlosen Quelle, der ureigenen Natur des Menschen, die weder extern auferlegt noch zufällig ist.

Als erstes wird die Fähigkeit Glauben anzunehmen in der Natur des Menschen existent, danach der Glaube selbst. Die gleiche innerliche Neigung, die eine Person zur intellektuellen Untersuchung antreibt und sie forschen lässt, um die Realität zu erfassen, ist eine Indikation für das Verlangen des Menschen nach religiösem Wissen. Dies bedeutet natürlich nicht, dass ein innerlicher Zustand und eine Prädisposition automatisch mit einem korrekten vollendeten Glauben einhergehen müssen.

In der gleichen Weise wie der Körper nach Nahrung verlangt, was nicht gleichzeitig das Gute, Vollwertige der Nahrung impliziert, sucht die Seele ebenfalls nach ihrer Nahrung – Glaube und religiöse Überzeugung. So sucht das Bewusstsein unablässig nach seinen Herrn mit dem

Wunsch, an seiner Türschwelle zu bitten. Aber der Instinkt, der die Seele antreibt Ihn zu suchen, ist unfähig Glauben und Bekenntnisse zu erkennen und einzuschätzen, sowie zwischen wahr und unwahr zu unterscheiden.

Gelehrte sind sich darüber einig, dass religiöse Bekenntnisse immer mit dem menschlichen Leben verknüpft sind. Jedoch unterscheiden sie sich in ihren Ansichten, was die Wurzeln der Religion anbetrifft und die Faktoren die bei ihrer Etablierung und Entwicklung eine Rolle spielen. Ihr diesbezügliches Urteil basiert oft auf Studien von abergläubischen und primitiven Glaubensformen, mit dem Ergebnis, dass ihre Schlussfolgerungen in ihren Endanalysen fehlerhaft und unlogisch ausfallen.

Es ist wahr, dass bestimmte Religionen, aufgrund des Fehlens einer Verbindung zu den Prinzipien der Offenbarung, in ihrem Erscheinen und in ihrem Wachstum von der sozialen Umgebung und ähnlichen Faktoren beeinflusst werden. Dennoch wäre es unlogisch die Basis aller Religionen und religiöser Tendenzen auf materiellen oder ökonomischen Umständen und Bedarf, auf Angst vor Furcht einflößenden Kräften der Natur, auf Ignoranz oder auf Überlegung, welche die Wissenschaft verwirft, zurückzuführen.

Ohne Zweifel, ein Faktor für das Erscheinen von antireligiösen Ideen sind die falschen Lehren, die Unzulänglichkeiten und die intellektuellen Perversionen der Glaubensanhänger von einigen Religionen. Die Besonderheiten und eigenen Charakteristika jeder Religion müssen daher individuell untersucht werden, wenn man die Gründe studieren will,die die Menschen zu bestimmten Religionen hinziehen lassen.

Bei vielen historischen Ereignissen erkennt man die Dominanz der Religion in allen Beziehungen. Wenn Religion nicht ein primäres Phänomen wäre, müsste sie innerhalb der Enklave der materiellen Motive bleiben. Welcher Faktor war jedoch verantwortlich für die Festigkeit und Stetigkeit der großen religiösen Persönlichkeiten beim Erlangen ihrer Ziele? War es die Erwartung auf materiellen Gewinn und persönliche Bereicherung, welche die bitteren Entbehrungen, Schicksalsschläge und Schwierigkeiten den Seelen dieser Menschen süß schmeckend erscheinen ließen? Wir sehen, wie sie, ganz im Gegenteil, ihr ganzes Hab und Gut, ihr persönliches Verlangen den religiösem Sentiment und Idealen opferten, ja, sie gingen sogar soweit, liebevoll ihre Seelen zu opfern.

In der Geschichte mit dem Pharao und seinen Priestern lesen wir, dass er alle Magier versammelte, um die Niederlage des Gottesgesandten Moses (Friede sei mit ihm) zu vereiteln, hoffend, dass der Einfallsreichtum und die magische Kraft, die diese an den Tag legen würden, Moses dazu bringen könnten, sich zu unterwerfen. Aber durch die wundersame Kraft, die auf Moses gelegt war, wurden sie geschlagen und bekannten sich zu dem wahren Glauben. Der zornige Pharao, dessen Arroganz gebrochen war, begann sie zu beschimpfen und drohte ihnen mit schlimmster Folter: Die Abtrennung ihrer Gliedmaßen. Aber eine tief greifende Revolution hatte in den Seelen der Zauberer stattgefunden, sie blieben trotz der Drohungen des Pharaos standhaft. Sie antworteten mit bemerkenswerter Stärke „(...) Gebiete, was du gebieten magst: Du kannst ja doch nur für dieses irdische Leben gebieten." (Vgl. Koran: Sure 20, Vers 72)

Dies zeigt deutlich die Stärke des inneren Verlangens nach Wahrheit und Wirklichkeit im Menschen, wenn er mit Unterdrückung, Zwang und brachialer Gewalt konfrontiert wird. Menschen, die im Zentrum des Apparates des Pharaos gelebt haben und durch diesen profitiert haben müssen, erhoben ihre Köpfe und waren bereit, dafür ihr eigenes Leben zu geben.

Die spezifische Neigung des Menschen zu religiösen Anliegen kann daher nicht materialistisch interpretiert werden, im Gegenteil, Begebenheiten wie diese demonstrieren den Vorrang des religiösen Sinns im Menschen.

Unlogische Glaubensformen bringen nicht nur religiöse Fragen mit sich. Bevor diese wirklich veredelt werden können, werden viele Bereiche mit Aberglauben vermischt. Menschen finden ihren Weg von Beschwörung und Zauber zu wahrer und wohltätiger Medizin und von unrealistischer Alchemie zu realistischer Chemie. Niemand kann behaupten, dass der Mensch, wenn er einmal einen Fehler begeht, in diesem auch verharren muss und niemals den Weg zur Wahrheit findet. Jene, die an die wissenschaftliche Philosophie und dem Vorrang der experimentellen Methode glauben, akzeptieren, dass ihre Experimente fehlerhafte Ergebnisse haben können, obwohl sie ihnen den Status der Wahrheit geben.

Jene, die Gott leugnen, beharren darauf, dass Gott ein Produkt menschlichen Denkens ist. Der englische Philosoph Bertrand Russell meint zum Beispiel, der Ursprung der Religion sei auf die Angst vor Naturgewalten zurückzuführen. „Nach meiner Meinung ist Religion vor allem auf Angst begründet: Angst vor dem Unbekannten, Angst vor dem Tod, Angst vor dem Versagen, Angst vor dem Mysteriösen und dem Verborgenen. Schließlich, wie bereits angemerkt, kommt der Gedanke ins Spiel, jeder hätte bei all seinen Problemen und Kämpfen einen Unterstützer."[1]

Dies ist nur eine Behauptung, die durch keinen Beweis belegt wird.

Samuel King sagt, „Der Ursprung der Religion ist ein Mysterium. Unter den unzähligen Theorien von Gelehrten zu diesem Thema sind manche logischer als andere, aber sogar die Beste ist offen für Widerspruch, wenn man es rein wissenschaftlich betrachtet. Sie können die Ebene der logischen Spekulation nicht verlassen. Es gibt daher unter den Soziologen große Uneinigkeit über den Ursprung der Religion."[2]

Dennoch können wir erwidern, selbst wenn wir die Angst als fundamentales Ur-Motiv für den Glauben an einen Schöpfer akzeptieren, dass dies nicht beweist, dass Gott eine bloße Überlegung ohne Realität ist.

Wenn Angst die Motivation war, die den Menschen Zuflucht suchen ließ und wenn dieser in dem Verlauf eine außerordentliche Wirklichkeit entdeckt, kann man daran etwas aussetzen? Wenn Angst der Grund des Erkennens einer bestimmten Sache ist, können wir dann sagen, das Gefundene sei imaginär und irreal, weil es Angst war, die ihn dazu brachte, danach zu suchen?

Wäre es, zum Beispiel, nicht unlogisch zu behaupten, die Medizinwissenschaft besitze keine Realität, weil der Mensch in diesem Bereich aus Angst vor Krankheit und Tod zu forschen begann? Die Wahrheit ist, dass die

---

[1] Russell, „Warum ich kein Christ bin"

[2] King, „Soziologie"

Medizinwissenschaft eine Wirklichkeit ist, ganz egal, ob das Motiv für ihre Erforschung nun Angst vor Krankheit und Tod war oder ein anderer Faktor.

In all den Vorkommnissen und Begebenheiten im Leben ist der Glaube an einen weisen und mächtigen Gott eine wirkliche Zuflucht und eine starke Unterstützung. Dies ist ein völlig anderer Sachverhalt als die Frage, was die Motive für das Suchen waren, die Angst vor den Launen des Schicksals und die Suche nach einer Zuflucht, oder eben etwas Anderes. Dies sind zwei verschiedene Dinge und sie müssen daher separat behandelt werden.

Ohne Zweifel war der Mensch in primitiven Zeitaltern schmerzvollen Schrecken ausgeliefert, ausgelöst durch unglaubliche Naturgewalten wie Stürme, Erdbeben und Seuchen. Ein Alptraum der Angst legte seinen Schatten über alle Aspekte des Lebens und des Denkens und in dem ständigen Kampf suchte der Mensch Zuflucht vor dieser fürchterlichen Umgebung und Mensch inneren Frieden und Zuflucht vor dieser fürchterlichen Umgebung. Endlich dann, durch hartnäckige Anstrengungen, besiegte er den Albtraum des Schreckens und erlangte einen erstaunlichen Triumph.

Das Studium der verschieden Phasen im Leben des frühen Menschen und die Entdeckung von Anhaltspunkten, dass zu gewissen Zeiten Angst sein Denken beherrschte, beweisen nicht, das Angst und Ignoranz die einzigen Faktoren sind, die den Hang des Menschen zur Religion erklären könnten. So eine Behauptung wäre eine sehr einseitige Herangehensweise an die Materie. Generelle Schlussfolgerungen können bei der historischen Forschung und dem Studium der Geschichte nur gezogen werden, wenn das komplette Spektrum der Geschichte mit all seinen Facetten in all den verschiedenen Epochen untersucht wurde und nicht nur eine Ecke dieser weit gespannten Historie.

Die Dominanz der Angst in bestimmten zeitlich begrenzten Epochen kann nicht als Maßstab für ein generelles Urteil sein, das alle Zeitabschnitte einschließt. Wäre es nicht voreilig zu sagen, dass alle religiösen Ideen und Gefühle der Menschen, der Wunsch Gott anzubeten, in all den Perioden, einschließlich der Gegenwart, nur durch Terror, Angst vor dem Zorn der Natur, Kriegen und Seuchen verursacht wurden?

Tatsächlich verhält es sich so, dass die am meisten überzeugten Menschen in keinerlei Weise die Schwächsten sind. Jene,die in der Geschichte der Zeit die Banner der Religion erhoben, waren die stärksten und stetigsten Menschen. Der Glaube einer Person wird nicht proportional stärker zu seiner Schwäche.Auch die Führer der Menschen in Fragen der Religion waren nicht die Schwächsten und Ohnmächtigsten unter ihnen.

Ist der Glaube von Tausenden von Gelehrten und Denkern das Produkt ihrer Angst vor Stürmen, Erdbeben und Krankheit? Kann ihre Tendenz zur Religion, das Ergebnis ihres Studiums von Logik und rationalem Beweis ihrer Ignoranz zugerechnet werden und dem mangelnden Bewusstsein für die Ursachen von natürlichen Phänomenen? Was wäre da die Antwort einer intelligenten Person?

Ist es nicht vielmehr der Wunsch nach einer Art von Frieden, der den Menschen dazu bringt, sich für die Religion zu entscheiden? Nach Erlangung des Glaubens und der Überzeugung beginnt der Mensch doch erst die Früchte der Religion zu genießen: Frieden und innere Ruhe.

Nach Meinung der von Gott geleiteten Gelehrten, den Imamen, ist die Welt ein Kompendium von fein kalkulierten Ursachen und Wirkungen. Das präzise System des Kosmos bezeugt die Existenz einer Quelle, die charakterisiert wird durch Wissen und Macht. Der unvollständige und verwirrte Pinselstrich eines Gemäldes steht im Gegensatz zu den präzisen Pinselstrichen und Kompositionen mit bedeutsamem Inhalt, die auf die Existenz eines begabten Malers hindeuten.

Es gibt Menschen, die meinen, der Glaube an eine Realität, die über die Natur hinausgeht, sei ein Produkt von ökonomischen Faktoren. Sie machen sich sehr viel Mühe, eine Verbindung zwischen Religion und der Wirtschaft herzustellen. Sie behaupten, dass Religion immer dem Imperialismus und der Ausbeutung zur Verfügung stand und dass sie eine Erfindung der Machthaber sei mit dem Zweck den Widerstand der ausgebeuteten Massen zu brechen. Religion würde benutzt, um die Arbeiter zu betäuben und sie dazu zu bringen, ihre Entbehrungen zu akzeptieren. Es gibt keinen Zweifel daran, dass Religion, wie alles andere auf der Welt, missbraucht werden kann. Wenn sie von ihren wahren Zielen abgelenkt wird, endet sie in den Händen der Profiteure, welche die Nationen versklaven wollen. Der Missbrauch von Religion sollte jedoch nicht Opportunisten den Anlass geben, alles was mit Religion zu tun hat, erbarmungslos zu attackieren. Es muss klar unterschieden werden zwischen pervertierten Religionen, ausgeheckt vom Imperialismus, um die Massen zu verdummen und authentischer, konstruktiver Religion.

Es ist möglich, dass in vielen sozialen Gesellschaften ungünstige ökonomische Konditionen, Stagnation und

Rückständigkeit zusammen mit religiöser Überzeugung bestehen. Aber diese Koexistenz macht keine kausale Beziehung erforderlich, das Eine kann nicht als die Ursache des Anderen präsentiert werden. Manchmal treffen wir auf eine Gesellschaft, die Wohlstand und florierenden Handel tief an die Religion koppelt, während eine andere Gesellschaft, die ähnlich günstige wirtschaftliche Bedingungen aufweist, der Religion völlig abgeneigt ist. In gleicher Weise kann in einer von Armut und Rückständigkeit geprägten Umgebung die Sonne der Religion untergehen, wogegen in einem ähnlichen Milieu der Einfluss dieser auf ihrem Höhepunkt ist. Das offensichtliche Fehlen von Kongruenz zwischen wirtschaftlichen Konditionen und der Verbreitung bzw. Ablehnung von religiösem Einfluss ist ein klarer Beweis für den Fakt, dass die Gleichzeitigkeit nicht ausreicht, um einen kausalen Zusammenhang herzustellen. Ein spezieller Faktor muss für das Erscheinen oder Verschwinden des Einen gelten, um mit der Existenz oder Nicht-Existenz des Anderen verbunden zu werden.

Wir können das Fehlen von Kongruenz in Gesellschaften beobachten, die beide unter der Unterdrückung der ausbeutenden Klasse leiden. In einer hat Religion die Szenerie völlig verlassen, während in der anderen ihr Einfluss ausgeweitet wurde.

Die Realität zeigt uns daher, dass der Mensch in einer Vielfalt von externen Umständen zur Religion tendiert. Wo auch immer Religion seine Anziehungskraft demonstriert, muss man nach dem fundamentalen inneren Motiv in der spezifischen Natur der Religion schauen, nicht auf wirtschaftliche Umstände. Mehr noch, wenn man die Ziele der himmlischen Religionen untersucht, schlussfolgert man, dass die Bereitstellung von Wohlstand und die Etablierung von einem gerechten ökonomischen System, basierend auf Religion, einer der

Gründe war, weshalb Propheten gesandt wurden. Dies ist auch ein Grund, warum Menschen von der Religion angezogen werden und dies ist eine der Leistungen, die der Menschheit durch die Religion zuteil wird.

L2 - Der Mensch verlangt nach Gott

Außerhalb des komplizierten Systems des Körpers hat der Mensch viele und bedeutende Dimensionen, die nicht an seine physischen Mechanismen gefesselt sind. Um diese Aspekte und Ebenen zu entdecken, die über die körperliche Struktur hinausgehen, muss man sich in die inneren, spirituellen Strukturen hinein suchen, zusammen mit den delikaten und veredelten Manifestationen seiner Gefühle und Instinkte und die weiten Horizonte seiner ausgedehnten Natur wahrnehmen.

———

Eine Serie von besonderen Arten der Wahrnehmung existiert im Menschen, die in ihm selbst wurzeln und deren Auftauchen, emporkommend aus dem Gewebe menschlicher Natur, keinem externen Faktor zu verdanken sind. Unter diesen Wahrnehmungen gibt es den Sinn für das Bekenntnis zur Gerechtigkeit, zur Aufrichtigkeit, und zur Ehrlichkeit.

Bevor der Mensch in den Bereich der Wissenschaft und Erkenntnis mit all seinen Belangen eintritt, ist er in der Lage, mithilfe dieser immanenten Wahrnehmungen gewisse Wirklichkeiten zu erspüren. Aber nach dem Eintreten in die Welt der Wissenschaft und Philosophie und nachdem er seinen Kopf mit diversen Beweisen und Deduktionen gefüllt hat, kann er seine eigene natürliche Vorstellung vergessen oder sie anzuzweifeln beginnen. Dies ist auch der Grund, weshalb er über diese ihm eigene Natur hinausgeht und sich von einer Überzeugung abgrenzen kann, während in ihm Meinungsverschiedenheiten zu entstehen beginnen.

Die Inklination zur Religion und der Glaube an Gott zeigen sich in ihren frühen Stadien durch instinktive Motive und immanente Wahrnehmungen, aber sie entwickeln und formen sich mit Hilfe der Ratio und dem Denken. Die Wurzel dieses innewohnenden Gefühls ist als Disposition des Menschen so tief verankert und gleichzeitig so klar und evident, dass eine Person an sich selbst feststellen kann, wie sie mit der Gesamtheit des Seins in eine bestimmte Richtung geht, sobald sie ihren Verstand und Geist von religiösen und antireligiösen Konzepten säubert und sich dann selbst betrachtet, sowie auf die existierende Welt um sich herum schaut. Ohne ein Verlangen oder einen Willen auf ihrer Seite, beginnt sie ihr Leben zu einem bestimmten Zeitpunkt und, wieder ohne es zu wollen, gelangt sie zu einem anderen Punkt, einen, den sie nicht kennt. Diese Realität kann in allen Kreaturen beobachtet werden.

Wenn ein Mensch mit klarem Verstand sich in der Natur umschaut, wird er die Existenz einer großen Kraft fühlen, die ihn und die ganze Welt um ihn herum umgibt. In seinem eigenen Sein, das ein Bruchteil der ganzen Welt ausmacht, wird er Wissen, Kraft und den Willen zu existieren erkennen und er wird sich selbst fragen, wie Wissen, Kraft und Willen nicht auch im Ganzen sein können. Es ist die ausbalancierte Ordnung und Bewegung der Welt, die den Menschen dazu bringt, die Existenz eines universellen Intellektes,der über die zu akzeptieren. Eines Intellekts, der über die Welt der Natur hinaus geht, dennoch diese erschafft und befehligt; solange das nicht akzeptiert wird, lässt sich die Ordnung dieser Welt nicht erklären. Jeder, der seine eigene Position in dieser Welt einschätzen kann, wird erahnen können, dass es da eine Macht gibt, die ihn erschafft, ihn hervorbringt und in ihm Bewegung inspiriert und die ihn dann auch wieder verschwinden lässt, ohne ihn selbst dabei um Erlaubnis zu fragen, noch Assistenz in diesen Dingen zu verlangen.

Der Führer und Märtyrer, Husayn, Sohn Alis (Möge der Frieden mit ihnen beiden sein) äußerte in seinen persönlichem Bittgebet zu Gott: „Wie ist es möglich, Deine Existenz von einer Sache abzuleiten, wenn ihr Sein doch abhängig von Dir ist? Warum besitzt Du nicht die Manifestation, die Alles-was-Du-nicht-bist besitzt, dass sie Dich evident machen? Warst Du denn je vor dem inneren Auge verborgen, als das Du Beweise bräuchtest als Führung zu Dir? Wann warst Du uns denn jemals fern, als das Deine Spuren und Zeichen uns Dir näher brächten? Blind ist das Auge, welches nicht sieht, dass Du es bist, der es sieht und beschützt!

Oh Gott, Du, der Du Dich uns gezeigt hast mit Deiner Pracht, Wie kannst Du verborgen sein, wo Du doch manifestiert und evident bist? Wie könntest Du fremd sein, wo Du doch durch Deine nicht endende Manifestierung über Deine Diener wachst?"[3]

Nirgends und zu keiner Zeit wurde ein Ding ohne einen Erschaffer geschaffen, noch wurde ohne einen Schaffenden irgendetwas je geschafft. Die Suche nach der Verbindung zwischen Ursache und Wirkung erwächst aus dem Instinkt eines Menschen: Das Bewusstsein um die Kausalität kann von niemandem genommen werden. Ebenso kann das religiöse Sentiment, die Suche nach dem Schöpfer von niemandem genommen werden. Sogar ein Kind ohne jegliche Erfahrung von der Welt wird, wenn es ein Geräusch hört oder eine Bewegung bemerkt, instinktiv in

---

[3] Du´a-yi ´Arafa in „Mafatih Al-Janan"

die Richtung schauen, wo das Geräusch seinen oder die Bewegung ihren Ursprung hat.

Praktische Erfahrung und Wissen basieren auf der Akzeptanz der Ursache einer Wirkung. Die Norm der Kausalität ist faktisch eine absolute, die keine Ausnahmen erlaubt. Geologie, Physik, Chemie, Soziologie, Ökonomie – in diesen und anderen Bereichen der Wissenschaften dient die Forschung dem Zweck, das Prinzip der Ursache und Wirkung zu spezifizieren und die Faktoren und die Beziehungen die damit zusammenhängen zu erkennen. Kurz, es ist klar, dass Wissenschaft und Erkenntnis nichts anderes sind als die Suche nach den Ursachen. Jeglicher Progress und Fortschritt in menschlichen Belangen ist das Ergebnis von Untersuchungen der Ursprünge der Phänomene, ausgeführt von Gelehrten.

Wäre es uns möglich, in irgendeiner Ecke des Universums auch nur ein Zeichen in einer einzigen Sache von absolutem Selbst-Ursprung oder Kreativität zu finden, wir wären berechtigt, diese Angelegenheit auf die komplette Architektur des Seins auszuweiten.

Natürlich ist es nicht notwendig, dass sich uns das Gesetz der Kausalität immer in uns bekannten Manifestationen zeigt. Die Vielfalt und Multiplizierung der Ursachen ist zuweilen so groß, dass der Untersuchende, der sich nur mit einem Phänomen beschäftigt, sich nicht in der Lage sieht, allen Ursachen auf den Grund zu gehen. So ist in allen Dingen, welche die Menschheit betreffen, seien sie allgemeiner oder spezieller Natur, seien sie aus der Vergangenheit oder der Zukunft, seien es die Belange eines Individuums oder einer ganzen Gesellschaft, kein einziger Punkt zu finden, der zufällig wäre. Es ist nicht nur eine bestimmte Ordnung in der Schöpfung eines jeden Phänomens gegeben; es ist zu beobachten, dass jede Beziehúng eines Phänomens zu einem anderen Phänomen, sowie das Phänomen in Beziehung zu seiner Umwelt, in denen es existiert, einer fein kalkulierten Ordnung unterliegt. So operieren zum Beispiel bei dem Heranwachsen eines Baumes die Gesetze des Himmels und der Erde in perfekter Harmonie mit der Struktur seiner Wurzeln und Äste. Es gibt auch die Beziehung des Tieres zum Baum, der durch diesen Nahrung erhält. Wie könnte der Zufall der Ursprung solch geordneter Beziehungen sein?

Wenn sich auf einer bestimmten Ebene ein Phänomen in der Struktur von etwas Seienden formen würde, unbewusst und zufällig, so wäre dies eine exzellente Basis für das Verschwinden und der Zerstörung dieser Welt. Weil schon der geringfügigste Bruch im Gleichgewicht der Elemente und die kleinste Disharmonie in den strahlenden Gesetzen des Universums ausreichen würden, damit die Dinge ihre Verbindungen verlören und die himmlischen Objekte würden kollidieren, was die Zerstörung der Welt zur Folge hätte.

Wenn der Ursprung der Welt auf Zufall basieren würde, warum basieren dann sogar die Theorien der Materialisten auf einem Plan, einem geordnetem Gefüge, der Abwesenheit von Wahrscheinlichkeit? Wenn die ganze Welt nur zufällig und das Ergebnis einer Wahrscheinlichkeit ist, was ist nicht auf der Basis der Wahrscheinlichkeit entstanden? Wenn etwas Existentes nicht durch die Wirkung der Wahrscheinlichkeit „seiend" wurde, was sind dann die entscheidenden Merkmale bzw. Charakteristika und können sie auf die vielen und variationsreichen Phänomene des Universums angewendet werden?

Da der Zufall sich zur Ordnung und Harmonie gegensätzlich verhält, folgt daraus, dass alles, was nur teilweise Planung, Design und Kalkulation aufzeigt, unharmonisch und unterbrochen sein müsste. Dies, weil das Konzept von Planung, Design und Kalkulation im Gegensatz zum Zufall stehen.

Anzunehmen, dass der Zufall die Infrastruktur und das tragende Prinzip sei, unterliegt keinem logischen oder wissenschaftlichen Beweis, es kann daher nicht als definitive Lösung für die Geometrie und Struktur des Seins akzeptiert werden.

Wenn die experimentelle Wissenschaft demonstriert, dass die Elemente und natürlichen Kräfte nicht unabhängigen Einfluss haben können und keine eigene Kreativität besitzen; wenn all unsere Erfahrungen, unser sensorisches Empfindungsvermögen und unsere rationalen Deduktionen auf die Folgerung hinweisen, dass nichts in der Natur ohne Grund und Ursache geschieht, dass alle Phänomene auf einem etablierten System beruhen und speziellen Gesetzen folgen; wenn all dies der Fall ist, erstaunt es, wie manche Menschen wissenschaftlich fundierten Prinzipien den Rücken kehren und die Existenz eines Schöpfers verneinen.

Bildung und umweltbedingte Faktoren liefern die Ursachen, die entweder verhindern, dass die angeborenen Wahrnehmungen des Menschen zum Vorschein kommen, oder aber sie verstärken diese noch. Was immer aus der Quelle des Instinktes erscheint ähnelt der Ordnung, dem Muster der Natur. Jene, denen es vergönnt ist dem ursprünglichen Kurs ihrer eigenen Schöpfung frei zu folgen, ohne durch Gewohnheit eingesperrt zu sein, und deren innere Natur nicht durch Worte und Ausdrücke verfärbt wurde, sind eher in der Lage, den Ruf in ihrem Innern zu vernehmen. Sie können zwischen guten und schlechten Taten unterscheiden, zwischen wahrem und falschem Glauben. Irrglaube, welcher tatsächlich ein Abdriften von der wahren Natur ist, wird selten bei solchen Menschen gesehen. Wenn ihnen jemand erzählt, dass die Welt keine innere Ordnung besitzt und dass sie einem Zufall entspringen und diese Person diese Inhalte auch noch in philosophischer Wortgewandtheit ausschmückt, so hat es auf solche Leute keinen Effekt. Sie lehnen diese Theorien durch das Wirken ihrer eigenen Natur ab.

Jene, die in den Netzen der Wissenschaft gefangen sind, können viel eher durch die betörende Terminologie der Skepsis verwirrt werden. Das limitierte Wissen, welches Arroganz im Menschen initiiert, ist wie ein buntes Glass, welches vor den Augen des Intellekts und der wahren Natur platziert ist. Wer etwas Wissen besitzt, wird dieses durch die Blende seines Erlernten verfärbt betrachten. Er stellt sich die gesamte Realität durch die schmale Öffnung dieser Blende vor und seine Sinne und sein Intellekt sind der Farbe verfallen. Natürlich sagt niemand, dass der Mensch aufhören sollte, sich zu entwickeln, nur um seinen Intellekt vor Illusion zu beschützen. Aber er sollte nicht bei dem Wissen limitiert bleiben, dass er hat, noch über seine begrenzte Einsicht stolz sein.

Statt ihr Lernen und ihre Kenntnisse zur Leiter zu transformieren, die es zu erklimmen gilt, um höhere Wissensgrade zu erreichen, bleiben die meisten Menschen stehen und sind gefangen in den vier Wänden ihrer festgefahrenen Konzepte und Termini.

Die ursprüngliche Natur des Menschen rennt zu ihrem Helfer, sobald sie Gefahr spürt. Wenn eine Person schwere Zeiten mit übergroßen Problemen durchlebt, wenn sie allerlei Entbehrungen ausgesetzt ist, gleich einem Strohhalm hin und her geworfen wird und ihr Tod nur noch einen kleinen Schritt von ihr entfernt ist – dann führt sie ein inneres Etwas zu einer nichtmateriellen Quelle der Unterstützung. Sie sucht Hilfe bei jenem, dessen Kraft alle Kraft übersteigt, und sie versteht, dass es diese mitfühlende und allmächtige Existenz ist, die ihr beistehen kann und sie mit außerordentlicher Stärke zu beschützen vermag. Aufgrund ihrer Wahrnehmung sucht sie mit aller Kraft nach der Hilfe der allerheiligsten Existenz, um vor Gefahr bewahrt zu werden und aufgrund des Allerheiligsten in ihrem Herzens, erspürt sie die Macht und Stärke dieser Existenz.

Einmal wurde Imam Jaafar Sadiq (Friede sei mit ihm) nach der Leitung zum Herrn gefragt, denn der Fragende war durch die Reden der Polemiker verwirrt worden. Der Imam fragte daraufhin zurück: „Bist du jemals mit dem Schiff verreist?"

Er antwortete: „Ja."

Der Imam: „Ist es je passiert, dass euer Schiff ein Leck hatte und niemand da war, der dich vor dem Ertrinken in den Wellen des Ozeans bewahren konnte?"

Er erwiderte: „Ja."

Der Imam: „In diesem gefährlichen Moment und in diesem Zustand der Verzweiflung, hattest du da das Gefühl, dass eine unendliche und allmächtige Kraft dich vielleicht vor diesem schrecklichen Schicksal retten könnte?"

Er sagte: „Ja, so war es tatsächlich."

Der Imam: „Es ist Gott, der Allmächtige, der die Quelle des Vertrauens ist, zu dem die Menschen mit Hoffnung schauen, wenn alle Türen verschlossen sind."[4]

Sogar rebellische und materialistische Menschen in einflussreichen Positionen, die sich der Macht Gottes nicht bewusst sind, da sie sich selbst als Herrschende kennen, verändern sich, sobald sie in die Falle der Niederlage und Zerstörung tappen. Sie vergessen die Leugnung Gottes, die sie durch ihre Umwelt und der materialistischen Schule gelehrt bekamen und wenden sich von ganzem Herzen dem Ursprung allen Seins und der Quelle aller Stärke zu.

Die Geschichte weist auf zahlreiche Beispiele von Menschen hin, die Opfer schwerer Umstände wurden, so dass sich der Staub der Verschmutzung plötzlich von ihrer wahren Natur löste und aus tiefster Seele wandten sie sich an ihren Schöpfer.

Zusätzlich zu den inneren Ressourcen, die dem Menschen eigen sind und ihm dabei helfen die Realität zu entdecken, so dass er frei von allen mentalen Konstrukten und Zwängen den Pfad seiner ursprünglichen Natur beschreiten kann, ist auch das äußere Einwirken notwendig, um dem Menschen den Weg zu zeigen und seine ursprüngliche Natur zu stärken. Es ist eine Führung, die rebellische Qualitäten reformiert und den Intellekt und die ursprüngliche, unverfälschte Natur vor Perversion und dem Gehorchen falscher Götter beschützt.

---

[4] „Bihar Al-Anwar"

Die Propheten wurden gesandt, um den Menschen die subtile Wahrnehmung ihrer eigentlichen Natur bewusst zu machen, um ihre von Gott geschenkten Inklinationen zu ermöglichen, den richtigen Weg einzuschlagen und um den erhabenen Zielen Flügel zu verleihen.

Der Führer der Gläubigen, Ali Ibn Abi Talib (Friede sei mit ihm), sagte dazu: „Gott sandte seine Boten unter die Menschen, so dass sie diese (Gesandten) nach dem Bund fragen, um sich durch sie an die vergessenen Gnaden ihres Gottes erinnern zu können, durch sie ermahnt zu werden, durch sie versteckte Weisheit zu erlangen und damit ihnen durch sie die Zeichen von Gottes Macht gewahr werden."[5]

Solche Leitung und Ermahnung impliziert nicht in geringster Weise die Auslöschung des kreativen Willens oder die Entziehung seiner Freiheit und seiner Fähigkeit zu denken und zu wählen. Diese Leitung ist vielmehr eine Art Assistenz bei der Entwicklung der positiven Inklinationen und Instinkte. Durch Leitung und Ermahnung wird der Mensch von seinen Ketten befreit und in die Lage versetzt, von allen Dimensionen seiner ursprünglichen Natur zu profitieren und mit seinem gesamten Sein zu wachsen.

Der Koran sagt: „(...) und er (der Prophet) nimmt hinweg von ihnen ihre Last und die Fesseln, die auf ihnen lagen - die also an ihn glauben und ihn stärken und ihm helfen und dem Licht folgen, das mit ihm hinab gesandt ward, die sollen Erfolg haben." (Vgl. Koran: Sure 7, Vers 157), „Oh, die ihr glaubt, antwortet Gott und dem Gesandten, wenn er euch ruft, auf dass Er euch Leben gebe

---

[5] „Nahj al.Balagha" (Ed. Subhi Salih)

(...)." (Vgl. Koran: Sure 8, Vers 24), „Oh ihr Menschen! Nunmehr ist eine Ermahnung zu euch gekommen von eurem Herrn und eine Heilung für das, was in den Herzen sein mag (...)." (Vgl. Koran: Sure 10, Vers 57)

Die ersten Menschen, die dem Ruf der Propheten folgten, sind Menschen mit reinen Herzen und erleuchtetem Bewusstsein gewesen. Die Reihen jener, die gegen sie arbeiteten, bestanden aus Menschen, die ihrer illusionären Macht und ihrem Reichtum vertrauten, oder sie waren auf ihr angesammeltes Wissen derart stolz und von ihrem verfärbten intellektuellen Fähigkeiten so stark eingenommen, dass sie nicht in der Lage waren, ihre grundlose Arroganz abzulegen. Dies hielt sie davon ab, ihre inneren Kapazitäten und Potentiale zum blühen zu bringen.

Ein Gelehrter beschrieb es so: „Auch in spirituellen Dingen greift das Gesetz von Angebot und Nachfrage. Wenn es die Nachfrage nach Religion in der Natur des Menschen nicht gäbe, würde das Angebot seitens der Propheten vergeudet sein. Wir sehen jedoch, dass das von den Propheten offerierte seine Kunden fand. Ihre fruchtbare, klare und authentische Vision hat zahlreiche Anhänger und Unterstützer gefunden. Dadurch zeigt sich, dass die Nachfrage für Religion im Menschen in seinem innersten Bewusstsein besteht."

Fakt ist, das Fundament aller Predigten der Propheten war der Ruf zum Monotheismus, nicht zum Beweis für die Existenz Gottes. Sie negierten den Wert der Götzen, der Sonne, des Mondes und der Sterne als anbetungswürdige Objekte, so dass der innere und natürliche Durst der Menschen nach Anbetung in die Richtung gelenkt werde, die es ihnen ermöglichte, alle Ziele und Werte in dem wahren Objekt der Anbetung zu suchen. Ihre Herzen sollten mit endloser Perfektion verbunden werden, und mit diesem immer wieder herabgekommenen Glauben sollten sie ständig zur Quelle aller Werte und Tugenden vorwärts schreiten, um endlich ihr Ziel zu erreichen.

Alle Variationen des Polytheismus und des Irrglaubens - vom primitiven Götzenkult über die fortgeschrittene Form, dem Materialismus – sind das Ergebnis der Abwendung von der ursprünglichen Natur.

Der Progress von Wissen im Kontext von religiöser Erfahrung, der überall auf der Welt vonstatten geht, hat Entdeckungen zur Folge, die es erlauben, gewisse Schlüsse zu ziehen.

Basierend auf Daten, die von Soziologen, Archäologen sowie Anthropologen gesammelt wurden, analysiert die Geschichte der Religionen heute den religiösen Instinkt zusammen mit den Institutionen, Glaubensformen, Sitten und den Faktoren, welche die Gesellschaft formen, auf einer neuen Weise, die sich von früheren Erklärungen unterscheidet.

Der religiöse Instinkt zieht sich wie ein roter Faden durch das Denken verschiedener Schulen und findet ständig neuen Zulauf, mit dem Effekt, dass Religion eine primäre, natürliche und stabile Komponente des menschlichen Geistes ist.

Um 1920 war der deutsche Philosoph Rudolf Otto in der Lage zu beweisen, dass parallel zu den intellektuellen und ethischen Elementen im Menschen ebenfalls ein superrationales Element zu finden ist, welches das religiöse Empfinden konstituiert. Gott betreffende Attribute wie Macht, Größe und Transzendenz dienen dem Zweck der Betonung, dass diese Heiligkeit auf kein anderes Konzept reduziert werden kann. Es handelt sich hierbei um eine unabhängige Kategorie, die nicht aus einer anderen folgt, und sie ist auch nicht mit irgendeinem anderen Konzept in ihrem Wesen vergleichbar.

Eine der Besonderheiten der heutigen Zeit ist die Suche nach der vierten Dimension in der Welt der Natur, die man „Zeit" nennt. Wie die anderen Dimensionen ist auch die Zeit vermischt mit Körpern und darum existiert kein Körper in dieser Welt losgelöst von der Zeit, welche aus Bewegung und Veränderung hervorkommt.

Es ist außerdem charakteristisch für unsere Epoche, dass die Gelehrten und Forscher zu der Entdeckung einer „Vierten Dimension des menschlichen Geistes" gekommen sind: Dem religiöse Empfinden.[6]

Die anderen drei Dimensionen oder Gefühlsbereiche des menschlichen Geistes bestehen aus dem Sinn für Neugierde, dem Sinn für Tugend und dem Sinn für Ästhetik. Der religiöse Sinn oder das Konzept für das Heilige ist die vierte Dimension und die grundlegendste von allen. Jeder hat eine innewohnende Hingezogenheit zu dem, was über das Natürliche hinausgeht, separat und unabhängig von den anderen drei Sinnen. Mit der „Entdeckung" des religiösen Empfindens, stürzte das dreidimensionale Gefängnis des Geistes ein und es wurde bewiesen, dass die religiösen Neigungen des

---

[6] Es gibt in dieser Angelegenheit eine klare Referenzdurch eine Überlieferung von Imam Sajjad (Friede sei mit ihm): „Rein und erhoben bist Du, oh Herr, der Du das Gewicht der Erde kennst! Rein und erhoben bist Du, oh Herr,der das Gewicht der Dunkelheit und des Lichts kennt! Rein und erhoben bist Du, oh Herr, der Du das Gewicht des Schattens und der Luft kennst.", „Sahifa-yi Saniya", Gebet 55

Menschen selbstständig in seinem Sein wurzeln. Diese Neigungen traten sogar in jenen Zeiten zutage, als Menschen noch in Höhlen und Wäldern lebten.

Trotz des Vorrangs, der Autonomie und der Effektivität der drei genannten Sinne und der Rolle, die sie beim Hervorbringen von Wissenschaft, Ethik und Kunst spielten, war es doch der religiöse Sinn, welches das Fundament für die Aktivität dieser drei Sinne war. Er half ihnen auf ihrem Pfad fortzuschreiten und die Geheimnisse der geschaffenen Welt zu entdecken.

Aus der Sicht eines Gläubigen ist die Welt auf der Basis von Gesetzen und einem präzisen wohl kalkulierten Plan kreiert. Dieser Glaube an einen bestimmenden, weisen Gott stimuliert den Sinn der Neugierde, suchend nach den Gesetzmäßigkeiten und Mysterien der Natur, die auf einer Kette von Ursachen und Wirkungen basieren.

Die Rolle, welche der religiöse Sinn bei der Entwicklung und der Veredelung der menschlichen Qualitäten spielt, bei der Modifizierung seiner Instinkte und bei der Bereicherung seines Sinns für Moral und Tugend, ist unleugbar. Jene, die dem Diktat der Religion folgen, halten die Kontrolle ihrer Instinkte und das Aneignen von außergewöhnlichen sowie noblen Eigenschaften für eine der wichtigsten Pflichten.

Religiöses Gedankengut war in der Geschichte seit jeher mit dem Kultivieren des ästhetischen Sinns verwoben. Der primitive Mensch hat die kreativsten Kunstarbeiten zur Glorifizierung seiner Götter geschaffen. Die bemerkenswerten Tempel Chinas, die großen Pyramiden Ägyptens, die erstaunlichen Statuen Mexikos, die feine Architektur des islamischen Ostens – sie alle reichen zurück auf den religiösen Sinn.

Psychologen glauben, dass es eine Verbindung zwischen den Krisen der Pubertät und dem plötzlichen Auftauchen von religiösem Empfinden gibt. In diesem Lebensabschnitt nimmt der religiöse Sinn selbst bei Menschen, die vorher keine Stellung zu religiösen Themen bezogen haben, auf spezifische Weise an Bedeutung zu.

Es gibt keinen Zweifel daran, dass die inneren Rufe sich derart manifestieren, dass keine Behinderung ihren Weg nachhaltig versperren kann. Bestimmte Faktoren, wie gegensätzliche Propaganda, können das Wachstum und die Entwicklung von internem Gefühl und korrektem Gedankengut verringern, auch wenn solch negativer Einfluss nicht die komplette Entwurzelung der natürlichen Tendenzen zur Folge haben muss. Denn wenn diese Hindernisse beseitigt werden, nehmen die Instinkte wieder ihre Aktivität auf und zeigen sich wieder mittels der immanenten, kreativen Anstrengungen.

Wir wissen, dass mehr als ein halbes Jahrhundert seit der kommunistischen Revolution in der Sowjetunion vergangen sind, aber die Wurzeln der Religion bestehen nach wie vor tief in den Seelen der sowjetischen Menschen. Trotz der Bemühungen der Regierenden, über einen langen Zeitabschnitt hinweg die Religion zu entwerten, war es ihnen nicht möglich, den religiösen Sinn aus dem Bewusstsein der Massen zu entfernen.

Die Existenz von materialistischen Ideen in der Welt steht daher nicht im Widerspruch zu dem Fakt, dass der Glaube an Gott für den Menschen etwas Natürliches ist. Wenn eine Denkschule den Pfad der ursprünglichen Natur verlässt, sich selbst damit zu einer Ausnahme machend, sowohl in heutigen als auch in vergangenen Zeiten, kann dies dennoch nicht widerlegen, dass der Glaube an Gott für den Menschen etwas Natürliches ist.

Ausnahmen existieren in allen Sphären. Was die Geschichte zeigt ist, dass die materialistische Schule im sechsten und siebten Jahrhundert vor Christi Geburt gegründet wurde.

L3 - Gott und empirische Logik

Ohne Zweifel können soziale Umstände, historische Faktoren, der Bildungsstand und die vielen Formen von menschlicher Arbeit nicht ohne Einfluss auf den praktischen Ausdruck der inneren Tendenzen und seiner spirituellen und emotionalen Charakteristika bleiben. Obwohl diese verschiedenen Umstände keinen Zwang kreieren oder die Entscheidungen des Menschen zwingend beschränken, können sie doch eine passende Umwelt für eine bestimmte Art der Entscheidung schaffen und auf diese Weise eine wichtige Rolle bei der Meinungsbildung spielen. Diese Umstände können sich zuweilen in Gestalt von Hindernissen zu der Freiheit und der Fähigkeit zu Wählen präsentieren.

Aufgrund der stärkeren Affinität zur wissenschaftlichen und empirischen Deduktion, tendiert der Mensch, sich von der rein intellektuellen Deduktion davon zu schleichen, besonders, wenn es sich dabei um ein abstraktes nicht sinnlich erfahrbares Thema handelt.

Generell sind die mentalen Fähigkeiten in den Bereichen besonders stark und fein ausgeprägt, wo sie am meisten gebraucht werden: Dinge, die außerhalb dieser Bereiche liegen, erscheinen ihm nicht wirklich, nicht authentisch oder bestenfalls als sekundär bezogen auf das, worauf er sich spezialisiert hat. Der Mensch tendiert also dazu, alles auf eine bestimmte Weise zu beurteilen.

Einer der destruktivsten und am meisten irreführenden Faktoren bei Gedanken, die sich mit Gott beschäftigen, ist es, das Denken auf die Logik der empirischen Wissenschaft einzuschränken und zu vergessen, dass selbst diese Logik ihre Grenzen und Schranken hat. Da die Spezialisten der empirischen Wissenschaften ihre ganze mentale Energie dem sensorisch Erfahrbaren geben, sind ihnen Dinge, die über ihre Sinneswahrnehmung hinausgehen, fremd. Diese Entfremdung und Distanzierung gegenüber nicht sensorisch erfahrbaren Dingen in Verbindung mit dem außerordentlichen Vertrauen, welches in Daten gelegt wird, die empirische Wissenschaften hervorbringen, erreicht zuletzt den Punkt, wo die ganze mentale Struktur und Weltsicht der Spezialisten auf Test und Experiment basieren. Sie erachten das Experiment als das einzig akzeptable Werkzeug und Mittel für Kognition, als einzig vertrauenswürdiges Kriterium. Sie erwarten, damit jedes Problem zu lösen. Die Funktion der Wissenschaft ist es, die Beziehungen zwischen den Phänomenen zu erklären. Ihr Ziel ist es, zwischen den Ereignissen Zusammenhänge zu etablieren, nicht zwischen den Ereignissen und Gott. In der experimentellen Wissenschaft ist der Mensch überhaupt nicht mit Gott beschäftigt. Man sollte nicht erwarten, übersensorische Realitäten über sensorische Kriterien wahrzunehmen noch Gott im Labor erfahrbar zu machen. Die Wissenschaft kann nicht ein Experiment über die Existenz Gottes machen und dann zu dem Schluss kommen, dass diese Entität nicht physikalisch nachweisbar sei und unter Laborbedingungen und mit hilfe mathematischer Kalkulation nicht zu beweisen wäre und darum ohne Realität sein müsse.

Fakt ist, dass kein Experiment herausfinden kann, ob ein immaterielles Sein existiert oder nicht, weil nur all jenes, was mit einem Experiment negiert werden kann, auch durch dieses beweisbar ist. Wissenschaft und Metaphysik sind zwei Wissensformen die in Bezug auf Validität und Authentizität den gleichen Rang haben. Ein metaphysisches Gesetz kann weder durch ein Experiment geschlussfolgert werden, noch dadurch negiert werden. Tausende wissenschaftliche

Experimente werden gemacht, um zu beweisen, dass alle Dinge materiell sind; sie alle verfehlen ihr Ziel.

Der Naturwissenschaftler hat das Recht zu sagen: „Ich habe Dieses und Jenes gefunden." bzw. „Ich fand Dieses und Jenes nicht.", er hat aber nicht das Recht zu sagen, „Diese und jene Sache existiert nicht.".

Laborexperimente können trotz ihrer Komplexität und ihrem fortschrittlichen Entwicklungsstand nicht den Weg durch die unbekannte, dunkle und expansive Welt der Elemente finden, die das Objekt der Experimente sind. Sie können nicht alle Realitäten verstehen, die in dem Herzen eines Atoms versteckt sind, und sie können nicht einmal die wahre Natur von Materie entdecken.

Die empirische Methode hat sich als sehr nützlich in der Entwicklung des Bewusstseins des Menschen über die präzise Ordnung der Schöpfung erwiesen und sie kann eine klare Basis für den Glauben an Gott durch ihre Untersuchung der Ordnung der Schöpfung darstellen, nicht zuletzt weil sie auf die Existenz eines bewussten und starken Schöpfers hindeutet. Das Ziel und Zweck der Wissenschaftler bei ihren Fragestellungen zur Natur und der Entschlüsselung der Mysterien der Welt durch ihre Forschungen und Untersuchungen ist in der Regel nicht die Wahrnehmung des Schöpfers des Seins. Im Verlauf der beständigen Forschung ist die Wissenschaft, dabei neue Mysterien der Existenz zu enträtseln und dies, ohne das dabei viele Wissenschaftler über ihr beschränktes und begrenztes Wissen hinauskommen, welches ihnen der jetzige Stand der Wissenschaft durchaus bietet. Denn wenn sie über ihre Wissenschaft hinaus wachsen würden, hätten sie die Verbindung zwischen den Phänomenen und die Unterordnung aller Dinge unter einer gegebenen Ordnung realisiert - auf diese Weise zwei zusätzliche Ebenen des Wissens und der Einsichten hinzugewinnend: Erstens, wären sie in der Lage all ihre sensorisch und empirisch gewonnenen Daten zu korrelieren. Und zweitens würde ihnen dadurch ermöglicht, rationale Schlüsse zu ziehen und Interpretationen zu machen. Ohne die Bejahung eines weisen Schöpfers ist es unmöglich, überzeugend die Gesamtheit der variationsreichen Daten aus den verschiedenen Bereichen der Wissenschaften und die existierenden Verbindungen zwischen ihnen zu interpretieren.

Die Methodik des wissenschaftlichen Gedankens ist es, Prinzipien zu formulieren und Forschung zu betreiben ohne Gott mit einzubeziehen, sodass das System des Denkens, in welchem Gott abwesend ist, zur Achse wird, an welcher sich wissenschaftliche Arbeit misst. Dies führt dazu, dass man sich von allem isoliert, was über den Horizont dieses Denkens hinausgeht.

Gleichzeitig ist der Mensch unweigerlich mit den Wissenschaften verbunden. Die Ergebnisse, die aus empirisch gewonnenem Wissen erwachsen, nehmen alle materiellen Aspekte des Lebens ein und es ist schwer noch irgendwelche natürlichen Werkzeuge für den Menschen zu finden. Dies vergrößert zusätzlich sein Vertrauen in die Wissenschaft und beeinflusst sein Verhalten insofern, als dass es einen Zustand des Zweifels und der Zurückhaltung erzeugt.

Die Vorteile zur Erforschung der Phänomene durch die Naturwissenschaft sind offensichtlich, was im scharfen Gegensatz zu den metaphysischen Fragen steht. Die materiell fassbaren Phänomene, die durch die empirische Wissenschaft untersucht werden, sind außerdem allseits bekannt, bei der Metaphysik trifft das Gegenteil zu.

Die Präsentation der religiösen Fragen durch unkorrekte Methoden, kombiniert mit der Feindseligkeit zu allem Wissenschaftlichen seitens der mittelalterlichen Kirche, war einer der wichtigsten Faktoren, warum die Naturwissenschaft bis heute verlässlicher als philosophische und metaphysische Belange erscheint. Kurz gefasst, die Wissenschaft hat sich konträr zur Religion positioniert, statt parallel mit ihr zu laufen.

Hat die empirische Logik erstmal damit begonnen, alle Gedanken durch ihre Form zu gießen, hat sie die Sichtweise der Menschen auch schon derart verfärbt, dass viele von ihnen davon überzeugt sind, dass sie die einzige Instanz sei, durch welche die Wahrheit einer Sache zu akzeptieren sei. Sie geben ihr oberste Autorität und erachten den Beweis der Existenz einer Sache, welches nicht durch die Sinne erfasst wird, als unmöglich.

Der empirische Wissenschaftler, der sich der Methode jener nicht bewusst ist, die von Gott wissen, wird in seinem Leben nur das akzeptieren und als zuverlässig erachten, was kompatibel mit der wissenschaftlichen Logik und dem damit einhergehenden Denken ist. Er wird sich selbst das Recht herausnehmen alles zu negieren, was nicht zu seiner wissenschaftlichen Methodik passt. Seine Methode ist das absolute Vertrauen in das Experiment und dieses allein wird von ihm als einzig gültiger Beweis für die Richtigkeit jeglicher Deduktion zugelassen.

In einer solchen Situation, in der die komplette Grundlage des religiösen Gedankenguts ignoriert wird, findet sich der Wissenschaftler ohne irgendwelche Prinzipien wieder, mit deren Hilfe er die sekundären religiösen Fragen interpretieren könnte – Fragen, die in Form von Befehlen und Verboten auftauchen. Völlig an die wissenschaftliche Sprache gewöhnt und abhängig von der Formel, steht er voll und ganz zu seiner eigenen Methode und glaubt, die bindenden, einfachen und geradlinigen Befehle der Religion wären inhaltslos und ohne Wert.

Diese Vorgehensweise ist inkorrekt. Obwohl die Wissenschaften komplexe und ausgesprochen präzise Formeln haben, deren Verständnis eines gründlichen und schweren Studiums bedarf, so sind es eben diese Formeln, welche die trockene Plattform der Wissenschaft verlassen, wenn sie im praktischen Leben als Anwendung auftauchen, sich damit von der technischen Sprache verabschiedend. Würde das nicht der Fall sein, die Neuerungen würden auf wissenschaftliche Institute und industrielle Zentren, Büchereien und Forschungseinrichtungen begrenzt bleiben.

Jeder kann mit einem Telefon oder einem Radio umgehen. Dasselbe trifft auf alle wissenschaftlichen Werkzeuge und Instrumente zu. Trotz all ihrer Präzision und Komplexität, eine gute Gebrauchsanweisung wird es jedem ermöglichen, das Gerät zu bedienen. Der Experte wird nicht sein Wissen um die innere Technik des Gerätes an den Verbraucher weiterleiten, stattdessen wird er nur das Notwendigste in kurzer Form zusammenfassen, was letztlich das Ergebnis der Mühen der Erfinder darstellt.

Es ist daher unfair, mit wissenschaftlicher Logik zu versuchen die Befehle der Religion in eigene inkorrekte, voreingenommene Formen pressen zu wollen (Was unmöglich ist, denn diese können nicht in Formeln komprimiert werden, wenngleich Formel und Befehl, die Eigenschaft haben, simpel und universal zu sein) und danach zu erklären, sie seinen wertlos und unwichtig, dabei ihre entscheidende Rolle und ihre tief greifenden Wirkungen auf das Leben ignorierend. Praktische Instruktionen tragen ihre Früchte, wenn sie in einer leicht verständlichen Sprache verkündet werden, und sie sind im individuellen sowie im sozialen Miteinander spürbar.

Weiter noch, wenn man sich vorstellt, dass die Befehle und Instruktionen der Religionen durch unseren Erkenntnisstand, unser Verständnis und unseren Geschmack bestimmt werden würden, so würde eine Offenbarung und die Propheten keine Notwendigkeit mehr darstellen: Wir könnten uns unsere eigenen Religionen konstruieren.

Der Mensch übersieht oft seine Schwächen, zu sehr ist er zuweilen mit seinen Stärken beschäftigt. Der Anbeter der Wissenschaft der heutigen Welt ist so stolz auf ihre Errungenschaften und ihre rasante Entwicklung, dass er sich selbst als Eroberer sieht, der triumphierend von den Sphären der Wahrheit Besitz ergreift. Aber niemand war je in der Lage zu sagen, er hätte das Wissen über alle Mysterien des Universums und alle Schleier um die Natur der Welt seien gelüftet.

Man sollte einen weiten Blick über die Realität schweifen lassen und man wird erkennen, dass es nur Tropfen des Wissens sind, die man sein eigen nennen kann, angesichts des riesigen Ozeans von verborgenen Geheimnissen. Mit jeder neuen wissenschaftlichen Entdeckung stehen wir Serien von neuen Fragen gegenüber. Über die Jahrhunderte hat der Mensch unermüdlich mit all seinen Ressourcen daran gearbeitet, sich die Welt so weit wie möglich zu erschließen, mit dem Resultat, dass er einige der vielen Mysterien des Universums enthüllen könnte. In dieser Richtung sind nur kleine, kurze Schritte getan worden, und der menschliche Wissensstand ist diesbezüglich immer noch vom Unbekannten umgeben, einer Wolke gleich.

Es gilt darum, den kognitiven Anwendungsbereich bzw. Rahmen für die sensorischen Wissenschaften und einen vernünftigen Einflussbereich realistischer zu beurteilen. Alle Voreingenommenheit, die wie eine Barriere auf dem Pfad zur Wahrheit liegt, müssen zu Gunsten einer korrekten Analyse entfernt werden.

Ohne Zweifel, die empirischen Wissenschaften können uns über die externen Aspekte der Phänomene informieren. Die Materie fällt in den Bereich ihrer Studien und Sachverhalte, die sich unter Laborbedingungen nachstellen bzw. experimentell nachweisen lassen. Die Methodik dieser Wissenschaften, die angewandt wird, um ihr Ziel zu erreichen, ist Beobachtung und Experiment. Da es bei den empirischen Wissenschaften ein fundamentales Anliegen ist, mittels Untersuchung der externen Welt herauszufinden, ob eine bestimmte wissenschaftliche These korrekt ist, müssen wir sie mit der externen Welt vergleichen, um sie zu testen. Wenn die externe Welt sie tatsächlich verifiziert, akzeptieren wir die These, wenn nicht, tun wir es nicht. Ausgehend von dem Objekt und der Methodik der empirischen Wissenschaften, fragen wir uns, ob denn metaphysische Wahrheiten für die sensorischen Tests und Experimente geeignet sind? Hat denn irgendeine empirische Prüfung irgendein Recht, in Fragen des Glaubens und der Religion einzugreifen? Ist denn irgendein Bereich der empirischen Wissenschaften an Gott interessiert?

Um die Korrektheit oder Inkorrektheit einer Sache zu entdecken, ist es notwendig Veränderungen vorzunehmen und gegebene Faktoren und Umstände zu eliminieren, um daraus Schlüsse ziehen zu können. Diese Methode ist nicht anwendbar auf eine ewige, unwandelbare, über die Materie hinausgehende, heilige Existenz.

Materielles Wissen ist eine Lampe, die gewisse unbekannte Bereiche erhellen kann, aber es ist nicht die Lampe, die jegliche Dunkelheit verschwinden lässt. Dies ist so, weil das Wissen um ein System abhängig von dem Verständnis des Ganzen in seiner Totalität ist. Eine Erkenntnis, die alle partiellen Einsichten in sich aufnimmt, resultiert dagegen in einer totalen Vision. Menschliches Wissen in ein enges, restriktives Korsett der sensorischen Wissenschaften zu stecken, kann dem Menschen nicht die totale Vision bringen, sondern nur das Bewusstsein für empirische Phänomene und das Nicht-Bewusstsein für die inneren Dimensionen des Seins.

Ob wir an Gott glauben oder nicht, weist letzten Endes keine Verbindung mit empirischen Wissenschaften auf. Da das Objekt ihrer Untersuchungen die Dinge sind, haben diese Wissenschaften nicht das Recht, sich affirmativ oder negativ über irgendein nichtmaterielles Thema zu äußern. Dem Glauben religiöser Schulen nach ist Gott kein Körper. Er kann nicht durch die Sinne wahrgenommen werden. Da Er Zeit und Raum übersteigt, ist Er ein Sein, dessen Existenz sich nicht zeitlich limitieren lässt und das durch Raum nicht beeinträchtigt wird. Er braucht daher nichts und Sein Wesen ist erhaben über jede Form von Makel. Er kennt den inneren sowie den äußeren Aspekt des Universums, das heißt, die Welt liegt offen vor Ihm da. Er besitzt den höchsten Grad jeglicher Perfektion und ist größer als alles, was dem Menschen zu Ihm einfällt. Es ist uns unmöglich, Sein Wesen zu ergründen, da wir nicht die angemessene Kraft dafür haben, noch die Fähigkeiten und Instrumentarien für ein Urteil besitzen.

Dies ist auch der Grund, warum man beim Studium der Bücher über empirische Wissenschaften kein einziges Experiment wird finden können, das Gott zum Thema hat oder über Ihn ein Urteil offeriert.

Selbst wenn wir die sensorische Wahrnehmung als die einzige Möglichkeit anerkennen, um Realitäten zu erkennen, so können wir doch nicht beweisen, auf diese sensorische Wahrnehmung basierend, dass nichts über diese Welt der Sinne hinaus existiert. Solch eine Behauptung wäre in sich selbst nicht empirisch, da sie durch keinen sensorischen oder empirischen Beweis unterstützt werden kann.

Selbst wenn die Anhänger einer religiösen Denkschule keine Beweise für ihre Aussage hätten, so kann man deswegen dennoch nicht zwingend schlussfolgern, dass es das Nicht-Sein sei, welches über alle sensorischen Grenzen hinaus regiere, denn dies wäre eine unwissenschaftliche Wahl der Betrachtung, die auf Imagination und Spekulation basiert. Manche Menschen versuchen, diese Phantasie als eine Gabe der Wissenschaft zu propagieren und präsentieren ihre Wahl der Betrachtungsweise als ein Diktat des wissenschaftlichen Gedankenguts. In der Endanalyse zeigt sich jedoch, dass die Negierung, die in dieser Behauptung involviert ist, unwissenschaftlich und nicht philosophisch ist und sogar empirischer Logik widerspricht.

In *Die elementaren Prinzipien der Philosophie*, sagt George Pulitzer, „Zu glauben, eine Sache beanspruche keine Zeit und keinen Raum und sei immun gegenüber Veränderung und Entwicklung, ist eine Unmöglichkeit."

Es ist klar, dass diese Worte einen Gedankenweg reflektieren, in dem zum Ausdruck gebracht wird, dass er nicht weiß, wonach er sucht. Denn wenn er wüsste wonach er Ausschau hält, so würde er auch verstehen, wie er danach zu suchen hat. Da sich die Aktivität dieses Gedankenmodus um die Natur und die sensorische Welt dreht, wird er natürlich jegliches, was über diesen Aktivitäts- und Existenzbereich hinausgeht und was durch diesen nicht bewiesen werden kann, als unmöglich erachten. Der Glaube wird als solches als eine Entität gesehen, die konträr zum wissenschaftlichen Modus steht. Tatsächlich sind die Naturwissenschaftler mit einer ganzen Masse von Unbekanntem konfrontiert. Es beginnt bereits bei dieser Erde, bei der greifbaren und leblosen Materie und das, obwohl sie mit diesen im ständigen Kontakt stehen. Solche Gelehrte haben daher das Recht zu sagen: „Da das Übernatürliche den Rahmen meiner mir zur Verfügung stehenden Werkzeuge sprengt, schweige ich und kann keine Negierung aussprechen." Wie können sie es sich selbst erlauben, eine Aussage zu machen, die ihnen eine Kenntnis abverlangt, welche so groß sein müsste wie das ganze Universum, wenn doch ihr tatsächliches Wissen darüber gen Null geht?

Welcher Beweis untermauert ihre Behauptung, dass Sein wäre äquivalent zur Materie und die ganze Welt bestehe nur aus materiellen Entitäten? Worauf basiert die Negierung eines Wissenschaftlers, der Metaphysik ablehnt, auf Logik oder auf einen Beweis, oder was ist es, was zeigt, dass über der sensorischen Welt hinaus nichts außer dem Nicht-Sein existiert?

———

Obwohl die Wissenschaft nicht ausdrücklich und definitiv alles Unbekannte ablehnt, nur weil dieses Unbekannte durch ihre Instrumente und Werkzeuge nicht erreichbar ist, stattdessen geduldig den Tag ihrer Entdeckung abwartend, so zeigen die Materialisten nicht einmal den Willen, sich auf diese Frage mit Zweifel und Zurückhaltung einzulassen. Ihre falschen und hastigen Vorurteile als Grundlage nehmend, verkünden sie ihr Urteil von einer schöpferlosen Welt.

Solche Personen etablieren bestimmte Kriterien und Standards für sich selbst und sind nicht bereit, sich auf andere Kriterien einzulassen, die ebenso ihre Berechtigung haben. Sie würden zum Beispiel nie das Kriterium für die Oberflächenbestimmung anwenden, um das Volumen eines Körper zu berechnen, aber wenn es um die super-sensorische Welt geht, versuchen sie Gott, den Geist und die Inspiration mit den gleichen Werkzeugen, die sie zur Vermessung der materiellen Welt benutzen, zu vermessen. Wenn sie dann feststellen, dass sie dadurch zu keinem Ergebnis bezüglich der zu untersuchenden Entität kommen, schreiten sie zur Leugnung ihrer Existenz.

Eine Person, die in empirischer Logik gefangen ist und sich nur erlaubt, die Realität des Universums zu akzeptieren, die innerhalb ihres sensorischen Erfahrungsbereichs liegt und alles ablehnt, was darüber hinausgeht, muss erkennen, dass dies ein Pfad ist, den sie sich selbst gewählt hat. Es ist nicht das Ergebnis von wissenschaftlicher Investigation und Experiment. Diese pseudointellektuelle Art wird durch eine intellektuelle Rebellion und der Aussetzung der eigenen ursprünglichen Natur hervorgerufen. Denn der Gott, den solch ein Naturwissenschaftler eitel mit seinen Werkzeugen und Instrumenten zu „beweisen" wünscht, ist in den Augen jener, die ihn anbeten in keiner Weise ein Gott.

L4 - Der Glaube an ungesehene Realitäten beinhaltet mehr als Gott

Eine der Charakteristika des einzigartigen Gottes, zu dessen Anbetung uns die Propheten und religiösen Gelehrten aufrufen, ist Seine Unerreichbarkeit durch unsere Sinne. Zusätzlich besitzt Er noch das Attribut der Vor-Ewigkeit und der Post-Ewigkeit. Überall seiend ist Er nirgends. In der ganzen Welt der Natur und im sensorischen Sein hat Seine Manifestation eine objektive Existenz und Sein Wille ist überall in der Welt des Seins manifestiert. All die Phänomene der Natur erklären die Macht dieses weisen Wesens.

Sicherlich ist eine Existenz, dessen Sein ein Mensch mit seinen Sinnen nicht wahrnehmen kann, welches in keinerlei Weise durch Materialität gekennzeichnet ist und welches mit unserer normalen Erfahrung und Beobachtung nicht korrespondiert, für uns extrem schwer vorstellbar. Wenn es bereits schwierig ist, sich die Existenz einer Entität vorzustellen, so ist es leicht sie zu verneinen.

Jene, welche die Frage der Existenz Gottes innerhalb des Rahmens ihrer limitierten intellektuellen Fähigkeiten und ihres eingeschränkten Horizontes gelöst sehen wollen, wundern sich, wie es denn möglich sei, an eine ungesehene Sache zu glauben. Sie übersehen den Fakt, dass die sinnliche Wahrnehmung, aufgrund ihrer Beschränktheit dem Menschen nur helfen kann, einen bestimmten Modus wahrzunehmen. Sie kann andere Modi nicht entdecken und keinesfalls alle Dimensionen der Existenz durchdringen. Sensorische Organe erlauben es uns nicht einmal, einen Schritt über die äußeren Aspekte der Phänomene hinauszugehen, genauso wie die empirischen Wissenschaften nicht in der Lage sind, den menschlichen Gedanken über die Grenzen des Super-Sensorischen hinauszutragen.

Wenn der Mensch durch die Applikation von wissenschaftlichen Experimenten und Kriterien nicht in der Lage ist, eine existierende Sache wahrzunehmen, kann er doch nicht ihre Existenz verleugnen, nur weil sie keine materielle Substanz besitzt, es sei denn er hat einen Beweis dafür, dass die zur Frage stehende Sache unmöglich ist.

Wir entdecken, dass die Existenz eines objektiven Gesetzes innerhalb der Gesamtheit der Phänomene interpretierbar ist. Wenn also die Etablierung von wissenschaftlicher Wahrheit nur über die direkte Erfahrung zustande kommen kann, müssen die meisten wissenschaftlichen Erkenntnisse außer Acht gelassen werden. Dies, da so viele wissenschaftliche Fakten durch die Sinne und Tests nicht wahrnehmbar sind.

––––––––

Was die Realitäten der materiellen Welt anbelangt, so wird keine rationale Person generell eine gegebene Sache aufgrund des eigenen, sensorisch bedingten Unvermögens in ihrem täglichen Leben zum Anlass nehmen, diese abzulehnen. Sie wird kaum etwas als Nicht-Existent verdammen, nur weil sie es nicht wahrgenommen hat. Dasselbe trifft für nicht materielle Realitäten zu.

Wenn es uns nicht möglich ist, der Ursache von Etwas in einem wissenschaftlichen Experiment näher zu kommen, so führt uns dies nicht dazu, das Gesetz der Kausalität zu negieren. Wir sagen lediglich, die Ursache ist uns unbekannt, weil dieses Gesetz unabhängig von dem

Tatbestand besteht. Kein Experiment wird zur Negation von Kausalität führen.

Ist es nicht so, dass alle Dinge, die wir akzeptieren und an deren Existenz wir glauben, zur selben Kategorie gehören wie wir selbst bzw. Dinge, die wir visuell erkennen? Können wir alles in dieser materiellen Welt sehen und fühlen? Ist es allein Gott, den wir nicht mit unseren Sinnen sehen können?

Alle Materialisten sind sich bewusst, dass viele Dinge, die wir kennen, aus Stoffen und Realitäten bestehen, die wir nicht sensorisch erfahren können und die uns daher nicht unbedingt bekannt sind. Es gibt sehr viele Dinge im Universum, die für uns nicht sichtbar sind. Das Voranschreiten der Wissenschaft und des Wissens allgemein hat in dieser Zeit unzählige Wahrheiten dieser Art enthüllt, und eines dieser bemerkenswerten Kapitel in der wissenschaftlichen Forschung ist die Transformation von Materie in Energie.

Wenn die sichtbaren Körper und Existenzen der Welt Energie produzieren wollen, sind sie gezwungen, ihre ursprünglichen Aspekte zu verändern und in Energie zu transformieren. Ist diese Energie – die Achse, an der sich durch Bewegung und Veränderung das Universum wendet – sichtbar oder fassbar?

Wir wissen, dass Energie eine Quelle der Kraft ist, aber ihr Wesen bleibt ein Mysterium. So steht es auch um die Elektrizität, von welcher unsere Wissenschaft, unsere Zivilisation und unser Leben abhängen. Keiner kann in seinem Labor, welches mit elektrischen Instrumenten arbeitet, die Elektrizität sehen oder ihr Gewicht und ihre Beschaffenheit ertasten und erfühlen. Niemand kann direkt den Gang, den Elektrizität durch das Kabel nimmt, sehen. Man kann lediglich die Existenz des Stroms mit dem nötigen Equipment nachweisen.

Moderne Physik sagt uns, dass die Dinge, die wir sensorisch wahrnehmen können fest, solide und stabil sind und dass sich in ihnen zumindest keine sichtbare Energie bewegt. Und dass trotz des äußeren Erscheinungsbildes - welches die Summe einer Masse von weder festen, soliden noch stabilen Atomen ist - alle Dinge nichts anderes sind, als Transformation. Die Materie, die unsere Sinnesorgane als stabil und bewegungslos erkennt, fehlt es an Stabilität, Beständigkeit und Unbeweglichkeit. All diese Dinge sind in Bewegung, Veränderung und Entwicklung eingefasst und doch werden wir durch unsere sensorische Observation dessen nicht gewahr.

Die Luft, die uns umgibt hat ein bestimmtes Gewicht und übt einen konstanten Druck auf unseren Körper aus. Jeder von uns erfährt den Luftdruck von 16.000 kg. Es ist uns dennoch nicht unangenehm, da der Luftdruck durch den körpereigenen Druck wieder ausgeglichen wird. Dieser wissenschaftlich fundierte Fakt war bis zur Zeit von Pascal und Galileo nicht bekannt und sogar heute lässt er sich nicht wahrnehmen.[7]

Die Attribute, welche die Wissenschaftler natürlichen Faktoren aufgrund von Experimenten und rationalen Deduktionen zuschreiben, sind nicht direkt wahrzunehmen. Radiowellen sind zum Beispiel überall und doch nirgends. Kein Ort ist frei von der Anziehungskraft materieller Körper, wodurch diese nicht weniger existent oder weniger wirklich wird.

---

[7] „Hiss-i-Dini", Persische Übersetzung vom Ingenieur Bayani

Gerechtigkeit, Schönheit, Liebe, Hass, Feindschaft, Weisheit machen unser mentales Universum aus, haben dabei keine sichtbare klar umrissene Existenz, noch sind sie physischer Natur. Trotzdem sind sie für uns Realität. Der Mensch kennt nicht die Essenz von Elektrizität, Radiowellen, Energie noch von Elektronen und Neutronen. Er nimmt ihre Existenz nur durch ihre Wirkungen wahr.

Leben existiert ganz offensichtlich, es ist uns unmöglich dies zu verneinen; doch wie könnten wir es messen? Ist die Schnelligkeit unserer Gedanken und Imagination messbar?

Es ist daher klar, dass das Verneinen von dem, was über unser Seh- und Hörvermögen hinausgeht, nicht logisch ist und dass diese Annahme nicht den konventionellen Prinzipien folgt. Warum benutzen die Leugner Gottes diese gängigen Prinzipien der Wissenschaft zu der besonderen Frage nach der Existenz einer Kraft, die über die Natur regiert, nicht?

Ein Materialist aus Ägypten ging zum debattieren nach Mekka, wo er auf Imam Jaafar Sadiq (Friede sie mit ihm) traf.

Der Imam sagte ihm, er solle seine Fragen stellen. Doch der Ägypter schwieg. Da fragte der Imam: „Akzeptierst du, dass auf der Erde ein oben und ein unten gibt?"

Ägypter: „Ja."

Imam: „Woher weißt du denn, was unter der Erde ist?"

Ägypter: „Ich weiß es nicht, aber ich denke, dass unter der Erde nichts ist."

Imam: „Die Vorstellung ist ein Zeichen der Hilflosigkeit, wenn man mit etwas konfrontiert wird, dessen man nicht sicher ist. Nun sage mir, warst du jemals oben in den Himmeln?"

Ägypter: „Nein."

Imam: „Ist es nicht seltsam, du warst weder im Westen noch im Osten, du bist weder unter der Erde gewesen noch in den Himmeln geflogen oder über sie hinaus, um zu wissen, was dort ist. Dennoch verneinst du, was dort existiert. Wird denn ein weiser Mann etwas negieren, worüber er keine Kenntnis hat? Und du sagst, du leugnest die Existenz eines Schöpfers, weil du ihn nicht mit deinen Augen sehen kannst?"

Ägypter: „Niemand hat vorher je so zu mir gesprochen."

Imam: „Es ist doch so, dass du Zweifel bezüglich der Existenz Gottes hast. Du denkst dir, er könnte existieren und er könnte aber auch nicht existieren?"

Ägypter: „Vielleicht."

Imam: „Mensch, die Hände dessen, der nichts weiß, sind leer von jeglichem Beweis, denn der Ignorante kann nie irgendeinen Beleg besitzen. Sei dir bewusst, dass wir nie irgendeinen Zweifel noch ein Zögern bezüglich der Existenz Gottes haben. Siehst du nicht die Sonne und den Mond, den Tag und die Nacht? Regelmäßig wechseln sie sich ab, einen bestimmten festgesetzten Kurs folgend. Wenn sie selbst irgendwelche Kraft hätten, so lassen wir sie doch ihren Kurs verlassen und nie wiederkehren. Warum kehren sie immer wieder? Wenn sie frei in ihrem Wechsel und ihrer Rotation wären, warum wird die Nacht nicht zum Tag und der Tag wird nicht zur Nacht? Ich schwöre bei Gott, sie haben keine freie Wahl bei ihren Bewegungen. Er ist es, der dieses Phänomen verursacht, dass sie einem festgesetzten Kurs folgen. Er ist es, der es ihnen befehligt und Ihm allein gebührt alle Größe und aller Glanz."

Ägypter: „Du sprichst wahres."

Imam: „Wenn du dir vorstellst, dass die Natur und die Zeit den Menschen vorwärts tragen, warum dann tragen sie ihn nicht zurück? Und wenn sie ihn zurück tragen, warum tragen sie ihn dann nicht vorwärts?

Wisse, dass die Himmel und die Erde Seinem Willen unterworfen sind. Warum fallen die Himmel nicht auf die Erde? Warum stürzen die Lagen der Erde nicht um und warum ragen sie nicht hinauf in die Himmel? Warum halten jene, die auf dieser Erde leben, sich nicht aneinander fest?"

Ägypter: „Gott, der Herr und Meister der Himmel und der Erde ist, bewahrt sie vor dem Einstürzen und der Zerstörung."

Die Worte des Imams begannen das Licht des Glaubens in dem Herzen des Ägypters anzuzünden. Er erkannte die Wahrheit und akzeptierte den Islam.[8]

Wir sollten nicht vergessen, dass wir im Rahmen der Materie und ihren Dimensionen gefangen sind. Wir können uns in unserer gewohnten Gedankenwelt kein

---

[8] „Bihar Al-Anwar", Band III

absolutes Sein vorstellen. Wenn wir einem Mann aus einem abgeschnittenen Dorf erzählen, dass es eine große populationsreiche Stadt namens London gibt, wird er sich womöglich ein Dorf vorstellen, dass vielleicht zehnmal so groß ist, wie sein eigenes Dorf und das Gleiche gilt für die Höhe der Gebäude und die Art wie sich die Menschen dort kleiden, ihre Lebensweise und ihr alltägliches Miteinander. Er wird davon ausgehen, dass die Charakteristika der Leute überall so ähnlich sein werden wie in seinem eigenen Dorf.

Das einzige, was wir ihm sagen können, um sein unrealistisches Bild etwas zu korrigieren, ist, dass wir ihm klarmachen, dass London in der Tat ein Ort ist, wo Menschen wohnen, aber eben nicht so, wie er es sich vorstellt, dass die Merkmale dieser Stadt nicht die gleichen sind, wie er sie in seinem Dorf vorfindet.

Was wir über Gott sagen können, ist, dass es Ihn gibt und dass Er Existenz, Macht und Wissen besitzt, aber Seine Existenz, Macht und Sein Wissen sind nicht von solcher Art, wie sie uns bekannt ist. Auf diese Weise können wir bedingt den Restriktionen, denen wir unterliegen, entkommen. Für einen Materialisten ist es letztlich ebenso unmöglich, das Wesen der Materie wahrzunehmen.

Obwohl es so scheint, dass es die Objekte sind, die wir am klarsten und präzisesten sensorisch erfassen können, ist es uns nicht möglich uns nur auf diese Objekte zu verlassen, wenn es um wissenschaftliche und philosophische Fragen geht. Alle fanatischen Meinungen beiseite schiebend, müssen wir die wirkliche Natur von Objekten bewerten und dabei beurteilen, inwieweit sie uns bei der Entschleierung der Wahrheit weiterbringen. Denn sonst werden diese Objekte uns irreführen, weil die sinnliche Wahrnehmung sich nur auf bestimmte

Qualitäten der externen Aspekte beziehen kann. Sie kann nicht der Totalität der Qualitäten oder der Essenz der Objekte gerecht werden, ganz zu schweigen von nicht sinnlich wahrnehmbaren Dingen.

Das Auge, welches unser sicherstes Mittel der Wahrnehmung der Realität ist, kann uns oft die Realität, wie sie tatsächlich ist, nicht zeigen. Es kann Licht sehen, wenn dessen Wellenlänge ein bestimmtes Maß nicht unter- und auch nicht überschreitet und darum sieht unser Auge nichts was über den violetten Bereich hinausgeht noch was vor dem roten Bereich liegt. Die Irrtümer, die durch die Sinneswahrnehmung entstehen können, nehmen ein wichtiges Kapitel in den Büchern der Psychologie ein: Das Auge ist bekannt dafür, dass es zahlreiche „Fehler" macht.

Die Farben, die wir aus der externen Welt kennen, sind in Wirklichkeit keine Farben. Es sind die Vibrationen von verschiedenen Wellenlängen. Unser visueller Sinn erfährt verschiedene Wellenlängen des Lichtes in Übereinstimmung mit seinen eigenen speziellen Mechanismen als Farben. In anderen Worten, was wir mit unseren Sinnen wahrnehmen ist durch die Struktur und Kapazität dieser Sinne limitiert. Zum Beispiel bewirkt die Struktur des visuellen Sinns der Kühe und Katzen, dass sie eine monotone externe Realität als farbig erkennen. Aus der Sicht der Wissenschaft ist die Natur der Mechanismen beim visuellen Sinn des Menschen, der ihm erlaubt Farben zu sehen, nicht ganz klar und die Theorien, die es diesbezüglich gibt, sind alle hypothetisch. Die Frage um das Vermögen Farben zu sehen, ist beim Menschen obskur und komplex.

Um zu erkennen, wie der Tastsinn betrogen werden kann, kann man drei Schalen mit Wasser füllen. Für die erste Schale nimmt man sehr heißes Wasser, für die zweite Schale kaltes und für die dritte lauwarmes Wasser. Nun hält man für eine Weile eine Hand in das heiße und die andere Hand in das kalte Wasser. Danach legt man beide Hände in die dritte Schale mit dem lauwarmen Wasser und man wird die widersprüchlichen Empfindungen der Nerven mit großer Überraschung erfahren. Der einen Hand wird vermittelt, dass dieses lauwarme Wasser sehr kalt ist und die andere wird das gleiche Wasser für sehr heiß halten. Natürlich ist es ein und dasselbe Wasser und seine Temperatur ist ebenfalls bekannt.

Jetzt sagen uns der Verstand und die Logik, dass es dem Wasser nicht möglich ist, gleichzeitig heiß und kalt zu sein. Der Tastsinn verursacht diese Täuschung, weil er beim Eintauchen der Hände in die zwei Schalen die Selbstkontrolle verloren hat. Was er erspürt unterscheidet sich von der Wahrheit. Der Verstand und die Vernunft wiederum erkennen das.

Wenn das der Fall ist, wie können wir uns ohne die Führung des Intellekts und der mentalen Kriterien auf unsere Sinne verlassen? Gibt es denn einen Weg, außer durch das rationale Urteilen, uns vor der Täuschung der Sinneswahrnehmung zu schützen?

Es wurde einmal der Führer der Gläubigen, Ali Ibn Abi Talib (Friede sei mit ihm) gefragt, ob er Gott gesehen hätte. Er antwortete: „Ich würde nie einem Gott dienen, den ich nicht gesehen habe." Der Mann fragte daraufhin weiter: „Wie hast du ihn gesehen? Erkläre uns das." Er erwiderte: „Wehe dir! Niemand hat Ihn je mit seinem physischen Auge gesehen, aber das mit der Wahrheit des Glaubens angefüllte Herz hat Ihn geschaut." [9]

Es ist also das Urteil der Ratio, welches mit der Aufgabe betraut ist, die Fehler zu korrigieren, die durch die Sinneswahrnehmung entstehen, und die Quelle dieses Urteils geht über das sensorische hinaus.

Die Sinneswahrnehmung kann daher keinen realistischen Blick liefern, ihr Wert ist von praktischer Natur. Jene, die sich bei ihren Untersuchungen ausschließlich auf die Sinneswahrnehmung verlassen, werden es nie schaffen, existenzielle Probleme und die Rätsel der Schöpfung zu lösen.

Durch unsere Überlegungen über die Kompetenz der Sinneswahrnehmung kommen wir zu dem Schluss, dass diese, selbst im empirisch sensorischen Bereich, nicht in der Lage ist, dem Menschen bestimmtes Wissen zu geben und ihn zur Wahrheit zu führen. Dasselbe trifft für all das zu, was über die Sinneswahrnehmung hinausgeht.

Der Vorzug des Lebensprinzips

Die Wissenschaft sagt, dass es Leben ist, welches Leben schafft. Das Leben der tierischen Wesen ist nur durch die Fortpflanzung der Spezies möglich. Nicht eine einzige Zelle wurde bis jetzt gefunden, die aus lebloser Materie entstanden wäre. Sogar die niedrigsten Lebensformen, wie die Parasiten, können nicht existent

------

[9] „Tafssir Al-Mizan", Band VIII

werden und wachsen, wenn nicht eine Ursache, die selbst wieder abhängig vom Leben ist, sich in ihrer Umgebung befindet.

Der Wissenschaft nach ging die Erde durch lange Perioden, in denen die Entstehung des Lebens nicht möglich war, da es dafür viel zu heiß war. Es gab keine Vegetation auf dem Planeten, noch Flüsse oder Quellen. Die ·Atmosphäre war voller geschmolzener Metalle und vulkanischer Eruptionen. Später, als die Kruste der Erde zu erkalten begann, konnte man auf ihr für die kommenden Millionen von Jahren nur Anorganisches finden. Kurz gesagt, war während dieser ganzen veränderungsreichen Zeit auf der Oberfläche der Erde keine Spur von Leben zu finden. Wie kam es dann plötzlich zur Entwicklung von Leben? Es gibt keinen Zweifel darüber, die Existenz des Lebendigen begann lange Zeit nach dem Erscheinen der Erde. Wie lange dieser Prozess dauerte und wie dieser zustande kam, ist unbekannt.

Seit Jahrhunderten versuchen die Forscher die Mysterien des Lebens aufzudecken, ein wirklich eindrucksvolles Phänomen, aber sie sind des Rätsels Lösung nicht wirklich näher gekommen.

Ein Forscher schreibt in seinem Buch „Ferne Welten": „Was ist das für eine verhexte Welt des Lebens! Kam die Existenz ins Sein durch das Nicht-Existente? Kann organische Materie aus anorganischer Materie erstehen? Oder ist da eine kraftvolle, kreative Hand am Werke?" Es wird manchmal erwogen, dass die Lebensformen durch andere himmlische Körper auf die Erde gebracht wurden. Denn wenn die einfachsten Lebensformen in der Atmosphäre eines Himmelskörpers schwebend immer mehr an Höhe gewinnen würden, könnten die Strahlen der Sonne sie durch ihren Druck noch weiter in den

Raum hinaustragen, bis sie auf einen anderen Himmelkörper mit besseren Bedingungen für ihr Wachstum treffen.

Der Autor schreibt dazu: „Diese Hypothese präsentiert nicht die geringste Lösung für das große Rätsel, denn selbst wenn dies wahr wäre, würden wir immer noch nicht wissen, wie es zu diesem Leben kam, ganz gleich ob sie nun von einem Planeten aus unserem Sonnensystem oder anderswo herkommen. So wie eine Uhr nicht gebaut werden kann, indem man Federn, Schrauben, Zahnräder und Zeiger zusammenwirft, ist es nicht möglich Leben zu schaffen, ohne das ein Herz Vorhanden wäre, welches das Leben in Bewegung setzt und eine Stimme, die spricht „Trete ins Leben!""

Wir wissen, dass Materie an sich leblos ist und dass kein Element Leben aufweist. Man kann daher nicht annehmen, die Atome würden aus ihren harmonischen Zusammenschlüssen, welche die Materie ausmachen, irgendwann heraustreten und zu leben beginnen. Es stellt sich die Frage, warum sich lebende Materie außer durch Fortpflanzung der Art nicht reproduzieren kann. Chemische Aktionen und Reaktionen geschehen ständig in den Körpern der Lebewesen, ohne dass in ihnen selbst Leben wäre. Zu behaupten, dass Materie die Inklination zeigt, sich zusammen zu verbinden und dass in der Entwicklung und Evolution daraus plötzlich Leben entstanden wäre, bedeutet, ein lebendes Phänomen zu beschreiben, das wir sinnlich wahrnehmen können. Es liefert keine Erklärung für den Ursprung des Lebens, noch für die Ursache. Außerdem sind die Teilchen der Materie ursprünglich nicht unzusammenhängend, eine Ursache muss daher dafür gesorgt haben, dass einige sich zusammenschließen und verhindert haben, dass andere dies tun. Und was ist die Ursache dafür, dass manche dieser Partikel zum Leben kommen und andere nicht?

Das Ergebnis beim Zusammensetzen von zwei oder mehr Elementen ist, dass jedes Element dem anderen etwas von seinen Eigenschaften abgibt. Wie könnte es etwas weitergeben, was es selbst nicht hat? Die Elemente erhalten durch ihr Zusammenschließen bestimmte Merkmale. Diese Merkmale können über die ursprüngliche Qualität des Einzelnen nicht hinausgehen. Doch das Leben mit seinem ganz eigenen Charakter weist keine Ähnlichkeit mit den Eigenschaften der Materie auf. Das Leben zeigt sich in einer Weise, wie es Materie nicht zu tun vermag und in vielerlei Hinsicht dominiert das Leben die Materie. Obwohl Leben von Materie abhängig zu sein scheint, ist die Materie die Form, welche das Leben aufnimmt. Mit der Bewegung, dem Willen und natürlich mit der Wahrnehmung und dem Wissen kommt Materie erst in Kontakt, wenn sie vom Leben selbst berührt wird. Es ist daher nicht genug, Leben mit chemischen Reaktionen erklären zu wollen.

Welcher Faktor bringt die Zelle in den verschiedensten Ausprägungsarten und mit den unterschiedlichsten Programmen hervor, die dann wiederum in eine geplante Gesamtform passen? Die Zelle bereitet bei der Zellteilung den Transfer der Charakteristika der Mutterzelle auf die Nachwuchs-Zelle vor und das in der Regel, ohne dass ihr dabei ein Fehler unterlaufen würde.

Wir sehen, dass lebende Zellen bestimmte Eigenschaften besitzen, zu denen das Reparieren, die Rekonstruktion, die Speicherung der Daten der Spezies und die Fähigkeit zur Veränderung bzw. Mutation gehören.

Jede Zelle im Menschen funktioniert für eine bestimmte Zeit und für einen bestimmten Zweck. Die Verteilung der Arbeiten und Funktionen in Zellen ist bemerkenswert. Sie entstehen in der Menge, die notwendig ist, um ein artgerechtes Wachstum zu gewährleisten und jede Zelle geht an den ihr zugewiesenen Platz, sei es im Gehirn, in der Lunge, der Leber, dem Herzen oder der Niere. Haben die Zellen erst einmal die vorgesehene Stelle erreicht, versagen sie nicht für einen Augenblick in ihrer Funktion. Sie lösen überflüssige Materie auf und behalten genau das notwendige Volumen.

Diese erstaunliche Klassifikation, die dem Zweck dient, in tierischen Existenzen die Organe und Extremitäten zu formen, rein mechanischen und unbewussten Faktoren zuzuschreiben, ist eine völlig inadäquate Interpretation. Welcher freie Geist würde solch eine Unlogik akzeptieren?

Leben ist daher ein Licht, welches aus höheren Sphären in die materiellen Entitäten hinein scheint, die wiederum die Kapazität besitzen, es anzunehmen. Es setzt die Körper in Bewegung und bringt sie auf intelligente Art und Weise an bestimmte Orte.

Es ist der führende Wille Gottes, Seine Kraft, auf eine Art zu entscheiden, die Bewegung und Entwicklung bis hin zur Perfektion sicherstellt. Und es ist Seine umfassende weitblickende Weisheit, die das Wunder „Leben" möglich macht mit all seinen Merkmalen, die auf leblose Materie wirken. Ein Mensch, dem diese Wahrheit bewusst ist, sieht einen kontinuierlichen Faden des Lebens durch die Veränderung und Bewegung der Substanzen der Materie gezogen. Er erkennt Gott in Seinem Aspekt der kontinuierlichen Schöpfung und Entstehung, Seinen nicht endenden Einfluss auf alle Dinge bis hin zur Perfektion.

L5 - Die Manifestationen Gottes in der Natur

Die Materie und die Natur, welche als ein geschaffenes Ganzes wahrgenommen werden, sind der beste und klarste Beweis für das Wissen um Gott. Im Prozess der materiellen Veränderung kann der weise Wille als ewiges Prinzip entdeckt werden. Es wird deutlich, dass Seine Strahlen allem Leben und Substanz geben und dass die ganze Schöpfung durch Ihn Existenz und Weiterentwicklung erfährt.

Wenn man die unterschiedlichen Existenzen des Universums betrachtet, die Mysterien der Schöpfung studiert, deren Einzelteile alle ein Zeugnis dafür sind, dass eine große Intelligenz sie erschaffen hat, so liefert dies einen Beleg für das Wissen und den Glauben an einen weisen Schöpfer. Einen Schöpfer, dessen Macht sich in der Ordnung der existierenden Dinge mit aller Größe und Vielfalt manifestiert. Es ist darüber hinaus ein simpler und direkter Beweis, der unkompliziert und frei von philosophischer Schwere besteht. Es ist ein Weg des Studiums und Kontemplation, der jedem verfügbar ist. Alle können davon profitieren, sowohl die Denker, als auch die breite Masse.

Ein jeder kann in all den Phänomenen der Schöpfung, seinen Kapazitäten und seinem Verständnis folgend, Indikationen für das Verbundene, Harmonische und Zweckdienliche sehen und so in jeden der unzähligen Partikel des Seins den festen Beweis für die Existenz der Quelle allen Seins finden.

Die ganzen Adaptionen der Tierarten an ihre Lebensumstände sind ein großes Zeichen Gottes. Jede dieser Arten ist mit all den nötigen Instrumenten geschaffen worden, die für die jeweiligen Lebensumstände gebraucht werden.

Moses, der mit Gott sprach (Friede sei mit ihm und unserem Propheten), nutzte diesen Beweis als Mittel, um den damalig amtierenden Pharao die Existenz Gottes zu demonstrieren. Der Pharao sagte zu Moses und seinem Bruder: „(...) Wer ist euer beider Herr, oh Moses? Er (Moses) sprach: Unser Herr ist der, der jedem Ding seine Gestalt gab (und es) dann (zu seiner Bestimmung) leitete." (Vgl. Koran: Sure 20, Vers 49-50)

So sagte auch der Imam (Friede sei mit ihm) zu Mufaddal: „Schau genau auf die Struktur der Schöpfung des Vogels, schau wie dieser leicht und mit kleinem Volumen erschaffen wurde, damit er fliegen kann. Er hat statt der vier, wie bei anderen Tieren, nur zwei Beine bekommen und er hat nur vier statt der fünf Zehen an jedem Fuß. Vögel haben einen schlank geformten Brustkörper, sodass die Luft sie umfließen kann und sie in jede Richtung fliegen können. Die langen Beine des Vogels passen gut unter den Schwanz, und die Flügel und sein ganzer Körper sind mit Federn bedeckt, so kann die Luft sie durchdringen und zum besseren Fliegen beitragen. Da das Futter der Vögel aus Samen besteht und sie das Fleisch, unzerkaut essen, brauchen sie keine Zähne. Stattdessen schuf Gott für die Vögel einen harten und scharfen Schnabel, der beim herausreißen des Fleisches nicht zerbricht noch durch das Sammeln von Samen verletzt werden kann. Damit diese Kreatur das Unzerkaute verdauen kann, hat sie ein starkes Verdauungssystem bekommen und einen warmen Körper. Außerdem pflanzen sich Vögel fort, indem sie Eier legen. Auf diese Weise bleiben sie leicht genug, um zu fliegen. Würden ihre Nachkommen in ihren Körpern heranwachsen, wären sie für das Fliegen zu schwer."

Dann ging der Imam zu einem generellen Gesetz über und sagte, „Somit sind alle Eigenschaften eines Vogels im Einklang mit seiner Umwelt und seiner Art zu leben."[10]

Die Frage der Sprache der Tiere ist ein weiteres göttliches Zeichen. Sie besitzen eine spezielle Form der Sprache, die sie in die Lage versetzt, miteinander zu kommunizieren.

Der noble Koran berichtet von der Geschichte der Ameise, die der Prophet Salomo (Friede sei mit unserem Propheten und ihm) im Tal der Ameisen sagen hörte: „(...) Oh ihr Ameisen, hinein in eure Wohnungen, damit nicht Salomo und seine Heerscharen euch zertreten, ohne dass sie es merken." (Vgl. Koran: Sure 27, Vers 18)

Moderne Wissenschaftler haben ein ausgeklügeltes System der Kommunikation bei den Tieren entdeckt, dass präziser und komplexer als unsere Kommunikationsform ist. Crissy Morrison schreibt, „Wenn wir eine weibliche Motte neben dem Fenster eines Raumes setzen, so wird sie sanfte Signale aussenden, die eine männliche Motte auch aus sehr weiter Entfernung erfassen kann und beantworten wird. Sosehr man auch diese Kommunikation zu stoppen versucht, es wird nicht gehen. Trägt diese schwache Kreatur eine Art Sender an sich oder hat die männliche Motte einen Empfänger in seiner Antenne versteckt?

Eine Grille reibt an ihren Beinen und das dabei erzeugte Geräusch kann man in einer stillen Nacht bis zu einem Kilometer weit hören. Um ein Weibchen anzulocken, setzt die männliche Grille sechzig Tonnen Luft in Bewegung, worauf das Weibchen eine Antwort auf seine

---

[10] „Bihar Al-Anwar", Band III

Rufe sendet, ohne dass auch nur ein Laut von ihrer Seite zu vernehmen wäre.

Vor der Erfindung des Radios glaubten die Wissenschaftler, dass die Tiere über ihren Geruchssinn miteinander kommunizieren würden. Selbst wenn das wahr wäre, wäre es eine Art Wunder, denn der Geruch müsste sich durch die Luft bewegen bis es die Geruchsorgane des weiblichen Insekts erreichen würde. Und dies unabhängig von der Frage, ob der Wind nun weht oder nicht und ob das Weibchen daraus erkennen kann, woher der Geruch kam und wo der potentielle Partner zu finden ist.

Dank komplexer mechanischer Technik haben wir die Fähigkeit erworben, über große Abstände miteinander zu kommunizieren. Das Radio ist eine erstaunliche Erfindung, die es uns erlaubt, augenblicklich miteinander zu kommunizieren. Aber für die Benutzung dieser Erfindung bedarf es des Kabels und unserer Präsenz an einem bestimmten Ort. Die Motte ist uns also noch weit voraus."[11]

Wählt man die empirischen Wissenschaften als Mittel zum Studium der unendlichen Mysterien der Welt, so hat dies den Vorteil, dass sie in der Reichweite aller liegen. Es ist das Bewusstsein der Wunder der Schöpfung und der in ihr bestehenden Ordnung, welche den Menschen ganz natürlich zu dem Gott führen, der sie erschuf. Dieses Bewusstsein zeigt dem Menschen die Attribute der Perfektion, des Wissens und der grenzenlosen Macht, die den Schöpfer und die Quelle allen Seins charakterisiert.

---

[11] Morrison, „Raz-i Afarinish"

Diese präzise Ordnung deutet auf ein Ziel, einen Plan, auf eine tiefe, große Weisheit hin. Was für eine Kreativität, was für eine Kraft, was für ein Wissen hat Er in die Welt des Seins investiert, in den kleinen wie in den großen Dingen, in der Erde, in der Atmosphäre, in den himmlischen Planeten, in den Herzen der Steine, in den Herzen der Atome!

Wenn wir von Ordnung sprechen, sollte klar sein, dass das Konzept der Ordnung auf Phänomene applizierbar ist, deren verschiedene Einzelteile miteinander derart in Beziehung gesetzt sind, dass sie harmonisch ein spezifisches Ziel verfolgen. Die Zusammenarbeit der Einzelstücke miteinander muss ebenfalls in Betracht gezogen werden.

Obwohl jene, die eine Existenz der Ordnung im Universum leugnen, nicht unbedingt auch die Existenz einer aktiven Ursache bestreiten (denn sie akzeptieren das Gesetz der Kausalität), negieren sie diese wiederum, da dies die Intervention von Ziel und Zweck in natürlichen Phänomenen impliziert.

In zahlreichen Versen des noblen Korans wird der Mensch dazu eingeladen, über die Ordnung der Schöpfung nachzudenken, sodass der Masse der Menschen auf einfachste Weise die Existenz eines einzigartigen Schöpfers bewusst gemacht werden kann.

„In der Schöpfung der Himmel und der Erde und im Wechsel von Nacht und Tag und in den Schiffen, die das Meer befahren mit dem, was den Menschen nützt, und in dem Wasser, das Gott niedersendet vom Himmel, womit Er die Erde belebt nach ihrem Tode und darauf verstreut allerlei Getier, und im Wechsel der Winde und der Wolken, die dienen müssen zwischen Himmel und Erde, sind fürwahr Zeichen für solche, die verstehen." (Vgl. Koran: Sure 2, Vers 164)

„Gott ist es, der die Himmel erhöht hat ohne Stützpfeiler, die ihr sehen könnt. Dann setzte Er Sich auf den Thron. Und Er zwang Sonne und Mond in Dienstbarkeit; jedes läuft seine Bahn zum vorgezeichneten Ziel. Er ordnet alle Dinge. Er macht die Zeichen deutlich klar, auf dass ihr an die Begegnung mit eurem Herrn fest glaubt." (Vgl. Koran: Sure 13, Vers 2)

„Und Er ist es, der die Erde ausbreitete und Berge und Flüsse in ihr gründete. Und Früchte aller Art schuf Er auf ihr, ein Paar von jeder Art. Er lässt die Nacht den Tag bedecken. Hierin sind wahrlich Zeichen für ein nachdenkendes Volk." (Vgl. Koran: Sure 13, Vers 3)

Wenn wir alle Theorien der Spezialisten und Forscher akzeptieren, sogar die Theorie der Evolution bezüglich des Auftauchens der verschiedenen Spezies auf unserer Welt, so wird keine Theorie ohne die Präsenz einer absoluten Macht, die Intervention eines Willens, ein Bewusstsein, ein Ziel, einen Sinn umfassend sein. Graduelle Erschaffung innerhalb eines natürlichen Systems zeigt ebenfalls ganz eindeutig das Eingreifen eines Willens und eines Bewusstseins bei dem Prozess des Werden. All die Phasen der Bewegung und der Weiterentwicklung der Natur basieren auf der sehr exakten Wahl und Kalkulation. Die Natur ist nie auch nur im Geringsten in Millionen von Jahren von ihrem auferlegten Weg abgewichen.

Es ist wahr, dass die anfänglichen Ebenen für das Finden eines Beweises für die Existenz Gottes aus der Ordnung des Universums gewonnen werden, es werden empirische Daten benutzt und Teile der Argumentationskette werden mit Hilfe der

Sinneswahrnehmung konstruiert, zusammen mit dem Studium der Natur und der empirischen Beobachtung. Tatsächlich ist das eigentliche Argument nicht empirischer sondern rationaler Natur, welches uns von der Natur hin zur transzendentalen Realität führt, die über die Natur hinausgeht. Empirische Beweise beschäftigen sich mit der Beziehung von zwei Teilen der Natur, jedes muss dabei sensorisch wahrnehmbar sein, um die Beziehung zwischen den beiden Phänomenen möglich zu machen.

Wenn wir den Grad des Wissens und des Bewusstseins einer Person durch die Studie ihrer Arbeit und Errungenschaften betrachten, so sind wir nicht mit einer empirischen Entdeckung beschäftigt, weil der Grad des Wissens und der Intelligenz einer Person weder direkt quantitativ noch experimentell erfassbar ist. Natürlich erfährt man den Willen, die Intelligenz und Gedanken unmittelbar an sich selbst, doch hat man das Bewusstsein für die Existenz derartiger Dinge bei anderen Menschen nicht, da diese nicht bis ins kleinste Detail erreichbar sind.

Es ist uns nur durch die Arbeit und die Erfolge dieser Menschen möglich, Einblicke in ihre Gedanken und Intelligenz zu gewinnen, obwohl es keinen empirischen Beweis für die Existenz dieser Dinge in ihnen gibt. Nun ist die Entdeckung von Intelligenz in Anderen durch das Betrachten ihrer Arbeit und Erfolge ein rationaler Beweis, keine empirische Deduktion, da die Intelligenz und ihre Wirkungsweise nicht direkt untersucht wurden, sodass sich Wechselbeziehungen aufgezeigt hätten.

Wenn das Erkennen von Gedanken und Intelligenz im Menschen nicht durch einen empirischen Beweis aufgezeigt wird, ist es klar, dass auch das Argument der Ordnung im Universum und seine Verbindung zur göttlichen Essenz nicht zu der Kategorie gehören können, die sich empirisch belegen lassen.

———

Andererseits ist der Mensch nicht der Schöpfer, sondern nur Teil der Schöpfung, seine Aktionen repräsentieren die Etablierung von Beziehungen zwischen verschiedenen Teilen der Welt.

Das Ziel und der Zweck, den der Mensch beim zusammensetzen einer ganzer Serie von materiellen Elementen verfolgt (zum Beispiel, in dem er ein Gebäude baut, ein Auto oder eine Fabrik), steht in Beziehung zu ihm. Der eigentliche Sinn und das Ziel ist der Schaffende selbst, nicht das von ihm Erschaffene. Der Zusammenhang, der zwischen den gemachten Teilstücken hergestellt wurde, ist daher keine natürliche Beziehung. Beim etablieren dieses Zusammenhangs wünscht sich der Schaffende, seinen eigenen Bestrebungen gerecht zu werden und seine eigenen Unvollkommenheiten zu beleben, da alle Bemühungen des Menschen eine Bewegung vom Potential hin zur Aktualität sind und von dem Fehlerhaften hin zur Perfektion.

Dennoch können diese zwei Charakteristika nicht auf die Beziehung zwischen den von Gott geschaffenen Existenzen und Gott selbst angewandt werden. Die Beziehung zwischen den verschiedenen Teilen von Gottes Werk ist nicht von unnatürlicher Art und der Zweck des geschaffenen Phänomens bezieht sich nicht auf Gott. Anders ausgedrückt, die Ziele der Handlungen Gottes beziehen sich auf die Handlung selbst, da Gottes Weisheit bedingt, dass Er verursacht, dass alles Sein seine eigene Perfektion erlangt.

Wenn wir bei dem Diskurs über das Argument der Ordnung des Universums versuchen, die Existenz eines Schaffenden zu beweisen, der sich ähnlich verhält wie der schaffende Mensch, wird der göttliche Schöpfer tatsächlich zu einer erschaffenen Existenz, die auf der gleichen Ebene steht wie der Mensch. Zu beweisen, dass es so einen Schöpfer gäbe, wäre eine ganze andere Sache, als die Existenz eines Machers und Schöpfers zu verdeutlichen, der alles erschuf. Aus wissenschaftlicher Sicht ist das Hervorkommen von Materie aus sich selbst unmöglich. Die marxistische Theorie von der materiellen Welt, die sich ständig verändert und zu höheren Stufen hinauf schreitet, steht im klaren Widerspruch zu den wissenschaftlichen Daten und den Realitäten der Natur. Jegliche Entwicklung und Bewegung in der materiellen Welt ist entweder das Resultat des Eingreifens eines Willens, das Jenseits der Materie zu finden ist, oder aber das Ergebnis von Anziehungskräften, Interaktivitäten und dem Zusammenschluss mit anderen Körpern.

In der pflanzlichen Welt kommt es durch Regen, Sonnenschein und Aufnahme von Substanzen aus der Erde zu einer Entwicklung und einem Wachstum. Das gleiche geschieht in der Tierwelt, nur dass dort der Faktor der Bewegung auf all den Dingen, die benötigt werden, hinzukommt.

In dem eben Genannten ist eine klare Kooperation zwischen den Dingen und Kreaturen auf der einen Seite und externen Faktoren auf der anderen Seite zu beobachten. Je nachdem, was für Eigenschaften der Existenz eigen sind und was für Gesetze und Formeln es unterworfen ist, bleibt es der jeweiligen Existenzform unmöglich, den vorgegebenen Befehlen, die in seine Existenz eingraviert sind, nicht zu gehorchen.

Die Realitäten, die der Mensch mit Hilfe seiner Sinne wahrnimmt, haben bestimmte Eigenschaften. Wir nehmen natürlich wahr, dass die Existenzen in dieser Welt der Veränderung und der Unbeständigkeit erliegen. In der ganzen Geschichte des Seins ist jede materielle Sache entweder dabei zu wachsen und sich zu entwickeln, oder aber sie ist dabei zu verfallen. Kurz gesagt, nichts Materielles bleibt auf der Ebene der Existenz unveränderlich und beständig.

Endlichkeit ist eine andere Eigenschaft der sensorischen Existenz. Von dem kleinsten Partikel bis zur größten Galaxie, alle Dinge brauchen Raum und Zeit. Einige Dinge brauchen einfach mehr Raum oder längere Zeit und andere eine kürzere Zeitspanne und weniger Raum. Alle Dinge sind in ihrer Existenz und in ihren Eigenschaften relativ. Attribute wie Macht, Schönheit und Weisheit, die wir den Dingen zuschreiben, sind eigentlich Vergleiche mit etwas Anderem.

Abhängigkeit und Konditionalität sind ebenso charakteristisch für diese Dinge. Die Existenz jeder Sache, die wir wahrnehmen können, ist abhängig von anderen Faktoren und braucht diese daher. Keine materielle Sache kann auf dieser Welt gefunden werden, die nur sich selbst braucht, um zu sein und die nichts anderes benötigt als sich selbst. Abhängigkeit umgibt das komplette materielle Sein.

Die Intelligenz des Menschen kann die Schleier des äußeren Anscheins transzendieren und die inneren Tiefen des Seins durchdringen. Anders als die Sinne kann die Intelligenz nicht akzeptieren, dass die Existenz nur auf relatives, endliches, veränderliches und abhängiges Sein beschränkt ist. Ganz im Gegenteil erkennt die Kraft der Gedanken die Notwendigkeit einer Existenz an, die über das Beobachtbare hinausgeht, eine stabile, absolute und durch sich selbst bestehende Realität, von der alle anderen Existenzen abhängig sind. Diese Realität ist zu jeder Zeit und an jedem Ort präsent, wäre sie nicht da, würde die gesamte Welt nicht sein und den Anteil am Sein verlieren.

Wenn wir erst die Abhängigkeit der geschaffenen Welt erkennen und verstehen, dass kein Phänomen ohne fremde Hilfe bestehen kann, kommen wir zu dem Schluss, dass es eine notwendige Existenz gibt, denn wir fragen uns: „Wovon ist jedes Phänomen letztlich abhängig?"

Wenn wir antworten, „Von einem anderen Körper", dann müssen wir uns fragen, „Wovon ist dieser wiederum abhängig?". Und wenn darauf geantwortet wird, „Von einer Sache in der Natur, die uns unbekannt ist.", stellt sich die Frage, „Ist das eine simple Sache oder etwas Zusammengesetztes?".

Wenn es ein Zusammenschluss von Dingen ist, antworten wir, dass etwas Zusammengefügtes auch von seinen Einzelteile abhängig ist, da die Eizelteile sein müssen, damit der Zusammenschluss zustande kommen kann. Da die Natur zusammengesetzt ist, kann sie nicht die notwendige Existenz sein.

Wir sind daher gezwungen zu sagen, dass die erste Ursache einfach sein muss. Sie muss außerdem von gleicher Dauer wie die notwendige Existenz sein, da die Kette der Kausalität nicht bis in die Unendlichkeit fortgesetzt werden kann.

Die Gesamtheit der Welt braucht die Realität, die unabhängig ist und von der alle endlichen und relativen Phänomene abhängen. Alle Dinge brauchen diese Realität, um durch sie zu sein und alle Dinge besitzen ein Zeichen dieses unendlichen Lebens, Wissens, dieser Macht und Weisheit. Sie erlauben uns auf diese Weise, kostbares Wissen über diese Realität zu erlangen und ermöglichen jeder intelligenten, neugierigen Person, die Existenz eines Schöpfers zu deduzieren.

Die beidseitige Abhängigkeit von Materie und den Gesetzen des Seins zeigt in keiner Weise eine Unabhängigkeit der Materie auf. Ganz im Gegenteil, die verschiedenen Phänomene, die aus der Materie resultieren zusammen mit ihren Wechselbeziehungen zueinander, deuten darauf hin, dass Materie in seinen Existenzformen gezwungen ist, bestimmte Gesetze und Normen zu akzeptieren und ihnen zu folgen, die diese zur Ordnung und Harmonie antreiben. Sein basiert auf zwei Faktoren: Materie und Ordnung, die in starker Wechselbeziehung zueinander stehen und die eine kohärente und harmonische Welt schaffen.

Manche Leute erachten die Materie als unabhängig und stellen sich vor, dass die Materie selbst freiheitlich die Gesetze ausführt, die dann die Materie beherrschen. Aber wie können sie glauben, dass Wasserstoff und Sauerstoff, Elektronen und Protonen sich erst selbst produzieren, dann die Quelle für alle anderen Dinge sind und schließlich die Gesetze schaffen, die sie selbst und den Rest der Welt regulieren?

Materialismus glaubt daran, dass niedere Objekte die Quelle für das Auftauchen von höher entwickelten sind, ohne sich damit zu beschäftigen, ob denn das Höhere schon zur Zeit des niedrigen Levels existierte. Wenn niedere Materie nicht dazu in der Lage ist – selbst bei ihrer höchsten Stufe ihrer Entwicklung, wo das Denken und die Reflektion beginnt – sich selbst zu erschaffen oder die Gesetze zu brechen, die sie beherrscht, folgt daraus, dass die Materie ebenfalls nicht in der Lage sein kann, andere Existenzformen mit den dazugehörenden Gesetzmäßigkeiten zu erschaffen. Wie kann 'da angenommen werden, dass die niedere Materie die Schöpfung kreiert und der Ursprung höherer Wesen ist oder dass sie Macht besitzt großartige Phänomene ins Sein zu rufen?

In den neuen Wissenschaften, hat sich das Prinzip etabliert, das Systeme, die zielgerichtete lebende Elemente beinhalten oder Systeme, die extern durch ein gegebenes Programm organisiert werden, sich in Richtung Expansion, größerer Ordnung und zum Fortschritt weiterentwickeln können. Dennoch stehen alle Systeme, ob einfache oder zusammengesetzte, in Beziehung zu Faktoren, die außerhalb ihrer selbst liegen, sie sind nicht in der Lage, sich selbst durch sich selbst zu konstruieren. Kein System oder keine Substanz der Welt kann ein lebendes, sich entwickelndes Organ erschaffen, es sei denn, es besitzt ein gewisses Maß an Willen und Bewusstsein.

Nach dem Gesetz der Wahrscheinlichkeit ist das zufällige Entstehen der Welt abzulehnen, es wird als irrational und unmöglich erachtet. Sogar Kalkulationen, die auf mathematischen Wahrscheinlichkeiten basieren, bestätigen die Notwendigkeit der korrekten Führung und Planung der Welt, einhergehend mit einem präzisen Programm und einem bewussten Willen.

Das Wahrscheinlichkeitsgesetz ist tatsächlich ein harter Schlag für all jene, die an einen zufälligen Ursprung des Universums glauben. Wenn wir die Theorie des Zufalls auf ein simples System oder kleine Zahlen anwenden, so ist dies möglich, auch wenn es sehr unwahrscheinlich ist. Aber es ist unvorstellbar, dass man einen geometrischen Zufall vorfindet, der die feste Ordnung und Harmonie der Welt, die im komplexen System vorherrscht, beschreibt. Partiale und einfache Veränderungen in der Ordnung der Existenz können ebenfalls die Transformation der Welt nicht erklären, noch die Vereinigung diverser Elemente und das Zusammenkommen von Atomen zu harmonischen Zusammenschlüssen.

Wenn die Natur einst autonom bei der Komposition und Formation war, warum zeigt sie nicht auch jetzt Initiative sich weiter zu wandeln, warum zeigt sie keine profunde, automatische Veränderung?

Selbst das simple Auftreten von Ereignissen in der Welt bringt erstaunliche Bilder zutage, die harmonisch und im Einklang mit dem Ziel der Schöpfung sind. Das ist eine Indikation für die Wahrheit, dass hinter all den fantastischen Veränderungen eine bewusste und mächtige Kraft steht, die wunderbare Systeme des Universums schafft und produziert. Sie gibt der bemerkenswerten Kristallisation der Schöpfungswelt die Form und entwirft den Plan und die Ordnung des Seins.

––––––

Die Harmonie und die Verbindungen von Millionen von natürlichen Phänomenen und ihre Beziehung zum Leben kann nur durch eine Hypothese erklärt werden – dass wir uns für dieses weitreichende System einen Schöpfer vorstellen, der die verschiedenen Elemente des Lebens auf diesem Globus durch grenzenlose und unendliche Macht erschuf und der für jedes Element sein Programm kreierte. Diese Hypothese ist konform mit den harmonischen Verbindungen, die den Phänomenen zugrunde liegen.

Wenn wir diese Hypothese nicht akzeptieren, wie ist es dieser Harmonie dann möglich gewesen – zufällig und ohne Zweck – unter den vielfarbigen Ordnungen des Seins zu entstehen? Wie kann man annehmen, die Materie selbst sei der Ursprung von Millionen von Attributen und Charakteristika und sei damit äquivalent zum sinnvollen, weisen und allwissenden Schöpfer?

Wenn die Welt der Wunder, die unseren Intellekt mit all ihrem Glanz blendet, den das menschliche Wissen nicht ganz erfassen kann, nicht bestehen würde, wenn das Universum tatsächlich nur aus einem einzelligen Wesen bestünde, so wäre selbst dieser einfache, unscheinbare Organismus, diese simple Entität zusammen mit der Ordnung, die für seine Entstehung bereitgestellt werden müsste und den Materiealien, die für seinen Bau zur Verfügung stehen müssten, eine Möglichkeit, ein Zufall. Die Wahrscheinlichkeit der Entstehung selbst einer solchen Entität ist nach Einschätzung des Schweizer Biologen Charles Unguy eine so kleine Zahl, dass man sie mathematisch als unvorstellbar bezeichnen kann.

———

Alle Teile der existierenden Dinge unterliegen in ihrer inneren Struktur als auch in ihren Wechselbeziehungen einer ausbalancierten Ordnung. Ihre Beschaffenheit und ihre Beziehungen zueinander sind von solcher Art, dass sie sich gegenseitig auf ihren jeweiligen Wegen, die zu ihren Zielen führen, helfend unterstützen. Durch den Nutzen, den sie durch diese Beziehungen zu anderen Existenzen haben und durch den Austausch von Einflüssen auf ihre individuelle Beschaffenheit, sind sie in der Lage, ihre vorgesehenen Stationen zu erreichen.

Eine grundlegende Aufgabe der materiellen Wissenschaften ist die Identifizierung der externen

Aspekte und Qualitäten der Welt. Die Identifizierung der wahren Natur und der Essenz der geschaffenen Dinge und Phänomene gehen über den Horizont solcher Wissenschaften hinaus.

Die größte Leistung der Astronomen ist zum Beispiel zu wissen, ob Billionen von Sphären in den Himmeln durch die zentrifugale Kraft feststehend sind oder ob sie weiterhin rotieren, während eine Kraft sie davon abhält miteinander zu kollidieren und ihnen ermöglicht, ihr Gleichgewicht zu halten. Sie messen auch den Abstand zur Erde und deren Geschwindigkeit und Volumen mit den dazu vorgesehenen Instrumenten. Dennoch wird das Endergebnis all dieses Wissens und all dieser Experimente nicht über die Interpretation der äußeren, oberflächlichen Aspekte der Schöpfung hinausgehen können, weil ein Astronom das Zustandekommen der wahren Natur der anziehenden Kraft, das Wesen der zentrifugalen Kraft und das System, dem es damit dient, nicht kennt.

Wissenschaftler können eine Maschine interpretieren, ohne sich der eigentlichen Interpretation der Antriebskraft bewusst zu sein. Ebenso sind die Naturwissenschaften nicht in der Lage, die Millionen von Wahrheiten, die in der Natur und im Menschen eingebettet sind, zu interpretieren und zu analysieren.

Der Mensch hat sich bis ins Herz des Atoms geforscht, aber er konnte nicht die obskuren Mysterien eines einzigen Atoms lösen. Kurz, es sind diese Bastionen von Mysterien, welche die Großen der Naturwissenschaften nicht geschafft haben zu erobern.

Eins der Wunder der Schöpfung ist die gegenseitige Harmonie, die zwischen zwei Phänomenen existiert, die zeitversetzt bestehen. Diese Harmonie ist von solcher

Natur, dass die benötigten Dinge für die Existenz eines Phänomens, was noch nicht existiert, bereits durch das Vorgeben von Strukturen durch ein anderes Phänomen ermöglicht wird.

Das beste Beispiel für diese Harmonie kann in der Beziehung zwischen Mutter und Kind betrachtet werden. Unter Menschen als auch anderen Säugetieren produziert das Weibchen unter Einwirkung von besonderen Hormonen, sobald es schwanger wird und der Fötus eine gewisses Stadion im Bauch der Mutter erreicht hat, Milch, die leicht und komfortabel in der Handhabung ist. Während der Fötus wächst, wird die Quantität der Milch soweit vergrößert, dass der Fötus die nötige und für seine weitere Entwicklung am besten geeignete Nahrung bereit gestellt bekommt, sobald er geboren ist.

Diese fertige Substanz ist perfekt auf das Verdauungssystem des Säuglings abgestimmt. Sie ist in einem Lager versteckt, der Brust, mit welchem die Mutter bereits Jahre zuvor ausgestattet worden war, noch bevor das Kind sich in ihr zu formen begann. Um das Stillen des Neugeborenen zu ermöglichen und damit es sich nicht an der Fülle der Milch verschluckt, die auf einmal in den Mund fließt, sind kleine, feine Öffnungen in der Brustwarze zu finden, die selbst eine Größe hat, die der Mund eines Säuglings fassen kann. So kann das Baby die benötigte tägliche Nahrung durch saugen zu sich nehmen.

Während das Baby wächst, verändert sich die Milch und passt sich dem Alter an. Daher raten Ärzte von Ammen bzw. Milchmüttern ab, die nicht relativ zeitgleich mit dem eigenen Baby ein Kind zur Welt brachten.

Hier stellt sich die Frage: Ist nicht die Bereitstellung der Nahrung in einer Existenz für eine andere Existenz, die noch nicht da ist, etwas Geplantes und Vorausschauendes, was auf Weisheit und Exaktheit begründet ist? Ist nicht diese Versorgung für die Zukunft, diese subtile und wunderbare Wechselbeziehung zwischen zwei Geschöpfen das Werk einer allmächtigen und allweisen Kraft? Ist es nicht ein klares Zeichen für die Intervention einer unendlichen Macht, eines großen Designers und Planers, der das Aufrechterhalten des Lebens und das Wachstum aller Phänomene bis hin zur Perfektion verfolgt?

Wir wissen genau, dass die präzisen Kalkulationen, der alle Maschinen und industrielle Werkzeuge unterliegen, das Ergebnis von Talenten und Ideen sind, die in der Planung und Konstruktion umgesetzt wurden. Wenn man diese Dinge feststellt, könnte man den generellen philosophischen Schluss daraus ziehen, dass Ordnung und Zusammenfügungen, die auf Balance und Kalkulation basieren, überall dort zu betrachten sind, wo auch Willen, Intelligenz und Gedanken zu finden sind.

Die Präzision, die in industriellen Maschinen zu beobachten ist, tritt in den organischen Existenzformen und natürlichen Kompositionen auf einem weitaus höheren und unglaublich bemerkenswerten Niveau zutage. Tatsächlich ist der Grad der Planung und Organisation, der in der Natur sichtbar ist, so hoch, dass er mit der Präzision der von Menschenhand gebauten Dinge nicht vergleichbar ist.

Wenn wir ohne Einwände anerkennen, dass die maschinelle Ordnung das Produkt des Gedankenguts und des Willens ist, sollten wir da nicht auch die Handlungskraft einer unendlichen Intelligenz, einen

Willen und ein Wissen hinter der präzisen Planung der Natur wahrnehmen?

In der heutigen Zeit hat die Medizin eine Stufe erreicht, wo es möglich ist, einem Menschen seine Niere zu entnehmen und diese in einen anderen Menschen zu implantieren, dessen Nieren versagt haben und der deswegen kurz vor dem Tode steht. Dieser Fortschritt ist natürlich nicht das Ergebnis eines Arztes, es ist eine Entwicklung über tausende von Jahren, die viele involvierte. Die Transplantationstechnik hat also einen langen Entwicklungsprozess durchlaufen, bis sie den heutigen Stand erreichte. Die Ideen und Einsichten von vielen verschiedenen Wissenschaftlern über Jahrhunderte hinweg waren nötig, bevor die erste Nierentransplantation möglich wurde. Wäre es denn möglich gewesen, dieses Ergebnis ohne das dazugehörige Wissen zu erzielen? Wohl kaum.

Stellen wir uns noch eine Frage. Was erfordert mehr Wissen und wissenschaftliche Fertigkeit: Das Wechseln eines Reifens an dem Rad eines Fahrzeugs – eine Aufgabe die sicherlich gewisses technisches Geschick erfordert – oder aber das Herstellen eines Autoreifens? Was ist bedeutsamer, einen Autoreifen zu machen oder ihn zu wechseln?

Auch wenn das Transplantieren einer Niere aus medizinischer Sicht von Bedeutung ist, kann man es doch mit dem Wechsel eines Autoreifens vergleichen. Es verliert an Gewicht, wenn man es mit der Struktur der Niere vergleicht und ihren Mysterien, Funktionsweisen und den Kalkulationen, die damit einhergehen.

Welcher realistische Wissenschaftler, der aufrichtig auf der Suche nach Wahrem ist, könnte heute behaupten, dass die Struktur der Niere nicht eine Spur von kreativer Intelligenz und Willen aufweisen würde, dass es reine Natur sei. Natur, die nicht mehr Wissen und Bewusstsein besitzt als ein Kindergartenkind?

Ist es nicht logischer, die Existenz von Intelligenz, Willen und Planung in der Schöpfung und der Ordnung der Welt zu postulieren, als die Kreativität der Materie zuzuschreiben, welche selbst weder Intelligenz, Gedanken, Bewusstsein noch Macht zur Erfindung besitzt?

Der Glaube an die Existenz eines weisen Schöpfers ist ohne Zweifel logischer als der Glaube in die Kreativität der Materie, die weder Wahrnehmung, Bewusstsein noch die Fähigkeit zur Planung besitzt. Wir können nicht der Materie die ganzen Attribute der Intelligenz geben, die wir in der Welt sehen und auch nicht den ordnenden Willen, der sich in ihr befindet.

Mufaddal sagte zu Imam Jaafar Sadiq (Friede sei mit ihm): „Herr, manche Leute glauben, dass die Ordnung und die Präzision, die wir in der Welt sehen, das Werk der Natur sei." Der Imam antwortete: „Frage sie, ob die Natur all die fein kalkulierten Funktionen mit ihrem Wissen, ihrer Überlegung und ihrer Macht ausübt? Wenn sie sagen, dass die Natur Wissen und Kraft besitze, was ist es, das sie davon abhält diese ewige, heilige Essenz zu bestätigen und zu gestehen, dass es dieses über alles andere stehende Prinzip gibt? Wenn sie aber sagen, die Natur würde all die Aufgaben regulär und korrekt ausüben, ohne dabei Wissen und Willen zu besitzen, dann folgt daraus, dass diese weisen Funktionen und diese präzise kalkulierten Gesetze das Werk eines allwissenden und weisen Schöpfers sind.

Das, was sie Natur nennen, ist ein Gesetz und ein Brauch, verabredet durch die Hand der göttlichen Macht, um über die Schöpfung zu regieren."[12]

Die Feinheiten der Natur

Betrachtet man einen Moskito, wird man nicht einmal ein Mikroskop brauchen, das Auge reicht aus, um die präzise und komplexe Ordnung dieses insignifikanten Insektes zu sehen. In diesem feingliedrigen Objekt existiert eine ganze Anzahl von Körperteilen und Sinnen, die bemerkenswert in ihrer Präzision sind. Ein Verdauungssystem, ein Kreislaufsystem, ein Nervensystem, die Schweißdrüsen mit ihren Verbindungen. Der Moskito besitzt ein voll ausgestattetes Labor. Mit einer außerordentlichen Geschwindigkeit und Genauigkeit vermag er die gebrauchten Materialien zu verwerten. Vergleicht man dies mit einem wissenschaftlichen Labor, so wird trotz der menschlichen und wirtschaftlichen Ressourcen, die man in solch ein Labor hineingesteckt hat, dieses nie die Schnelligkeit, Präzision und Exaktheit erreichen können wie es das Moskito-Labor aufweist. Wie viel Zeit und Aufwand, wie viel Reflexion und Intelligenz wird, zum Beispiel benötigt, um ein Mittel gegen den giftigen Stich eines Moskitos zu produzieren!

Wenn der Mensch so viel Planung, Gedanken und Genauigkeit benötigt, um diese Aufgabe zu meistern, ist da nicht die Feinheit, die Exaktheit und die Ordnung, die in der Welt sichtbar ist, ein Beweis für den Ursprung all dieser Dinge in der Intelligenz, kreativen Planung und der weitreichenden Weisheit eines Schöpfers? Ist es überhaupt möglich, die genaue Geometrie, Funktion und

---

[12] „Bihar Al-Anwar", Band II

Bewegung des Universums als das Ergebnis von Materie zu betrachten? Wir stellen fest, dass die Phänomene der Schöpfung Ordnung und Regulierung ausdrücken, sie verkünden nicht Dinge wie Sinnlosigkeit, Anarchie und Unordnung.

Wenn wir zuweilen schwache Punkte in der Natur entdecken, so impliziert dies keinen Defekt in dem tiefgründigen Buch der Schöpfung. Unsere Gedanken und unsere Wahrnehmung sind nicht in der Lage soweit zu gehen und unsere Intelligenz ist zu limitiert, um alle Mysterien und Enigmen des Universums zu verstehen. Unser Intellekt kann nicht alle Ziele und Gründe der Existenz unterscheiden.

Wenn wir nicht in der Lage sind, die Funktion einer kleinen Schraube in einer großen Maschine zu verstehen, gibt es uns das Recht, den Designer als Ignoranten zu verurteilen? Oder ist nicht vielmehr unser eigener Horizont so beschränkt, dass wir das wahre Ziel und den Zweck der Maschine nicht durchschauen?

Der Zufall kann nicht die Aufgabe des Wissens übernehmen, Wissen, welches niemals und in keiner Weise mit Ignoranz vermischt ist. Wenn, wie es sich die Materialisten vorstellen, die Welt nicht mit Wissen und Willen entstand, müsste auch der Mensch, um seinen Zweck zu erfüllen, den Pfad des Strebens verlassen, sich selbst von der Ignoranz gefangen nehmen lassen, um konform mit der ignoranten Natur zu sein.

Die Realität ist, dass das Funktionieren der Welt mit Regulierung und Ordnung bewerkstelligt wird, dass es ein Ziel besitzt, einen Sinn und einen Willen, der nicht verneint werden kann. Es kann nicht angenommen werden, dass der unaufhörliche Prozess der Aktion und

Reaktion, ohne die Intervention und die Führung einer Intelligenz in einer bestimmten Richtung voranschreitet.

Nach Jahren der vorsichtigen Planung und unermüdlicher Arbeit haben Biochemiker erfolgreich experimentelle Organismen auf einem sehr simplen und primitiven Niveau entdeckt, in denen jegliches Leben abwesend ist. Dieser wissenschaftliche Triumph wurde als sehr wertvoll erachtet und von den wissenschaftlichen Kreisen mit viel Enthusiasmus aufgenommen. Niemand betonte den Umstand, dass diese im hohen Maße primitive Laborkreation ein Ergebnis des Zufalls war, ohne Richtung, Planung und Präzision.

Jene, die das Sein mit all seinen Systemen des Universums, mitsamt seinen Mysterien und komplexen Eigenschaften, der unbewussten und blinden Kraft der Materie zuschreiben, sind eigentlich diejenigen, die der Logik und der menschlichen Intelligenz Unrecht tun und einen Krieg gegen die Wahrheit führen.

Lenken wir unser Augenmerk auf einen Setzer in der Druckerei. Er verwendet sehr viel Mühe und Aufmerksamkeit, um die Buchstaben einer Seite eines Buches zu setzen. Wenn er seine Arbeit durchliest, entdeckt er womöglich dennoch einige Fehler, entstanden in den kurzen Momenten der Unaufmerksamkeit. Wäre es möglich, dass die entstehende Seite korrekt und frei von Fehlern wäre, würde der Drucker eine Handvoll Buchstaben nehmen und diese fallen lassen, statt sie sorgfältig in Reihen zu platzieren?

Noch absurder wäre es zu behaupten, dass einhundert Kilogramm schweres geschmolzenes Blei durch eine Form fließt, woraufhin fertige Buchstaben entstehen, die wiederum von einem starken Wind ergriffen, sich auf vielen tausenden von Metallplatten positionieren, sodass ein bestimmtes, reguläres Bild entsteht. Und dass diese Platten gedruckt ein dickes Buch ergeben, welches genaue wissenschaftliche Angaben zu diversen Themen zum Inhalt hat und diese Inhalte werden auch noch mit einer sehr ausdrucksvollen rhetorischen Gewandtheit diskutiert. Und all dies, ohne dass ein Fehler auftritt?

Würde irgendjemand einer solchen Theorie zustimmen können?

Was haben die Materialisten, die Gott leugnen, über das Erscheinen der variationsreichen Formen der Schöpfung und den präzisen und komplexen Beziehungen zu sagen, welche Himmelskörper regulieren, natürliche Schöpfung und alles materielle Objekte? Sind die Buchstaben der Schöpfung, die Atome und Partikel, geringer als die Buchstaben, die zum Druck benutzt werden? Ist es denn akzeptierbar, dass diese geordneten, bedeutungsvollen Buchstaben, diese genaue und gut organisierte Geometrie, die erstaunlichen Formen, das Werk von Ignoranz und Ziellosigkeit sein sollen? Dass die große und weise Kraft, das wundersame Prinzip der Ordnung nicht in der Textur der Welt präsent sein sollte? Kommen nicht alle Phänomene aus der Manifestation von Bewusstsein und Kraft?

Wenn die Kraft, die in den Tiefen der Materie versteckt ist, nicht von einer universellen Intelligenz stammt, welcher Faktor bringt sie dazu, diese außergewöhnlichen Formen zu gestalten und zwar mit einer erstaunlichen Regularität und Harmonie?

Wenn diese Kraft etwas ist, was ohne Intelligenz und bewusstem Willen sein kann, warum fällt sie nie der Unordnung anheim und warum führt das

Zusammenkommen der Materie nie zu einer Kollision und zur Zerstörung?

Hier ist es der Glaube an den Schöpfer, der aller Existenz Bedeutung schenkt und der die Welt mit Sinn und Inhalt füllt. Jene, die tiefes Wissen und klaren Verstand besitzen, nehmen einfach wahr, dass eine unendliche Kraft die Ordnung der Welt durch feste Führung und mit absoluter Souveränität aufrecht erhält.

In der Vergangenheit hat jeder auf sein eigenes Reittier aufgepasst und durch die Jahrhunderte hinweg ist der Mensch daran gewöhnt, dass es zu jedem Besitz einen Besitzer oder Aufpasser gibt, der es kontrolliert. Dies gilt für jedes Stück Land und jede Organisation. Heute stehen die Dinge anders. Der Mensch hat Zugang zu fernen Satelliten, elektronischen Geräten und pilotlosen Flugzeugen, alle ausgerüstet mit automatischer Technik und Instrumenten. Jeder weiß, dass es möglich ist, eine Maschine zu konstruieren, die gut ausgestattet genauso reagieren wird, wie es von ihr erwartet wird, ohne dass ihr Erbauer anwesend oder sichtbar sein muss. Wir haben daher nicht mehr das Recht hartnäckig die Existenz Gottes zu leugnen, nur weil Seine Hand in den Angelegenheiten der Schöpfung nicht sichtbar ist, sichtbar, im Sinne unseres limitierten Wissens und unseres begrenzten Verständnisses.

Es wäre sicherlich eine höchst falsche Analogie, wenn wir eine Parallele zum Erbauer eines künstlichen Satelliten oder einer Rakete ziehen, der in einer komplett ausgestatteten Station auf der Erde sitzt und der mit Hilfe von komplexem Equipment die Technik im All lenkt und überwacht.

Es ist wahr, dass die Kapazitäten unseres Verstandes zu limitiert sind, um ein Sein zu verstehen, das keiner

Existenz gleicht, da es nichts Seinesgleichen gibt und welches durch die menschliche Sprache nicht passend und genau zu beschreiben ist. Die Lampe unserer Intelligenz kann nur schwach in diese endlose Ebene leuchten oder, anders ausgedrückt, unser Licht wird von Wänden behindert. Gleichzeitig stehen wir in dieser Welt in Beziehungen zu Phänomenen, die sich als Eindrücke in unseren Verstand eingeprägt haben, die ihre Spuren aus der Beobachtung der objektiven Welt hinterlassen. Beim Verstehen dieser Welt jedoch wird das Problem des Vorstellens von uns genommen, es existiert keine Barriere mehr zwischen unseren Konzepten und der nötigen Kognition.

Dennoch haben bestimmte Skeptiker, die von vernünftigen Gedankengängen Abstand genommen haben - durch die der Mensch seine essenzielle Natur ableitet - und die an die Begebenheiten der existierenden Entitäten der Natur gewöhnt sind, die Erwartung, ständig Wunder durch Gott zu erfahren, die unsere andauernde Ordnung der Natur durchbrechen, um ihnen ein Geschenk des Glaubens zu machen, damit ihnen so Seine Existenz leichter verständlich und akzeptabel gemacht werden kann.

Es wird jedoch übersehen, dass die neuen Spuren und Zeichen Gottes, die möglicherweise erscheinen, nur eine temporäre Aufregung und Agitation verursachen. Mit der Zeit werden sie normal und erwecken keinerlei Aufsehen.

Obwohl alle Phänomene in den Rahmen der Ordnung passen, begannen sie einst alle mit der Durchbrechung der Ordnung der Natur und da sich die Existenzformen seit ihrer ersten Manifestation in der Welt wiederholen, erscheinen sie heute als normal und gewöhnlich.

Im Gegensatz dazu wird ein sensorisch nicht wahrnehmbares Sein - eine Existenz, die angefüllt ist mit majestätischer Pracht und die voller Heiligkeit und Größe ist – immer die Seelen der Menschen beeinflussen. Ihre Aufmerksamkeit zu so einem Sein wird immer stark sein und die Menschen werden ständig zu diesem Wesen emporschauen wollen.

Es ist die Dominanz des hartnäckigen Geistes, das Urteil basierend auf disharmonischer Logik, der die menschlichen Gedanken mit Limitationen belastet, da jede Kreatur in der Ordnung der Existenzen ein adäquater Beweis für alle ist, die ihren Verstand von Eigensinn und den Ursachen der Negierung Gottes befreien.

L6 - Die Welt braucht den, der niemanden braucht

Das Prinzip der Kausalität ist ein generelles und universelles Gesetz und eine Basis für alle Bemühungen des Menschen bei seiner Wissenserweiterung und bei seinen gewohnheitsbedingten Aktivitäten. Das Streben der Gelehrten, die Ursache eines jedes Phänomens zu enthüllen, sei es natürlicher oder sozialer Art, erwächst aus dem Glauben, dass kein Phänomen sich selbst zum Ursprung hat, das heißt, ganz ohne den Einfluss anderer Ursachen und Faktoren besteht.

Die Forschungen der Denker der Welt haben Gelehrte dazu gebracht, die mächtige Ordnung der Natur besser zu verstehen. Je weiter sie auf diesem Weg des Wissens voranschreiten, umso stärker sind sie vom Prinzip der Kausalität überzeugt. Die Verbindung zwischen Ursache und Wirkung und das Prinzip, dass kein Phänomen ohne eine Ursache geschehen kann, sind die wichtigsten Deduktionen, die man gemacht hat und zählen zu den unentbehrlichen Konditionen für intellektuelle Aktivität. Sie repräsentieren etwas Natürliches und Ursprüngliches, was ganz automatisch in unserem Denken assimiliert ist.

Selbst der urzeitliche Mensch hatte den Hang dazu gehabt, den Ursachen der Phänomene auf den Grund zu gehen und die Philosophen kamen durch das Betrachten der Natur zu dem Schluss, dass es Kausalität gibt. So ist sie als Disposition im Menschen verankert, noch bevor Gelehrsame diese Erkenntnis in eine philosophische Form brachten. Gefangen in den vier Wänden der Materie widerfährt uns nie etwas Zufälliges im Leben, das heißt, noch nie ist jemandem etwas widerfahren, was nicht eine Ursache gehabt hätte. Wäre dies der Fall, wir hätten einen Grund zur Behauptung, das Universum entstamme einem Zufall oder war ein Unfall. Wäre dies nicht der Fall, hätten wir eine Entschuldigung dafür, das Universum als Zufallsprodukt zu betrachten. Was für ein Zufall muss das sein, der von den Anfängen der Existenzgeschichte bis hin zur Gegenwart auf so wunderbare, präzise und ordentliche Art und Weise die endlosen Interaktionen aller Dinge geleitet hat? Kann die Ordnung, die wir durch Nachdenken wahrnehmen, ein reiner Zufall sein?

Jedes vorstellbare Phänomen im Universum war in die Dunkelheit des Nicht-Seins eingetaucht bevor es sich zu einer Existenz formte. Es konnte nicht aus der Dunkelheit des Nicht-Seins hervorstechen und auf der Ebene des Seins als existentes Ding voranschreiten, solange nicht die machtvolle Hand der Kausalität zu arbeiten begann.

Die Beziehung zwischen Ursache und Wirkung ist die Beziehung zwischen zwei existierenden Dingen, insofern, als das die Existenz des einen abhängig ist von der Existenz des anderen. Jede Wirkung hat eine Beziehung der Affinität und Harmonie mit seiner Ursache, da die Wirkung ihre Existenz aus der Ursache herleitet. Dieser spezifische Zusammenhang kann weder zerstört werden noch durch etwas Anderes ersetzt werden.

Wenn man das Wesen einer Sache betrachtet, welches eine identische Beziehung zum Sein als auch zum Nicht-Sein hat, ist keins der beiden aus rationaler Sicht essenziell. Jedes Ding ist im technischen Sinne als „Kontingent" bestimmt, in dem Sinne, dass nichts, weder Sein noch Nicht-Sein, in seinem Wesen erforderlich ist. Wenn eine Sache in seiner eigenen Essenz bzw. Wesen ein Nicht-Sein benötigt, dann ist seine Existenz unmöglich. Schließlich, wenn das Sein aus der Essenz einer Sache auftaucht, in einer Weise, dass die Vernunft es als unabhängig von irgendetwas halten kann, so ist die Existenz dieser Sache notwendig. Es ist dann eine unabhängige Sache, frei von allen Bedürfnissen, bestehend durch seine eigene Essenz. Seine Existenz ist die Quelle aller anderen Dinge, während es selbst keiner Bedingung unterworfen ist und nichts bedarf.

Es sollte ergänzt werden, dass die materielle Existenz in keinerlei Weise das Attribut „notwendig" bekommen kann, weil die Existenz einer zusammengesetzten, materiellen Entität durch die Teile bedingt ist, die es umfasst. Sie ist bezüglich ihrer Herkunft und bezüglich ihres Überlebens abhängig von ihren eigenen Teilen.

Materie hat verschiedene Aspekte und Dimensionen, sie ist in Quantität eingetaucht und sie erwirbt seine zahlreichen Dimensionen mittels Attribute und Merkmale. Ein notwendiges Sein ist frei von diesen Eigenschaften.

————

Alle Phänomene, die einst nicht existierten und dann ins Sein kamen, haben einmal abstrakte Ahnungen vom Sein und Nicht-Sein besessen. Als sie zum Punkt ihrer Existenz eilten, war dies das Ergebnis einer Ursache, die sie in diese Richtung drängte. Es war ein Anstoß durch einen externen Faktor, der sie diesen und keinen anderen Weg gehen ließ. Mit anderen Worten, die Existenz einer Ursache war das Mittel zum Sein, so wie die Nicht-Existenz oder Abwesenheit einer Ursache das Mittel zum Nicht-Sein ist.

Natürlich verliert ein Phänomen, welches durch die Existenz einer Ursache ins Sein gelangt, niemals seine Bedürftigkeit, es wird dadurch charakterisiert bleiben, dass es etwas benötigt, um selbst zu sein. Aus diesem Grund ist die Notwendigkeit einer Ursache für ein Phänomen eine permanente und unlösbare Angelegenheit. Seine Beziehung mit der Ursache wird nicht einen Augenblick von Trennung gekennzeichnet sein. Würde die Beziehung aufgelöst werden, die Existenz eines Phänomens würde sofort die Nicht-Existenz bedeuten, so wie alle Lampen augenblicklich ausgehen, wenn man die Stromversorgung unterbricht. Aus diesem Grund stehen die Ursache und die Wirkung sowie die Unabhängigkeit und die Abhängigkeit vom Bedarf, immer in einer dauernden Beziehung zueinander. Würde die Beziehung getrennt werden, nichts würde mehr sein, außer Dunkelheit und Nicht-Sein.

Auf diese Weise manifestiert sich kein Phänomen auf der Welt, solange sich nicht eine Kraft ihrer annimmt, durch Einen, dessen Essenz frei von jeglicher Bedürftigkeit ist und der Selbst die Quelle ist, aus der alles Seiende hervorsprudelt. Wäre das Sein in dem Wesen der Phänomene inhärent, sie würden nie dem Pfad des Endes und des Nicht-Seins folgen. Aber es ist das Brauchen von etwas, was den Essenzen der Phänomene eigen ist, sodass sogar nachdem das Sein in der Ordnung der Welt geschaffen ist, die Attribute der Bedürftigkeit unter allen Umständen bestehen bleiben. Sie sind nie frei von einer Ursache. Es ist unmöglich, dass eine Wirkung eine unabhängige Existenz hat oder seine Existenz auch nur für Momente fortbesteht, ohne dass sie von einer Ursache abhängt.

Es wird also offensichtlich, dass alle Phänomene – alle zusammengesetzten Existenzformen – zu jeder Zeit und in jedem Moment ihre Existenz von einer unendlichen Essenz ableiten, die allem ihr Sein schenkt. Dieses notwendige Sein, der einzigartige und allmächtige Schöpfer ist die Macht und die Kraft, die es dem Sein erlaubt, überhaupt erst Zutage zu treten und existent zu bleiben.

Der noble Koran sagt: „Und dass Er allein reich und arm macht (gibt und nimmt)." (Vgl. Koran: Sure 53, Vers 48), „ Oh ihr Menschen, ihr seid Bedürftige Gottes, aber Gott ist der Sich Selbst Genügende, der Preiswürdige." (Vgl. Koran: Sure 35, Vers 15)

Von Beachtung ist in diesem Zusammenhang auch die Rede: „Sind sie wohl aus nichts erschaffen worden, oder sind sie gar selbst die Schöpfer? Schufen sie die Himmel und die Erde? Nein, aber sie haben keine Gewissheit"(Vgl.
Koran: Sure 52, Vers 35-36), „Haben sie einen Gott statt Gott? Hoch erhaben ist Gott über all das, was sie anbeten!" (Vgl. Koran: Sure 52, Vers 43), „Segensreich ist der, in Dessen Hand die Herrschaft ist; und Er vermag alle Dinge zu tun" (Vgl. Koran: Sure 67, Vers 1)

Die Quelle allen Seins hat keinen Ursprung

Die Anhänger des Materialismus zollen dem Grundsatz, dass Gott nicht abhängig von einer Ursache ist, sehr viel kritische Aufmerksamkeit. Sie sagen, wenn wir annehmen würden, Gott wäre der Ursprung der Welt und der Schöpfer der Existenzen, alle Phänomene würden sich von ihm ableiten lassen, warum ist Er dann ohne Ursache und frei von Abhängigkeit von dem, was Ihn erschaffen haben könnte. Was war die Ursache für seine Existenz?

In einem Vortrag bei der Londoner „Atheist Society" sagte der bekannte Schriftsteller, Bertrand Russell: „Als ich 18 Jahre war, habe ich die Biografie von John Stuart Mill gelesen. Mill schreibt, dass er einmal seinen Vater fragte, wer ihn denn erschaffen habe und der Vater konnte darauf nicht antworten." Der Grund für sein Schweigen war die zweite Frage, die Mill gleich hinterher warf und die lautete: Wer hat Gott erschaffen?

Russell erzählt weiter: „Ich bin überzeugt, dass der simple Satz die Sophisterei der primären Ursache zeigt. Denn wenn alles einen Grund und eine Ursache hat, so muss dies auch für Gott gelten. Wenn aber das Gegenteil der Fall ist und etwas ohne Grund und Ursache existieren kann, sei es Gott oder die Welt, so wird die ganze Diskussion bedeutungslos."[13]

Bedauerlicherweise haben bestimmte westliche Philosophen, die an der Existenz Gottes festhalten, es nicht geschafft, dieses Problem zu lösen. Der englische Philosoph Herbert Spencer hat dazu folgendes gesagt: „Das Problem ist, dass der menschliche Verstand auf der einen Seite für alles einen Grund sucht und auf der anderen Seite alle Weltlichkeit ablehnt. Er kann eine nicht hervorgerufene Ursache weder wahrnehmen noch erfassen. Wenn der Priester dem Kind erzählt, Gott schuf die Welt, so fragt das Kind: Und wer schuf Gott?"[14]

Woanders sagt er: „Der Materialist versucht sich selbst von einer Welt zu überzeugen, die ewig in sich und ohne Ursache durch sich existiert. Wir können jedoch nicht an etwas glauben, was weder einen Anfang noch eine Ursache hat. Die Theologen machen einen Schritt zurück, wenn sie sagen, Gott hat die Welt geschaffen. Aber das Kind stellt die unbeantwortbare Frage, wer schuf Gott."[15]

---

[13] Russel, „Warum ich kein Christ bin"

[14] Zitiert von Furughi, „Sayr-i Hikmat dar Urupa", Band III

[15] Will Durant, „Die Geschichte der Philosophie", Band II

Wir können genau die gleiche Frage auch an die Materialisten stellen, „Wenn wir die Kette der Kausalität zurück verfolgen, werden wir irgendwann auf die erste Ursache stoßen. Sagen wir, diese Ursache sei nicht Gott, sondern Materie. Wer schuf die erste Materie? Ihr, die ihr an das Gesetz der Kausalität glaubt, ntwortet uns: Wenn es die Materie ist, durch die alles entstand, wer hat dann die Materie erschaffen? Ihr sagt, die Quelle aller Phänomene sei die Energie der Materie?"

Da die Kette der Kausalität nicht ins Unendliche zurückgehen kann, können sie nur antworten, dass Materie eine ewige und zeitlose Entität sei, für die es keinen Beginn gibt: Materie ist nicht erschaffen, hat keinen Anfang oder Ende und seine Existenz kommt aus ihrer eigenen Natur heraus.

Russell ist ganz offen dieser Ansicht, wie aus dem zitierten Vortrag ersichtlich wird. Er sagt: „Es gibt keinen Beweis dafür, dass die Welt einen Anfang hatte. Die Idee, dass die Dinge irgendwann einmal begonnen haben müssen, ist ein Resultat der Armut unserer Vorstellungskraft."[16]

So wie Russell die Materie für ewig hält, sehen die Gläubigen in Gott das Attribut der Ewigkeit. Der Glaube an ein ewiges Sein ist also etwas, was Materialisten und religiöse Philosophen gemeinsam haben. Beide Gruppen sind sich einig, dass es eine erste Ursache gibt, nur dass die Gläubigen diese für weise und allwissend halten, die mit Willen und Entscheidungskraft ausgestattet ist, wogegen aus der Sicht der Materialisten diese erste Ursache weder Bewusstsein, Intelligenz

---

[16] Russel, „Warum ich kein Christ bin"

noch Wahrnehmung besitzt und auch keine Entscheidungskraft. Daher wird durch das Entfernen Gottes in keinerlei Weise das Problem gelöst, welches sich durch das ewige Sein stellt.

Außerdem ist Materie der Ort für Bewegung, aber auch Veränderung und seine Bewegung ist dynamisch und in seiner Essenz enthalten. Essenzielle Bewegung aber ist nicht mit der Ewigkeit vereinbar und Materie und essenzielle Stabilität sind beide unterschiedliche Kategorien, die nicht an einem Ort miteinander vereinbar sind. Was immer stabil und unveränderlich in seiner Essenz ist, kann nicht Bewegung und Veränderung in seiner Essenz besitzen.

Wie können Marxisten, die glauben, Materie würde von ihrer Antithese begleitet, die Ewigkeit der Materie rechtfertigen? Ewigkeit bedeutet Stabilität und Unveränderlichkeit der Essenz, die Unmöglichkeit zu enden, aber Materie ist in ihrem Wesen ein Kompendium von Kräften und Potentialen, völlig gefangen im Leben und im Sterben.

Die Ewigkeit ist unvereinbar mit der besitzergreifenden Natur der Materie und ihrem Wesen innewohnenden Attributen und Faktoren. Der Glaube jener, die an Gott glauben, ist verknüpft mit Seiner Existenz, die im Sinne eines festen und absoluten Prinzips an sich und durch sich Stabilität und Absolutheit verkörpert. Seine Natur ist völlig frei von den Eigenschaften der Materie. Die Natur der Materie lehnt Permanenz, Ewigkeit und Kontinuität ab, weil sie nicht von der Bewegung und Relativität getrennt werden kann und sie verhält sich der hauptsächlichen bzw. der absolutem Macht gegenüber gegensätzlich.

In diesem Zusammenhang ist die Diskussion von Imam Jaafar Sadiq (Friede sei mit ihm) interessant, der mit den Materialisten seiner Zeit disputiert. Der Materialist sagte: „Woraus bestehen Existenzen?"

Der Imam: „Sie wurden aus dem nichts erschaffen (sie waren ursprünglich nicht-seiend)."

Der Materialist: „Wie sind sie dann aus dem Nicht-Sein herausgekommen?"

Der Imam: „Habe ich nicht gesagt, dass alle Dinge aus dem Nichts geschaffen wurden? Alle Dinge waren ursprünglich nicht-seiend, sie waren nicht-existent und dann wurden sie seiend. Du möchtest sagen, die Welt sei ewig, aber diese Annahme ist aus den folgenden Gründen nicht korrekt:

Erstens, wäre die materielle Welt ewig, müsste daraus folgen, dass ewiges Sein der Veränderung und dem Ende unterworfen wäre, was unmöglich ist.

Zweitens, wären die Elemente, welche die Welt ausmachen, ihrem Wesen und ihrer Essenz nach ewig, wie kann es dann sein, dass sie der Tod und das Verschwinden umfasst? Wenn andererseits das Lebendige nicht Teil ihres Wesens ist, wie kann aus ihnen dann Leben hervorkommen?"

Der Materialist: „Wenn Materie so ist wie du behauptest, warum sagt man, dass Sein ewig sei?"

Der Imam: „Der Glaube an die Ewigkeit des Universums wird von jenen aufrecht erhalten, welche die Existenz eines Herrschers und Planers der Schöpfung verneinen und die auch die Gesandten Gottes zurückweisen. Jene halten auch die Bücher der Gesandten für Fabeln des

Altertums und sie basteln neue Glaubensformen zusammen, die ihnen selbst gefallen."[17]

Wir sagen, dass die Existenz einer Sache ohne Ursache nicht möglich ist. Das Schicksal einer Sache liegt immer in der Hand der verursachenden Quelle und ihr bestehen ist von dieser Ursache abhängig. Dies gilt nicht für ein Sein, dass seiner selbst bewusst ist und welches keinen Defekt aufweist noch Grenzen hat.

Die erste Ursache ist die Hauptursache, die perfektes und grenzenloses Sein besitzt, kein Sein, was irgendwelcher Mittel bedarf, ist frei von Bedürftigkeit, Konditionen und Abhängigkeiten und es enthält keine Spur der Wandlungsfähigkeit oder Veränderung.

Wenn wir von der ersten Ursache sprechen und gleichzeitig erklären, Gott sei frei von jeglicher Ursache, so heißt das nicht, dass er den Bedarf nach einer Ursache hätte, gleich allen anderen Existenzformen auch, und nur aufgrund einer Ausnahme seitens der Kausalität ohne diese Ursache auskäme. Gott ist keine Wirkung, als dass Er eine Ursache bräuchte. Er ist kein Phänomen, als dass Er einen Schöpfer benötigte. Ganz im Gegenteil, alle Manifestationen und Phänomene des Seins beruhen auf Ihm, der ewigen Quelle allen Seins. Das Gesetz der Kausalität gilt allein für die Dinge, deren Existenz eine Nicht-Existenz vorausging.

Ebenso bedeutet die erste Ursache nicht, dass Gott sich selbst erschuf, bzw. dass Er seine eigene Ursache war. Das Brauchen einer Ursache für eine Wirkung liegt in

---

[17] "Bihar Al-Anwar"

der Art der abhängigen Existenz begründet. Es existiert nicht, weil es dem Wesen nach zu sein hat, sondern als Ergebnis der Abhängigkeit von anderen Existenzen, die als Ursache dienen. Aber ein Sein, dessen Natur keiner Voraussetzung unterworfen ist, kann völlig unberührt von den Sphären bestehen, in denen das Gesetz der Kausalität operiert.

Wenn ein Sein durch seine Perfektion und dem Frei-Sein von jeglicher Bedürftigkeit, ohne Ursprung bestehen kann, so folgt daraus, das es durch keine Ursache fixiert ist und keine Ursache eingreifen kann.

Die Kette der Kausalität kann nicht bis ins Unendliche rückwärts verfolgt werden und eine Abwesenheit der Verbindung ist bereits im Konzept der ersten Ursache inhärent. Die Frage „Was hat die erste Ursache hervorgebracht?" entsteht somit nicht. Solche Fragen gelten nur für die Ursprünge der Phänomene und deren Abhängigkeit.

Die Existenz der ersten Ursache ist identisch mit ihrem Wesen, ihrer Essenz, deren Wesen auch ist, die erste Ursache zu sein. Diese beiden Eigenschaften implizieren das Frei-Sein von Bedürftigkeit, wohingegen Dinge, deren Existenz „geliehen" ist, einer Ursache bedürfen, weil Transformation und Veränderung sie charakterisieren, sobald sie aus dem Nicht-Sein das Sein betreten.

Wie kann man annehmen, der Glaube an Gott sei die Akzeptanz des Widersprüchlichen, wogegen der Glaube an eine nicht verursachte Natur, mit einer Wirkung wie es die Materie ist, nicht kontradiktorisch sei?

Wir leben in einer Welt, wo alle Dinge der Veränderung und der Zerstörung ausgesetzt sind. Es ist das Merkmal der Unbeständigkeit, Unterwerfung und Verschuldung in jedem dieser Partikel eingeprägt. Bedürftigkeit und Abhängigkeit sind in den Tiefen unseres Seins und in allem anderen auf der Erde und im Himmel fest verankert. Unsere Existenz ist nicht ewig und ist nicht durch unsere Essenz hervorgekommen. Wir waren nicht und sind danach in das Gewand der Existenz eingekleidet worden und ins Sein gekommen. Um in das Sein zu gelangen, müssen Geschöpfe wie wir flehentlich nach dem Gebenden greifen, der Existenz gibt.

Aber Jener, der ewig und immer während ist, dessen Existenz aus seiner eigenen Essenz hervorkommt und dessen Erscheinen außerhalb der Zeit ist, hat offenkundig keinen Ursprung nötig.

Die Bedeutung einer Ursache ist in der Philosophie das, was eine Wirkung aus der Nicht-Existenz in die Existenz bringt, damit diese so die Kleidung der Existenz anlegen kann. Diese Kreativität kann nicht für materielle Ursachen postuliert werden, und die einzige Rolle der Materie ist das Verlassen einer Form, um in eine andere überzugehen.

Es ist wahr, dass jedes materielle Sein in jedem Moment einen neuen Charakter als Ergebnis seiner internen Entwicklung bekommt. Die innewohnende Bewegung der Welt und die Vorgänge von Generierung und Korruption bestätigen den Bedarf nach einer Hand, welche die Bewegung schafft, eine Hand, welche die schnelle Karawane des Seins fördert und diese voranbringt.

L7 - Die Endlichkeit der Kausalitätskette

Die Materialisten bestehen hartnäckig darauf die Wahrheit zu verneinen und kommen mit einem weiteren fadenscheinigen Argument. Sie sagen, „Wir beenden die Kausalitätskette nicht einfach, sondern im Gegenteil, wir erhalten sie endlos aufrecht. Wir verteidigen die Natur mit den verursachenden Bindegliedern."

Es gilt die Annahme einer endlosen Kette von Ursachen und Wirkungen, die aufeinander folgen, in der Schöpfungswelt zu analysieren. Da jedoch jede Ursache auch eine Wirkung ist, fehlt es ihr in ihrem Wesen an Sein, denn sie ist nicht in der Lage zu sein, außer durch die vorangegangene Ursache, die sie bewirkte.

Wie ist dann jedes Teilstück der Kette, die von einem Ende bis zum anderen Ende von Bedürftigkeit dominiert wird, aus dem Nicht-Sein hervorgegangen? Die Existenz jeder Sache der Kette manifestiert sich durch Unzulänglichkeit, Ohnmacht und der Entstehung in der Zeit, woher ergab sich ihre Existenz? Wie können große und komplexe Existenzformen aus endlosen Aneinanderreihungen von Nicht-Seiendem auftauchen? Kann Leben aus der Verbindung von zahlreichen Faktoren sprudeln, die den Tod bringen?

Wie weit diese endlose Kette verlängert wird, sie wird immer Attribute der Bedürftigkeit, Abhängigkeit und der Entstehung in der Zeit haben. Eine Kette, in deren Natur es weder Freiheit noch Autonomie von Bedürftigkeit gibt, kann niemals das Kleid des Seins anlegen, solange sie sich nicht mit dem Einen verbindet, der in seiner Essenz absolut nichts braucht – eine Existenz, welche die Attribute der Heiligkeit besitzt und welche nur Ursache und nicht Wirkung ist. Ohne die Existenz eines solch bedingungslosen Seins wäre die Quelle aller Ursachen und die Basis aller Existenzen, die Ordnung der Schöpfung, nicht erklärbar.

Nehmen wir mal an, dass an der Kriegsfront eine Reihe von Soldaten den Feind angreifen möchte, aber keiner von ihnen ist bereit, in das Herz der feindlichen Armee zu stürzen und damit den Kampf zu beginnen. Wem auch immer der Befehl erteilt wird, dies zu tun, antwortet: „Ich werde nicht beginnen zu kämpfen, wenn nicht dieser und jener es ebenfalls tut." Jeder Soldat sagt das Gleiche und somit ist keiner da, der den Feind bedingungslos attackiert.

Wird unter diesen Umständen der Angriff je erfolgen? Da das Kämpfen eines jeden einzelnen Soldaten abhängig ist von der Kampfbereitschaft eines anderen Soldaten, ist der Beginn des Kampfes nicht zu erwarten. Es ist klar, dass dadurch eine ganze Reihe von bedingten Attacken nicht stattfinden kann, solange die erste Bedingung nicht erfüllt ist, mit dem Ergebnis, dass gar nichts passieren wird.

Wenn wir die Kette der Ursachen und Wirkungen bis ins Unendliche verfolgen, so ist das Eintreffen des einen Ereignisses abhängig von dem vorhergehenden, dies wiederum von dem davor usw. Es ist fast so, als würde jedes Teilstück der Kette schreien: „Ich setze keinen Fuß in das Sein, wenn nicht der vor mir diese Ebene betreten hat." Jeder Anknüpfungspunkt ist abhängig von der Bedingung vor ihr, die noch nicht erfüllt ist, und jedem einzelnen Teilstück, was folgt, ist somit das In-Existenz-Treten verwehrt.

Da wir in dem ganzen Universum verschiedenste Existenzformen vorfinden, muss es in der Welt eine Ursache geben, die keine Wirkung aufweist, eine Bedingung, die keiner Bedingung unterworfen ist.

Andernfalls wäre die Oberfläche unserer Welt nicht mit derart vielen Phänomenen dicht bedeckt.

Diese erste Ursache ist in ihrer Essenz frei von allen Bedingungen und ist in der Lage, die wundersamsten Phänomene und die originellsten Manifestationen hervorzubringen. Die erste Ursache, der Schöpfer, der all dies plant und es dann zur Wirklichkeit macht. Er fügt die Schöpfung zu temporären Triebwerken zusammen und Er verteilt die Juwelen der Existenz ständig über die Welt. So bringt Er die großen Phänomene vorwärts, damit sie ihre Funktion zur Ordnung beitragen können.

In dem die Materialisten die Welt als nicht erschaffen und ewig betrachten, versuchen sie die Abhängigkeit der Welt vom Schöpfer zu widerlegen, um auf diese Weise der Welt Unabhängigkeit zu verschaffen. Ihre Methode liefert jedoch kein zufrieden stellendes Ergebnis.

Einige Materialsten stellen sich vor, dass die Welt einen Schöpfer nur zum initiieren der Schöpfung braucht. Sobald Er diesem Bedürfnis gerecht geworden ist, hat die Welt keine Verbindung mehr zu Gott und existiert unabhängig von Ihm. Als Konsequenz dieses Glaubens, gehen manche Materialisten weiter und behaupten, Gott sei nicht einmal für die Initialisierung der Welt notwendig und indem sie die Idee eines Beginns zurückweisen, glauben sie, das Problem um Gott gelöst zu haben und den Bedarf der Welt von der Notwendigkeit eines Schöpfers befreit zu haben.

Dies ist so, weil sie glauben, die Abhängigkeit der Welt sei temporär und vorübergehend, wogegen die Bedürftigkeit der Welt in ihrem Wesen verankert ist, das heißt, Teil ihrer Essenz ist. Dies, weil die Welt nichts als Bewegung ist, eine limitierte und abhängige Form der Bewegung.

Jeder Moment ist faktisch ein Beginn der Schöpfung, jeden Augenblick ist das Atom mit seiner Erzeugung beschäftigt. Es folgt, dass alles, was aus Atomen besteht, ebenfalls zeitlich bedingt entsteht.

So hat die Welt immer noch den Bedarf nach einem Gott, wie sie es hatte, als sie entstand. Selbst wenn man annehmen würde, die Welt sei ewig, so würde ihre Existenz nie autonom sein können.

Die Antwort der Wissenschaft auf die These der Ewigkeit der Welt

So wie der Mensch mit der Zeit seine Fähigkeiten verliert, bis zu dem Tag, an dem seine Lebenslampe erlischt, so schreitet auch das Universum stetig in Richtung Zusammenbruch und Auflösung voran. Denn die Energien in der Welt werden langsam schwächer, Atome werden zu Energie und aktive Energie wandelt sich zu Inaktivität und Bewegungslosigkeit. Sind die Atome erst einmal gleichmäßig verteilt, bleibt nichts als Immobilität und absolute Stille. Es ist daher unmöglich, Materie als ewige Essenz oder Substanz des Seins zu betrachten und es bleibt einem keine andere Wahl, als die Welt als erschaffen zu erkennen.

Das zweite Prinzip der Thermodynamik, Entropie oder der Rückgang der Wärmeenergie lehrt uns, dass die Welt, obwohl wir kein festes Datum für das Entstehen der Welt benennen können, einen Anfang hatte. Die Wärme der Welt nimmt stetig ab, wie ein Stück geschmolzenes Metall, welches ständig Wärme verliert, bis seine Umgebung die gleiche Temperatur hat wie das langsam abkühlende Eisen.

Gäbe es keinen Beginn oder Anfangspunkt für diese Welt, alle existierenden Atome hätten sich vor vielen Jahren aufgelöst und in Energie transformiert. Im Laufe einer sehr langen Zeitspanne hätte sich die Hitze der Welt abgekühlt, da sich Materie mit ihren sukzessiven und kontinuierlichen Verwandlungen in immer schwächer werdende Energie transformiert. Es ist nicht für alle verbreiteten Energiemengen möglich, dass sie sich aufs Neue in Materie und Masse transformieren, in einer Weise, wie es für die Welt des Seins geeignet wäre.

In Übereinstimmung mit dem eben erwähnten Prinzip, ist die Energie verbraucht, nachdem sie einmal eingesetzt wurde, chemische Reaktionen können dann nicht mehr stattfinden. Die chemischen Reaktionen, die auf der Erde stattfinden, damit Leben möglich wird zusammen mit der großen Sonne und dem Tag- und Nacht-Rhythmus, zeigen klar auf, dass die Welt zeitlich bedingt ist.

Das Sterben der Planeten und Sterne, das Verschwinden der Sonnen, all dies sind Zeichen für Tod und Mutation in der existierenden Ordnung. Sie zeigen, dass die Welt zum Nicht-Sein voranschreitet und zum unvermeidlichen Abschluss.

Wir sehen, dass die Naturwissenschaften die Materie von der Festung der Ewigkeit verweisen. Wissenschaftler haben nicht nur die Erschaffung der Welt bewiesen, sondern meinen auch, dass sie zu einer bestimmten Zeit existent wurde.

Bei der Geburt der Welt war die übernatürliche Kraft eine Notwendigkeit, denn am Anfang waren alle Dinge formlos und undifferenziert. Sie war für den ursprünglichen Funken der Bewegung und des Lebens erforderlich, um sich in der Welt der Natur niederzulassen. Wie kann eine Umgebung, die frei von aktiver Energie ist, charakterisiert durch absolute Stille und Formlosigkeit dazu dienen, der Ursprung von Bewegung und Leben zu sein?

Die Mechanik lehrt uns, dass ein bewegungsloser Körper bewegungslos bleibt, bis er Gegenstand einer externen Kraft wird. Dieses Gesetz repräsentiert ein unverletzliches Prinzip in unserer materiellen Welt und wir können daher nicht an die Theorie der Wahrscheinlichkeit und des Zufalls glauben. Denn nicht ein einziger bewegungsloser Körper hat sich bis jetzt bewegt, ohne dass eine externe Kraft auf ihn eingewirkt hätte. Auf dieses mechanische Prinzip basierend muss es eine Kraft geben, die nicht materieller Natur ist und die diese Welt schafft und ihr Energie zuteilt, so dass diese sich zu formen und differenzieren vermag und sich diverse Aspekte erwerben kann.

Frank Allen, eine hervorragende wissenschaftliche Persönlichkeit, schlägt ein interessantes Argument vor, welches zugunsten der Schöpfung der Welt durch Gott ist: „Viele Menschen haben versucht zu demonstrieren, dass die Welt keinen Schöpfer braucht. Was über allen Zweifel erhaben ist, ist dass die Welt existiert und es gibt vier Erklärungen für ihren Ursprung.

Erstens wird trotz des gerade Erwähnten die Welt von vielen als Traum oder Illusion betrachtet. Die zweite Erklärung ist, sie sei komplett durch sich selbst hervorgegangen. Drittens, die Welt hätte keinen Anfang und würde ewig sein. Viertens, die Welt wurde erschaffen.

Die erste Hypothese hängt von der Akzeptanz ab, dass es in der Realität keine Probleme außer dem metaphysischen Problem der Wahrnehmung des Menschen über sich selbst gäbe. Was natürlich auch als Traum, Fantasie, Illusion abgewiesen werden kann. Es ist möglich, dass jemand sagt, imaginäre Züge mit imaginären Passagieren würden auf immateriellen Brücken über nicht existente Flüsse fahren.

Die zweite Hypothese besagt, dass die Welt der Materie und Energie vollständig durch sich selbst ins Sein gekommen sei. Sie ist genauso bedeutungslos und absurd wie die erste, und ist in der Diskussion nicht einmal erwähnenswert.

Die dritte Hypothese, dass die Welt immer schon existiert hat, hat mit dem Konzept der Schöpfung ein Element gemeinsam. Denn entweder hat die leblose Materie und die mit ihr vermischte Energie oder ein Schöpfer schon immer existiert. Auch die Zuordnung der Ewigkeit stellt kein bestimmtes Problem dar. Die Thermodynamik hat jedoch bewiesen, dass die Welt dem Zustand entgegen schreitet, wo alle Körper die gleiche niedrige Temperatur haben werden und es wird keine verwendbare Energie mehr zu Verfügung stehen. Leben wird dann unmöglich sein.

Wenn die Welt keinen Anfang hatte, und seit jeher existierte, wäre dieser Zustand des Todes und der Leblosigkeit schon längst erreicht gewesen. Die strahlende warme Sonne, die Sterne und die Erde voller Leben sind verlässliche Zeugen für das Entstehen der Welt in der Zeit. Ein bestimmter Moment in der Zeit markierte den Beginn der Schöpfung. Die Welt kann also nichts anderes als erschaffen sein. Es muss eine oberste Hauptursache gegeben haben, einen ewigen, allwissenden und omnipotenten Erschaffer, der die Welt ins Sein brachte. "[18]

---

[18] „Isbat-i Vujud-i Khuda"

Wenn der Mensch ein wenig scharf nachdenkt und über die Wirklichkeit mit einem offenen Blick reflektiert, wird er angesichts der weiten geografischen Dimensionen des Seins und der Notwendigkeit diese irgendwie zu erfassen, verstehen, dass er für diese Aufgabe schwerlich seine eigenen Kapazitäten als angemessen bezeichnen kann. Das Wissen um das System der Schöpfung geht beim Menschen mit all seinen unermüdlichen Bemühungen gen Null. Obwohl die Wissenschaft große Schritte vorwärts gemacht hat, gibt es eine tiefe Ungleichheit zwischen dem Menschen, dem was er gelernt hat und dem was er immer noch nicht weiß.

Alles was wir über die Epochen der Vergangenheit wissen, die in totale Dunkelheit gehüllt sind, ist, dass Tausende, wenn nicht sogar Millionen von Spezies, die der heutigen Menschlichen überlegen sind, existiert haben könnten. Neue Arten könnten auch noch in der Zukunft entstehen.

Was von den Wissenschafts- Befürworter der heutigen Zeit als wissenschaftlich erachtet wird und was für sie als äquivalent mit der Gesamtsumme der Realität gilt, ist nur eine Sammlung von Gesetzen, anwendbar auf eine Dimension der Welt. Das Ergebnis all der Bemühungen und Experimente ist vergleichbar mit einem kleinen Kerzenlicht, welches von einer dunklen Nacht in einer endlosen Wüste umgeben ist.

Es kann sein, dass die Epoche, in welcher ein Mensch existierte, nichts weiter als einen kurzen Moment im Leben der Welt darstellt. Es ist sicher, dass es einmal einen dunklen Ozean des Nicht-Seins gegeben hat, in dem es keine Spur des Menschen gab. Kurz gesagt, wir wissen nur sehr wenig vom Beginn unserer Reise und nichts über ihre Zukunft.

Gleichzeitig ist es unmöglich zu glauben, dass die Konditionen für das Leben ausschließlich nur auf diesem kleinen Planeten gegeben sind. Viele heutige Wissenschaftler halten das Gebiet des Lebens für sehr ausgedehnt und weit. Sie präsentieren uns unzählige Planeten und wir betrachten sie durch verschiedenste Medien. Aber was wir da sehen ist nichts anderes als ein Bild von einer Ameise, verglichen mit der Größe des Universums.

Eine imaginäre Reise durch die endlose Welt beschreibt der berühmte Wissenschaftler Cammille Flammarion in seinem Buch über Astronomie: „Wir fahren eintausend Jahre, zehntausend Jahre, hunderttausend Jahre mit der gleichen Geschwindigkeit stetig vorwärts, ohne unser Gefährt zu verlangsamen, geradeaus, voran. Wir fliegen mit einer Geschwindigkeit von dreitausend Kilometern pro Sekunde. Haben wir nach dieser Strecke, die wir eine Million Jahre lang mit dieser Geschwindigkeit zurücklegt haben, das Ende der sichtbaren Welt erreicht? Nein, es gibt weitere dunkle, ausgedehnte Räume, die überquert werden müssen. Und auch dort, an den Grenzen des Himmels, sehen wir Sterne leuchten, aber können wir sie je erreichen?

Man fragt sich nach weiteren Millionen von Jahren, neuen Entdeckungen, noch mehr Pracht und Größe, weiteren Welten und Universen, Existenzformen und Entitäten, gibt es je ein Ende? Der Horizont wird niemals enger, die Himmel versperren nie einen Weg, kontinuierlicher Raum, kontinuierliche Leere. Wo sind wir? Wir sind immer noch in der Mitte eines Punktes. Das Zentrum des Kreises ist überall, sein Kreisumfang nirgends zu sehen.

So ist die unendliche Welt, die vor uns liegt und dessen Studium kaum begonnen hat. Wir haben nichts gesehen und wir treten mit Angst zurück, vor Erschöpfung von dieser fruchtlosen Reise zusammenbrechend. Aber wo fallen wir hin? Wir können für eine Ewigkeit in unendliche Strudel fallen, deren Boden wir nie erreichen, so wie wir nicht ihren Gipfel erreichen können. Norden wird Süden und es gibt weder Osten noch Westen, kein oben oder unten kein rechts oder links. Wo auch immer wir hinschauen, wir sehen Unendlichkeit und in dieser endlosen Weite ist unsere Welt nichts weiter als eine kleine Insel in einem großen Archipel, ausgestreckt über einen unendlichen Ozean. Das gesamte Leben der Menschheit mit all seiner politischen und religiösen Geschichte oder sogar das ganze Leben unseres Planeten mit all seiner Pracht ist gleich einem Traum eines flüchtigen Moments.

Würde man verlangen, all die Arbeiten der Forschung, geschrieben von Millionen von Gelehrten in Millionen von Büchern, noch einmal niederzuschreiben, die Tinte, die für diese Arbeit notwendig wäre, würde nicht die Größe eines kleinen Tankers überschreiten. Aber um in ordentlicher Weise die Formen aller existenten Dinge auf der Welt und in den Himmeln aus der Vergangenheit und der Zukunft niederzulegen, kurz alle Mysterien der Schöpfung, dürfte man mehr Tinte verbrauchen als in den Ozeanen Wasser ist."[19]

Professor Ravaillet sagt: „Um eine komplette Vorstellung der Welt zu bekommen, ist es genug zu wissen, dass es eine weitaus größere Anzahl an Galaxien in der

---

[19] Vgl. hierzu auch Koran: Sure 18,Vers 109

endlosen Weite des Universums gibt, als Sandkörner an all den Stränden dieser Welt."[20]

Solche Betrachtungen dessen, was wir wissen und nicht wissen, machen es uns möglich, den Gefängnissen unseres eingeschränkten Lebens zu entkommen. Demütig gewahr zu werden wie klein wir sind, über unser limitiertes Leben hinaus zu gehen, um über die Realität mit größerer Vorsicht und tiefgründiger nachzudenken.

---

[20] „Dau Hazar Danishman dar Justuju-i Khuda-i Buzurg"

L8 - Pseudowissenschaftliche Demagogie

Die Materialisten beanspruchen, dass die Etablierung ihrer Gedankenschule im 18. und 19. Jahrhundert im direkten Zusammenhang mit dem wissenschaftlichen Fortschritt zusammenhänge und dass die dialektische Methode eine Frucht des fruchtbaren Baumes der Wissenschaft sei.

Sie stellen jegliche Philosophie, bis auf den Materialismus, als eine Form von Idealismus dar, die sich der wissenschaftlichen Methode gegenüber gegensätzlich verhält. Gleichzeitig bestehen sie darauf, dass ihre Position wissenschaftlich und progressiv sei. Nach ihrem Verständnis besteht der Realismus aus dem abwenden von metaphysischen Wahrheiten. Jeder sollte sein Weltbild auf sensorische und empirische Logik aufbauen und sich für den Materialismus entscheiden. Aber dieser Anspruch ist nichts weiter als eine fanatische Illusion, die auf nicht bewiesenen Theorien basiert. Ansichten wie diese kommen direkt aus der Gedankenwelt hervor, die auf Materialismus fixiert ist, in diesem System ist alles durch den Materialismus selbst definiert und abgegrenzt.

Der Glaube an einen Gegenstand der Anbetung ist ohne Zweifel die hauptsächliche Quelle für humane Kultur und menschliches Wissen. Der Glaube an Gott als Basis für eine korrekte Weltanschauung hat tiefgreifende Veränderungen in den Grundlagen der Gesellschaften und den Gedanken mit sich gebracht, was in der Menschheitsgeschichte deutlich wird. Auch heute, im Zeitalter der Wissenschaften und der Technologisierung, wo der Mensch Wege ins All gefunden hat, ist eine beträchtliche Anzahl an Wissenschaftlern zu einer religiösen Einstellung als Teil eines intellektuellen Systems gelangt. Sie sind nicht durch ihr Herz oder ihr

Bewusstsein dazu übergegangen, an die Existenz Gottes zu glauben sondern durch Deduktion und Logik.

Wenn die Rechtfertigung für die Weltsicht der Materialisten wahr wäre, statt auf unangemessenem Wissen der Geschichte der materialistischen Gedankenwelt zu basieren, müsste es eine besondere Verbindung zwischen den Wissenschaften und der Neigung zum Materialismus geben. Nur materialistische Sichtweisen wären im Zusammenhang mit den Bereichen der Wissenschaften präsent.

Hat jeder Philosoph und jeder Gelehrte in jedem Zeitalter eine atheistische Weltanschauung vertreten? Eine Untersuchung der Biografien großer Denker wird genügen, um zu zeigen, dass das religiöse Lager des Monotheismus alles andere als leer von wissenschaftlichen Persönlichkeiten ist, einschließlich der Begründer der zeitgenössischen Wissenschaften.

Außerdem sind materialistische und atheistische Ansichten in keinerlei Weise auf die Periode von Evolution und Fortschritt beschränkt gewesen. Seit jeher stehen die Materialisten einer vereinten Front der Gläubigen gegenüber.

Heute ist es primär eine verzerrte Form des Marxismus, welche die Errungenschaften der Wissenschaft in ein Werkzeug zur Täuschung verdreht. Jene, die angeblich den geraden Weg des Wissens beschreiten sollten, die Fragen mit tiefgründiger logischer Wahrnehmung und Untersuchung abwägen müssten, frei von jeglichem Fanatismus und hastigem Vorurteil, genau jene fallen der Stagnation und der blinden Imitation zum Opfer. Sie verneinen arrogant alle Werte, die über Intellekt und

Vernunft hinausgehen und rühmen sich sogar noch für ihre ignorante Ablehnung.

Ihre Behauptung, dass durch das Vorankommen der Wissenschaft die Vorstellung von Gott hinfällig geworden sei, ist rein rhetorischer Art und hat nichts mit logischer Methode zu tun, denn selbst tausende wissenschaftliche Experimente könnten nicht genügen, um zu demonstrieren, dass ein nichtmaterieller Faktor nicht existieren würde.

Materialismus ist ein metaphysischer Glaube und muss daher nach der philosophischen Methode bewiesen oder widerlegt werden. Genau aus diesem Grund kann eine Akzeptanz von Materialismus nicht auf der Basis von der Leugnung der Metaphysik gemacht werden. Materialismus auf diese Weise zu interpretieren, ist in der Endanalyse strikt bedeutungslos. Es wäre eine abergläubische Vorstellung, die eine Perversion der Wahrheit einschließt und diese als wissenschaftlich zu bezeichnen, ist tatsächlich ein Verrat an der Wissenschaft.

Es ist wahr, dass der Mensch sich bis vor kurzem der natürlichen Ursachen und Faktoren nicht bewusst war, die der Anlass für die Phänomene der Welt sind und dass er wenig Bewusstsein für die Vorkommnisse hatte, die ihn umgeben. Aber sein Glaube hatte nicht seine Ignoranz zum Ursprung, denn wenn dem so wäre, seine Glaubensgrundlagen wären zusammen gebrochen, sobald bestimmte Fakten über die Welt entdeckt wurden. Im Gegensatz dazu sehen wir in der heutigen Zeit, dass die Entdeckung einer ganzen Reihe von Mysterien, welche die Schöpfung betreffen, vielmehr dazu beitragen, an Gott zu glauben.

Die Wissenschaften erhellen einen begrenzten Bereich. Das wissenschaftliche Weltbild beinhaltet partielles Wissen, nicht das Wissen des Ganzen. Die Wissenschaft ist nicht in der Lage, die Form und die Aspekte der ganzen Schöpfung zu demonstrieren. Zur gleichen Zeit aber, da das wissenschaftliche Verfahren präzise und konkret ist, bekommt der Glaube an Gott ein wissenschaftlicheres Wesen und erwirbt durch den Fortschritt der Wissenschaft eine neue Art der Logik. Das Bewusstsein des Menschen erfährt durch seine Wahrnehmung von den Ursachen und Wirkungen Existenz. Jemand, der daran glaubt, dass die Kausalität den Phänomenen zugrunde liegt, der kann unmöglich die Rolle des fundamentalen Faktors ignorieren, welcher über alle Ursachen hinaus wirkt.

———

Bis vor kurzem hat sich der Mensch noch vorgestellt, sein eigenes Selbst bestehe einfach aus einer symmetrischen und wohlproportionierten Form. Er war sich nicht der komplexen Mysterien bewusst, die seine Schöpfung ausmachen. Heute entdeckt er erstaunliche und weitreichende Wahrheiten über das Innenleben seines Körpers, weiß von den vielen unterschiedlichen Zellen und ihrer Anzahl. Das macht eine besondere Wertschätzung der Größe des Schöpfers möglich, der für all dies verantwortlich ist.

Es ist logisch zu sagen, dass der Glaube an Gott für all jene seltsam ist, die nichts über den Menschen und seine Komposition und Schöpfung wissen und dass im Gegensatz zu ihm ein Wissenschaftler die natürlichen Gesetze und Faktoren kennt, die für das Wachstum und die Entwicklung des Menschen verantwortlich sind. Ein Wissenschaftler, der um die präzisen Kalkulationen weiß, die in der menschlichen Existenz mit all seinen verschiedenen Lebensstadien von Bedeutung sind, wird dieser denn gebunden sein zu glauben, bewusstlose Materie sei die Quelle aller wundersamen Gesetze der Natur?

Kann wissenschaftliche Entdeckung einen Wissenschaftler zu dem Schluss bringen, dass unwissende und nicht wahrnehmende Materie sein Schöpfer sein soll und ebenso von allen anderen Dingen? Der Materialismus schaut mit einem geschlossenen Auge auf die Welt und das Ergebnis ist, dass er nicht in der Lage ist, zahlreiche Fragen zu beantworten.

Die Naturwissenschaften können ebenfalls keine Antwort darauf bieten, ob die Welt nun in zwei Teile teilbar ist, der materiellen und der nichtmateriellen, oder ob die Welt einen innewohnenden Zweck für sein Dasein besitzt. Diese Fragen gehören nicht in den Bereich der Wissenschaft. Wissenschaftliche Arbeit kann uns bis zu einem gewissen Grad mit dem was existiert bekannt machen, aber sie kann uns keine Richtung im Leben geben oder uns inspirieren, einen bestimmten Weg zu gehen.

Ein wissenschaftliches Weltbild kann also keine Grundlage für eine menschliche Ideologie sein. Der Wert des wissenschaftlichen Wissens ist primär von praktischer Art, die es dem Menschen ermöglicht, die Natur zu beherrschen. Es sind die Ideale und abstrakten Werte, die für die Grundlage eines Glaubens erforderlich sind.

Außerdem ist die Wissenschaft an das Experiment und die Untersuchung gebunden und die Gesetze, die das Experiment als Grundlage haben, sind veränderbar und unstabil. Religion dagegen braucht eine Basis, die an der Ewigkeit teilnimmt, die immun ist gegen

Veränderung und die in der Lage ist, die Fragen der Natur und der Form der Welt auf einer vertrauenswürdigen und permanenten Art zu beantworten. Nur so kann der Notwendigkeit des Menschen nach einer umfassenden Interpretation und einer Analyse der Existenz entsprochen werden.

Während der Mensch seiner Vollendung entgegen schreitet, braucht er ein spirituelles und intellektuelles Gleichgewicht. Ohne ein Ziel würde er auf falsche Pfade abschweifen und Unglück riskieren. Ein Mensch, der sein Ziel nicht in der Religion findet, wird einer Richtung nachgehen, die er sich selbst erarbeitet hat, was in einer Art Revolte gegen den Willen der Natur enden kann. Dies hat dann unter Umständen nichts mehr mit Kreativität und intellektueller Reife gemeinsam.

Der Grund für das Verneinen und den Unglauben

Geschichtsbücher über Religionen versuchen, die Faktoren, die den Menschen zum Glauben treiben, darzustellen. Aber diese Versuche sind vergeblicher Natur und vermögen nicht, die Wahrheit dieser Angelegenheit zu enthüllen. Es ist notwendig, beim Menschen das Augenmerk auf die innewohnende Tendenz zum Monotheismus zu richten. Dieser wesentliche und existenzielle Charakterzug der menschlichen Art, mit all den dazugehörenden Widersprüchen, Gedanken und Wünschen, räumt ihm einen besonderen Platz in der Schöpfung ein. Auf diese Weise wird es möglich, die Faktoren zu entdecken, die den Menschen dazu gebracht haben, seine eigene Natur mit Füßen zu treten.

Die religiöse Bindung des Menschen entwächst seiner Natur, und Materialismus ist etwas, was sich zur Natur entgegengesetzt verhält. Aufgrund seiner spezifischen Zusammenstellung wird sich der Mensch seinen eigenen

Gott schaffen, wenn er den wahren Gott nicht zu entdecken vermag. Sein Gott ist dann entweder die Natur oder eine geschichtliche Unvermeidlichkeit. Dieser falsche Gott nimmt dann in Hinblick auf die Ausführlichkeit der Autorität, die Wirksamkeit der Verfügungsgewalt und der Eigenschaft, den Menschen einen bestimmten Weg zu weisen und ihn damit vorwärts zu bringen, den Platz des wahren Gottes ein.

Das ist bei falschen Göttern der übliche Hergang: Das Festhalten an neuem Götzendienst, das grausame Opfern Gottes für Geschichte und der Austausch einer Perle gegen einen Kieselstein.

Leider sind sehr viele Menschen von der selbst zugefügten Abwendung betroffen, sie verbeugen sich vor Götzen, die sie selbst erschaffen haben und die sie dann vergöttern! Sie haben sich von dem einzigartigen Schöpfer abgewendet und stattdessen willentlich die verschmutzte Schande solch irregeleiteter Anbetung akzeptiert.

Wenn wir die Sache genau untersuchen, so erkennen wir, dass die Verbreitung der Denkschule des Materialismus in Europa, die Abtrennung des Menschen von dem erhabenen Prinzip, seine Gefangenschaft in den Fesseln der Materie, seine Wahl der Wissenschaft gegenüber der Religion den Vorzug zu geben, dass all dies durch eine Serie von sozialen und historischen Faktoren, die im Westen auftauchten, verursacht wurde.

Eine der Faktoren, die eine weit verbreitete Reaktion in Europa und das Aufkommen von freiheitlicher und antireligiöser Propaganda hervorrief, war der niederschmetternde Druck der christlichen Geistlichkeit vor dem Beginn der Renaissance auf Gelehrte, die neue wissenschaftliche Ideen darlegten.

Zusätzlich zu den religiösen Doktrinen, hat die Kirche an bestimmten wissenschaftlichen Prinzipien bezüglich des Menschen und der Welt festgehalten, die sie von alten Philosophen geerbt hatte – hauptsächlich den Griechen – und die sie dann auf die gleiche Stufe erhob, wie religiöse Glaubensgrundsätze. Welche Theorie nur den Anschein eines Widerspruchs mit der Bibel und ihren Prinzipien aufwies, wurde als ketzerisch betrachtet und streng bestraft.

Der aufkommende Widerspruch zwischen Wissenschaft und Religion schuf Feindschaft in beiden Lagern. Die Intellektuellen und Wissenschaftler sahen in der christlichen Kirche eine Versklavung der Intelligenz und der Gedanken, die eine freie Entwicklung der Ideen verhinderte. Durch ihr Festhalten an versteinerten Gedankensystemen und anti-intellektuellen Traditionen, schuf sie für die Menschen eine beengende Atmosphäre. Die Denker zogen sich in eine schmerzliche Isolation von der Religion zurück.

Dieser angesammelte Druck fand sein Ventil in den gewalttätigen Reaktionen, die ganz Europa verschlangen. Als der Einfluss und die Dominanz der Kirche und ihre Unterdrückung abnahmen, erholte sich das westliche Denken von seiner verlorenen Freiheit und reagierte stark gegen die Einschränkungen, die man ihm einst auferlegt hatte. Die Intellektuellen entfernten die Ketten, die man ihnen aus alten Zeiten auferlegt hatte und wendeten sich von der Religion ab. All den Ärger und den Schmerz, den sie empfanden, drückten sie in einer großen Welle der Feindschaft gegen die Religion aus. Eine akute spirituelle Krise begann, die in einer Trennung von Wissenschaft und Religion endete. Ein unlogischer Wunsch der Vergeltung führte zur Leugnung der himmlischen Wahrheiten und der Existenz Gottes.

Es ist wahr, dass einige der Doktrinen, die mit der Religion verbunden wurden, unlogisch und sogar unbegründet waren, das heißt, keinen Zusammenhang mit authentischen, religiösen Wissen aufwiesen. Aber Rache an der Kirche nehmen ist eine Sache, voreilige, falsche Schlüsse über die Religion zu ziehen ist etwas ganz anderes. Es ist offensichtlich, dass Vergeltung, als rein emotionale Angelegenheit, nichts mit der Präzision der Gelehrsamkeit gemein hat.

Die spirituelle Armut des Menschen ist entsprechend dem wissenschaftlichen und technologischen Reichtum fortgeschritten. Während der Mensch in der Industrie vorangekommen ist, hat er sich ethisch und spirituell derart zurückentwickelt, dass er die moralischen Fähigkeiten nicht mehr hatte, das erlangte Wissen richtig zu benutzen.

Wissenschaftliches Wissen steht den Werten an sich gleichgültig gegenüber. Man kann nicht Pflichten eines verantwortlichen Menschen bestimmen, indem man auf die Wissenschaft verweist. Wieweit der Fortschritt auch voran geschritten sein mag, er kann nicht mehr als einen Schritt voraus gehen. Menschliches Wissen kann nicht bis zur Essenz der Welt gelangen und sie in ihrer Totalität wahrnehmen, noch kann sie in die Zukunft der einzelnen Menschen schauen.

Es ist nur die Weltanschauung des Monotheismus, die nicht versucht, den Menschen auf seinen materiellen Aspekten seiner Existenz zu beschränken. Ganz im Gegenteil, mit den Symbole und Zeichen, die dem Menschen gegeben wurden, um ihn auf seinem Weg zu führen, zeigt der Monotheismus dem Menschen seinen gehobenen Ursprung und sein Schicksal auf. Wenn der Mensch sich auf dem Pfad des Monotheismus begibt, erhält er eine umfassende Weltanschauung, in der er die Antworten auf all die zu prüfenden fundamentalen Fragen erhält. Hat er erst einmal die Stufe des umfassenden und multidimensionalen Glaubens erreicht, bekommt das Leben des Menschen neue Energie und die Werte, welche die Früchte dieser Weltanschauung sind, können verwirklicht werden. Der Kampf mit der Kirche war daher ein Faktor, warum es zur Trennung von Wissenschaft und Religion kam.

Eine andere Gruppe hat die Religion verlassen und sich dem Materialismus zugewandt, weil die Konzepte, welche die Kirche propagierte, unsachgemäß und inadäquat waren. Da es ihnen an transzendentalen Werten fehlte, waren diese Konzepte natürlich für intelligente Menschen unakzeptabel und nicht überzeugend. Die Kirche präsentierte Gott in solch materieller und menschlicher Weise, die dem Wunsch der Gläubigen nach absoluten Werten und dem Streben nach dem, alle Grenzen durchbrechenden, Transzendentalen, entgegengesetzt gegenüber standen.

Wenn eine zweifelsfreie Wahrheit in defekter Form als Legende in den Verstand eines Individuums eingeprägt wird, ist es sehr leicht möglich, dass der Mensch darauf negativ reagieren wird, sobald er eine gewisse intellektuelle Reife erreicht hat.

Mit der anthropomorphen Beschreibung Gottes konfrontiert - die in der christlichen Theologie entstanden ist, den Glauben über die Vernunft erhebend und dabei auf eine Religion bestehend, die den Gedanken voran zu gehen hat - haben aufgeklärte Leute erkannt, dass, trotz engstirniger Bemühungen, die Weisheit nicht eingesperrt werden kann. Die Wissenschaft, die damals ihr Monopol in der christlichen Theologie hatte, war mit dem rationalen Argumenten und wissenschaftlichen Methoden nicht vereinbar. Da sie keine authentische Quelle besaßen, durch die sie sich wahre Lehren über Gott hätten aneignen können, waren alle völlig abhängig von den Institutionen der Kirche und ihren korrupten Büchern. Weil sie auch keinen Zugang zu einem überlegenen System hatten, eins, dass ihre spirituellen als auch materiellen Bedürfnisse befriedigt hätte und ihnen ein angemessen Rahmen gewährt hätte, um ihre lebenswichtigen Elemente des Lebens − materieller, spirituelle und emotionaler Natur - zu integrieren, schlug die Weltanschauung des Materialismus bei ihnen Wurzeln. Das führte zur Leugnung von allen transzendentalen und übermenschlichen Werten.

Sie waren sich nicht bewusst, das trotz der Fehler gepaart mit Ignoranz - Dinge, die den irreführenden Charakter einer Religion bedingen − wahre Religion, welche frei von aller Illusion und der Verzerrung ist, den Menschen von der Sklaverei des Mythos und des Aberglaubens befreien kann. So eine Religion kann ihn dazu bringen, am wahren Glauben festzuhalten und ihn sogar mit einem korrektem Verständnis für die Lehren Gottes versorgen kann, auf eine Weise, dass es einen fragenden Geist zufrieden stellt.

Stattdessen wurden westliche Intellektuelle nur des Aberglauben der falschen Religion gewahr und dass den etablierten religiösen Dogmen jegliche logische Basis fehlte. So haben sie nicht gezögert, die Religion an sich als unbegründet zu verurteilen. Ihr Urteil basierte auf den entmutigenden Erfahrungen, welche sie mit ihrer eigenen Religion gemacht haben.

Dies wird von einem Gelehrten der Physiologie und Biochemie folgendermaßen ausgedrückt: „Der Fakt, dass bestimmte Gelehrte im Laufe ihrer Forschung nicht zu Gott fanden, hat diverse Gründe. Hier werden wir nur zwei erwähnen. Erstens, die politischen Umstände, die durch Despotie entstanden sind, zusammen mit den dazugehörigen sozialen und administrativen Bedingungen, haben tendenziell bewirkt, dass Menschen die Existenz eines Schöpfers leugnen. Zweitens, die menschliche Gedankenwelt war immer von bestimmten Fantasien und Illusionen beeinflusst und auch wenn der Mensch keine Angst vor spiritueller oder körperlicher Qual hat, ist er dennoch nicht ganz frei, den richtigen Weg zu wählen.

In christlichen Familien wird den meisten Kindern früh beigebracht, dass Gottes Existenz so ähnlich wie die des Menschen sei, als wäre der Mensch in der Form Gottes erschaffen worden. Wenn sie dann den Bereich der Wissenschaft betreten und lernen wissenschaftliche Konzepte zu implementieren, können sie nicht länger ihr schwaches, anthroposophisches Bild von Gott mit den logischen Beweisen und Methoden der Wissenschaft vereinbaren. Nach einer gewissen Zeit, wenn jegliche Hoffnung Glaube und Wissenschaft miteinander zu verbinden verloren gegangen ist, verlassen sie das Konzept eines Gottes komplett und verweisen Ihn aus ihren Köpfen.

Die Hauptursache dafür ist, dass die Beweise der Logik und die Kategorien der Wissenschaften ihre ersten Gefühle und ihren ersten Glauben nicht modifizieren konnten. Stattdessen verursachen sie nur, dass sie das Gefühl haben, dass ihr erster Glaube an Gott falsch war. Unter dem Einfluss dieses Gefühls, kombiniert mit psychologischen Faktoren, sind sie über die

Unzulänglichkeit ihrer Konzepte entsetzt und wenden sich allen Bemühungen ab, mehr Wissen über Gott zu erlangen."[21]

Daher versuchten Wissenschaftler alle Arten von Gesetze und Formeln darzulegen, wenn Lösungen für Fragen zu finden waren, welche die Existenz und die Schöpfung berühren, auf diese Weise Gott und der Religion keinen Platz lassend. Sie haben versucht die Hoffnungen des Menschen von der Religion zu lösen und Gottes Einfluss von dem Funktionieren der Welt und der Ordnung der Natur zu trennen.

Wann immer sie in eine Sackgasse gelangt sind, haben sie versucht das Problem mit neuen Hypothesen zu lösen oder sie haben die Diskussion der ungeklärten Fragen vertagt bis noch mehr Forschung in dem Bereich ihnen mehr Aufschluss gab. Sie glaubten auf diese Weise nicht wissenschaftlichen Formeln und Aberglauben zu umgehen. Und obwohl sie damit der Gefahr des Polytheismus entkamen, haben sie sich bedauerlicherweise mit dem Atheismus bewaffnet.

––––––

Obwohl der Glaube an einen Gott im Menschen tief verankert ist, kann dieser nicht mit den materiellen Notwendigkeiten des täglichen Lebens verglichen werden, die der Mensch ständig anstrebt. Der Glaube unterscheidet sich deutlich vom materiellen Leben und da es sich bei ihm um ein inneres Bedürfnis handelt, gehört er in eine komplett andere Kategorie.

––––––––––––––––––

[21] „Isbat-i Vujud-i Khuda"

Außerdem ist es wesentlich leichter eine nicht sichtbare Entität zu verneinen, als diese zu bejahen, da wir sie nicht einmal adäquat beschreiben können. Menschen, denen die mentale Fähigkeit fehlt, suchen daher eher den einfachen, schmerzlosen Weg der Leugnung als sich auf mentale Anstrengung einzulassen. Der Weg der Negierung involviert auch keinen offensichtlichen Schaden. Wenn sich Menschen von Gott abwenden, bekommen sie mit der Zeit gegenüber der Religion eine gewisse Verstocktheit und Feindseligkeit. Die tiefgreifende Wirkung einer solchen Haltung wird in der boshaften Argumentation deutlich, die jene, welche sich von der Religion abwandten, an den Tag legen.

Es ist natürlich leichter ein unsichtbares Sein zu leugnen, denn wenn man es bejaht, so impliziert dies verschiedene Pflichten einzuhalten. Jene, welche die Verpflichtungen abschütteln wollen, verneinen einfach die Existenz eines hervorbringenden Prinzips.

Der Koran sagt: „Doch der Mensch wünscht, Sündhaftigkeit vor sich vorauszuschicken. Er fragt: Wann wird der Tag der Auferstehung sein? Wenn das Auge geblendet ist, (...)." (Vgl. Koran: Sure 75, Vers 5-7)

Die Lehren von ignoranten und unlogischen Asketen, wenn sie bestimmte Gruppen in Richtung Materialismus drängen, sind ein weiterer nicht zu übersehender Faktor.

Die in die Existenz tretenden Instinkte und das natürliche Leben des Menschen, die beide mit seinem Dasein verwebt sind, sind nicht nur keineswegs umsonst und zwecklos, sondern sie sind auch eine entschiedene und schicksalsprägende Kraft. Sie sind ein Faktor der Entwicklung und der Bewegung, die den Menschen vorwärts treibt, wie es die Schöpfung vorgesehen hat. Es ist wahr, dass der Mensch nicht blinder Sklave seiner Instinkte sein sollte, gleich einem Gefangenen, dessen Sein und Bewegungsspielraum in der Hand seines Gefängniswärters liegen. Aber er sollte ebenfalls nicht gegen die Wirklichkeit seiner Existenz ankämpfen und nicht darum bemüht sein, alle Bewegungen und Aktivitäten seines Instinktes zu blockieren. Eine fruchtbare Existenz des Menschen ist in der Tat abhängig von der aktiven Präsenz der Instinkte in seinem Leben, eingesetzt im richtigen Gleichgewicht. Die Unterdrückung der Instinkte führt zu Komplexen und der Zerstörung der Persönlichkeit.

Das Weltbild des Mittelalters war auf die Nachwelt konzentriert, was zu einer Abwertung der materiellen Welt führte. Was ist die Konsequenz, wenn man die Validität der Instinkte im Namen Gottes und der Religion negiert und sie sogar versucht zu vernichten? Was passiert, wenn man das Zölibat und das Mönchstum heiligt und die Ehe und die Fortpflanzung als unrein anprangert, etwas, was das Überleben der Spezies sichert? Und wenn man Armut und Entbehrung als Garantie für Glückseligkeit erachtet? Ist es da möglich, dass die Religion eine aktive und kreative Rolle spielen kann?

Die wirkliche Mission der Religion ist zu verfeinern, zu führen und die Instinkte zu kontrollieren. Auf diese Weise wird die Aktivität der Instinkte eingegrenzt und sie wird von allem Perversen und Exzessiven gesäubert. Es geht nicht darum sie zu vernichten und abzuschaffen.

Durch das Kontrollieren der Instinkte und dem Bestreben sich aus der Falle zu befreien, die sie womöglich darstellen, schafft sich der Mensch ein sinnvolles Schicksal. Wenn dies fehlschlägt, ist der intensive Zusammenstoß in ihm selbst so groß, dass er nicht so leicht der Herr der Lage bleiben kann. Er braucht daher ein umfassendes System der moralischen Erziehung.

Der Mensch ist einerseits von religiösen Impulsen abhängig und dies zähmt ihn innerlich und bündelt seine zerstreuten Energien im Griff seiner Kraft, ihn damit auf dem Weg der Tugend zu seinem eigenen Nutzen lenkend. Auf der anderen Seite, ist der Mensch auch dem Einfluss seiner Instinkte unterworfen.

In einer Gesellschaft, in der die Menschen ständig im Namen Gottes und der Religion erzählt bekommen, dass der Weg zum Glück im Abwenden von den weltlichen Geschenken liegt, wird automatisch eine Tür zur Entwicklung des Materialismus geöffnet und eine Konzentrierung auf materielle Werte wird geschaffen. So verschwinden nach und nach die hochrangigen Konzepte der Religion mit all ihren weitreichenden Implikationen von der Bildfläche.

Aber dies repräsentiert nicht die wirkliche Logik der Religion. Religion lenkt das Augenmerk des Menschen auf authentische spirituelle Werte, die auf den Glauben an einen Schöpfer basieren und dem Menschen umfassende Lehren und Prinzipien für das Leben aufzeigen. Sie erweitern seinen Horizont bis hinauf an die Grenzen der himmlischen Bereiche, entledigen ihn der Knechtschaft der Selbstanbetung und des Materialismus und zur gleichen Zeit erlauben sie ihm die materiellen Vergnügungen in einem angemessenen Umfang zu genießen.

Manche Menschen glauben, dass das grenzenlose Vergnügen von bestimmten Dingen, welche die Religion verbietet, ihnen Glück garantieren würde. Sie meinen, Religion würde ständig gegen jegliche Form des Genusses ankämpfen und dass sie keinen Kompromiss mit den Vergnügungen der Welt mache, als würde Gott die Menschen zwingen sich zu entscheiden zwischen dem Glück dieser Welt und dem der Nachwelt.

Diese Haltung ist völlig irreführend und unrealistisch. Wenn Religion bei den Bemühungen des Menschen und seinen Entscheidungen eine Rolle spielt, dann weil ungezügelte Begierden, bedingungslose Unterwerfung vor Instinkten und der Gehorsam gegenüber dem Ego, das Leben des Menschen verdunkeln und ihn in eine Art unbewusste Sklaverei treiben. Trotz seiner an sich reinen Natur, fällt er und schweift von seinem wahren Weg ab. Wäre das freie Ausleben von instinktiven Begierden nicht die Ursache von Misere und schmerzlicher Entwürdigung, es wäre nicht verboten.

Es sind Erwägungen wie diese, die es uns möglich machen zu verstehen, warum uns bestimmte Dinge untersagt sind und wie weltliches Glück mit dem der Nachwelt zusammenhängen.

Ähnliche Erwägungen gelten für die Auferlegung von bestimmten Pflichten. Die Bemühung den bindenden Akt der Anbetung aufrichtig und ohne jegliche Heuchelei durchzuführen, ruft im Menschen eine Veränderung hervor. Der Sinn dieser Gebete ist nicht das weltliche Glück zu vermindern.

Anbetung gleicht einem Sturm in der stagnierenden Lagune des Herzens. Die innere Natur des Menschen wird hierbei transformiert ebenso wie die Kriterien für sein Urteilen. Es ist der Eckpfeiler durch den das

Fundament der Religion gestützt wird, eine fruchtbare, erzieherische Praktik, welche die Tiefen der Seele durchdringt. Dieses scharfe Schwert durchtrennt den Strang der Korruption und des Niedrigen im Menschen, ihm dabei erlaubend in reine, weite und grenzenlose Bereiche zu fliegen. Kurz, es erlaubt ihm im wirklichen Sinne zu reifen und zu wachsen.

Es gibt nicht nur keine Widersprüche zwischen den Belangen des Lebens und den des Geistes, spirituelle Dinge sind dem Leben und einem größeren Glück in dieser Welt dienlich.

Es kann sein, dass die nicht überzeugenden und unlogischen Lehren der christlichen Kirche die anti-religiösen Tendenzen der Menschen, wie Bertrand Russel, beeinflusst haben. Er glaubte fest daran, dass der Glaube an Gott zum Unglück führt, wie aus den Worten ersichtlich wird: „Die Lehren der Kirche erlauben es dem Menschen zwischen zwei Formen des Elends und der Entbehrung zu wählen: Entweder Elend in dieser Welt und Entbehrung von ihrem Vergnügen oder Elend in der Nachwelt und Entbehrung von den Genüssen des Paradieses. Für die Kirche muss eine Form des Elends notwendigerweise ertragen werden. Man muss sich entweder dem Elend dieser Welt hingeben und Entbehrung und Isolation erdulden, um die Freuden der Nachwelt genießen zu können oder, wenn man die Vergnügungen dieser Welt genießen möchte, muss man akzeptieren, dass einem in der Nachwelt diese Freuden versagt bleiben werden."

Die Ausbreitung einer solchen Meinung, die eine starke und tiefgreifende Ignoranz gegenüber dem religiösen Weltbild aufzeigt, mag das Schicksal der vorherrschenden Religion in einer Gesellschaft bestimmen. Ihre Wirkung auf den menschlichen Glauben und seinen Taten ist zu tiefgründig, um adäquat gemessen werden zu können, wenn nur ein oberflächlicher Blick darauf geworfen wird. Diese Art des Denkens hat verursacht, dass die Aufmerksamkeit des Menschen direkt auf das materielle Gebiet gelenkt wurde, bewusst oder unbewusst. Die daraus resultierende Konzentration auf Vergnügungen und Ausschweifungen hat bewirkt, dass die spirituellen und moralischen Belange geschwächt wurden.

Religion verurteilt den Menschen nicht dazu eine von zwei Formen des Elends zu akzeptieren. Es ist natürlich möglich das Glück dieser Welt mit dem Glück der Nachwelt zu kombinieren. Warum sollte Gott, dessen Schätze der Barmherzigkeit und Gnade unerschöpflich sind für seine Diener nicht wollen, dass sie vollständiges Glück in dieser Welt und der Nachwelt erfahren? Das ist doch genau das, was Er sich wünscht.

———

Ein anderer Faktor bei der Ausbreitung der materialistischen Ideen ist der Hang zur Leidenschaft und das Eintauchen in der Senkgrube der Lust. Jede mentale Wahrnehmung und jede Idee formt die Basis für eine externe Tat. Die Wege der Tat werden unter dem Einfluss seiner Überzeugungen geformt. Umgekehrt bringen die Taten und die Moral wiederum qualitative Unterschiede bei den mentalen Gewohnheiten und der Art zu denken hervor.

Ein Mensch, der seine Gelüste anbetet wird allmählich alle seine gehobenen Ideen über Gott verlieren. Wenn er sich erst einmal in seinem Leben für eine anderen Weg, als den Weg Gottes, entscheidet und glaubt, dass alles Existente sei einfach durch sich selbst entstanden, frei von jedem Zweck, so dass jede Idee eines Zieles im

Leben bedeutungslos erscheint, beginnt er all seine mentalen Energien der Maximierung des Genusses zu widmen. Dieser beschämende Sturz auf niedere Ebenen der Existenz lassen die Wurzeln aller Ziele des Wachstums und der Entwicklung verdorren.

Die Idee des Glaubens an Gott ist im Gegensatz dazu gleich einem Samen, der geeignete Erde zum Wachsen braucht. Er kann nur in einer reinen Umgebung erblühen. Einer Umgebung, bei welcher der Mensch prompt und leicht den Grad der Vollendung erreichen kann, die ihm eigen ist. Dies, weil er über die Grundstruktur verfügt, in denen die Prinzipien seines Lebens gesetzt worden sind.

Der Glaube an Gott kann niemals in einer ungünstigen Umwelt gedeihen, die von Korruption geprägt ist.

Eines der Hindernisse um das Wissen um Gott und die Gründe des Menschen, Ihn zu leugnen, trotz all der klaren Zeichen und der entscheidenden Beweise, die vorhanden sind, ist die Ergebung zur Sünde und der Hang zur Leidenschaft.

Iman Jaafar Sadiq (Friede sei mit ihm) erwiderte Mufaddal in der „Risalah-yi Ahlija": „Ich schwöre bei meiner eigenen Seele, dass Gott nicht versagt hat sich dem Ignoranten bekannt zumachen, denn sie sehen klare Beweise und entscheidende Indikationen des Schöpfers in Seiner Schöpfung und erblicken wundersame Phänomene in dem Reich des Himmels und der Erde, die auf ihren Schöpfer zeigen.

Die Ignoranten sind jene, welche sich die Tore zur Sünde geöffnet haben und die dem Pfad der Leidenschaft und Lust folgen. Das Verlangen ihrer Seelen gewinnt ihrem Herzen gegenüber an Dominanz und aufgrund der Unterdrückung ihres Selbst, hat Satan

Dominanz über sie gewonnen. So hat Gott die Herzen der Sünder verschlossen." [22]

Das Verlangen nach Bequemlichkeit, strittigen Dingen und Lasterhaftigkeit, die schwache Logik von bestimmten ignoranten Gläubigen – auch dies sind Faktoren, welche die Menschen zum Materialismus drängen.

Das Chaos und die Verwirrung des Lebens, der Überfluss an Massenprodukten, Wohlstand und Macht, die blendenden und ablenkenden Aspekte des modernen Lebens, die Ausbreitung der Vergnügungs- und Unterhaltungsindustrie, all dies überwältigt gierige Menschen völlig. Sie versuchen sich ganz von den religiösen Anliegen zurückzuziehen und verweigern die Autorität einer höheren Macht zu akzeptieren. Dies, weil es ihnen keinen materiellen Vorteil bringen würde, es würde außerdem die Stürme ihrer maßlosen Leidenschaften zügeln.

In einer Umgebung, in der Leute in Sünde, Ausschweifungen und Korruption eingetaucht sind und wo sie eine Einschränkung ihrer Taten nicht akzeptieren, kann Religion nur als Name bestehen.

Auf sich selbst zentrierte und materialistische Menschen können nicht gleichzeitig ergebene Anbeter Gottes sein. Wenn eines der beiden gegensätzlichen Prinzipien, das Vergnügungssüchtig-Sein und der Glaube an Gott, den mentalen Raum eines Individuums besetzt hat, so muss das andere Prinzip weichen. Wenn der Geist der Anbetung in der menschlichen Existenz vorherrschend

---

[22] „Bihar Al-Anwar", Band III

ist, wirft er alle materialistischen Inklinationen ab, indem er die Lösung der festen Fesseln des niedrigen Verlangens veranlasst und gleichzeitig inspiriert er ständig die Bemühung des Menschen in die Richtung seines Ziels aufzusteigen. Auf diese Art zeichnet sich ein komplettes Modell der menschlichen Freiheit ab, statt in der Sklaverei der Instinkte zu enden.

Je erhabener und entfernter das Ziel des Menschen ist, welches er sich setzt, umso steiler ist das Gefälle, das dorthin führt und umso grösser und langanhaltender ist die Bemühung, um das Ziel zu erreichen. Wenn wir uns Gott als Ziel setzen, haben wir uns ein unendlich erhabenes Ziel gesetzt. Und der Weg, der zur Erlangung unseres Ziels führt, wird ebenso unendlich sein, auch wenn dieser gleichzeitig ein gerader und klarer Weg ist. Es ist ein Ziel, das viele Probleme und Fragen beantworten wird und da es uns zwingen wird die Tyrannei des Egos abzulehnen, wird es uns absolute Freiheit schenken können.

Wenn wir Gott als unser Ziel akzeptieren, wird die Freiheit mit unserem Wachstum und unserer Entwicklung harmonisiert. Unsere Bemühungen uns zu entwickeln und voranzuschreiten, werden Dank des göttlichen Impulses und dem Verlangen nach ewigem Leben einen Inhalt und einen Sinn haben. Wenn das Verlangen nach Fortschritt und Aufstieg erst einmal durch die Gottesanbetung reguliert wird, widerspricht das weder der menschlichen Freiheit noch resultiert es in seiner Versklavung.

Wir können nur beanspruchen Freiheit erlangt zu haben, wenn wir absichtlich und bewusst mit dem universellen Aufstieg der Welt, hin zur Perfektion, Schritt halten können, um die Vorteile wissend, die dieses Handeln mit sich bringt. Der Natur gegenüber Gehorsam zu zeigen, ist keine Freiheit, ebenso wenig wie historische Unvermeidlichkeit keine Freiheit ist. Denn wenn der Mensch sein eigenes Wohlergehen ignoriert und dem Diktat der Natur folgt, so ist dies nichts anderes als Sklaverei beziehungsweise blinder Gehorsam.

L9 - Wie stellt der Koran Gott da?

Wenn wir die wissenschaftliche Persönlichkeit und das Wissen eines Gelehrten beurteilen wollen, prüfen wir seine Arbeit und unterziehen sie einer genauen Studie. Ebenso verhält es sich bei einem Künstler, wenn wir seine Kreativität, sein Talent und seine künstlerische Fähigkeit bewerten wollen, studieren wir seine Kunst.

In gleicher Weise können wir die Attribute und Charakteristika vom reinen Wesen des Schöpfers anhand der Qualitäten und der Ordnung, die alle Phänomene durchdringen mit ihren Feinheiten und ihrer Präzision wahrnehmen. Innerhalb der Grenzen bleibend, die durch unser Auffassungsvermögen gesetzt sind, können wir dennoch vertraut werden mit dem Wissen, der Weisheit, dem Leben und der Macht Gottes.

Wäre es eine Frage des vollständigen und umfassenden Wissens, so müssten wir natürlich akzeptieren, dass die menschlichen Fähigkeiten nicht so weitreichend sind. Gottes Charakteristika sprengen den Rahmen der gegebenen Grenzen des menschlichen Auffassungsvermögens und welchen Vergleich oder welches Gleichnis wir auch anführen, es wird begrenzt und unzulänglich bleiben. Dies, weil alles, was unsere Wissenschaften und unser Denken erkennen können, das Werk Gottes und ein Produkt Seines Willens und Seiner Befehlsgewalt ist, wogegen Seine Essenz nicht Teil des Geschaffenen ist und nicht zu der Kategorie der erschaffenen Dinge zählt. Daher kann die Essenz des göttlichen Wesens nicht durch Analogieschlüsse und Vergleiche begriffen werden.

Er ist, kurz gesagt, ein Wesen über dessen Essenz wir nichts wissen, da es für dieses kein Kriterium gibt. Und über Seine Macht, Autorität und Sein Wissen können wir nichts Festgesetztes sagen, da es für Ihn keine Zahlen oder Statistiken gibt.

Ist der Mensch dann doch zu elend und machtlos, um etwas über die Essenz und die Attribute einer so erhabenen Realität zu erkennen? Die Schwäche unserer Macht zuzugeben und unsere Unfähigkeit, das komplette, tiefgründige und umfassende Wissen über Gott zu verstehen, bedeutet nicht, dass wir von jeglicher Form des Wissens über Gott benachteiligt wären, sei dieses Wissen auch noch so relativ. Das ordnende Muster des Universums verkündet uns laut Seine Attribute. Und wir können die Macht und die unbegrenzte Kreativität des Herrn aus der Schönheit und der Kostbarkeit der Natur schlussfolgern. Phänomene sind für uns eine Indikation für Sein einzigartiges Wesen.

Kontemplation des Willens, des Bewusstseins, des Wissens und der Harmonie, die in der Ordnung des Seins und all die verschiedenen Phänomene des Lebens inhärent sind, machen es uns möglich wahrzunehmen, dass all diese Qualitäten – zusammen mit all den anderen Elementen, die zielgerichtet und sinnvoll sind – notwendigerweise auf den Willen des Schöpfers beruhen, der all diese Attribute selbst besitzt. Gleich einem Spiegel werden diese Attribute von der Schöpfung reflektiert.

Gott zu kennen und Seine Existenz zu berühren vermag allein die bemerkenswerte Macht des Gedanken. Jener Blitz, der sich von der vor-ewigen Quelle ableitet, auf die Materie abgestrahlt ihr die Fähigkeit verleiht Wissen zu erlangen und der Wahrheit entgegen zu gehen. In diesem göttlichen Geschenk ist das Wissen um Gott manifestiert.

Islam behandelt das Wissen von Gott in klarer und auf neuartiger Weise. Der Koran, die fundamentale Quelle für das Lernen der Weltanschauung des Islams, wendet die Methode der Negation und Affirmation zu dieser Frage an.

Erst wird im Koran mit Hilfe von überzeugenden Beweisen und Indikatoren die Existenz der falschen Götter negiert, da es notwendig ist, beim Herangehen an die transzendentalen Doktrin der Einheit erst alle Formen des Pseudo-Göttlichen und die Anbetung von allem, was nicht Gott ist, zu negieren. Das ist der erste, wichtige Schritt auf dem Weg zur Einheit.

Der Koran sagt: „Haben sie sich Götter genommen außer Ihm? Sprich: Bringt euren Beweis herbei. Dieser (Koran) ist eine Ehre für jene, die mit mir sind, und eine Ehre für die, die vor mir waren. Doch die meisten von ihnen kennen die Wahrheit nicht, und so wenden sie sich ab." (Vgl. Koran: Sure 21, Vers 24)

„Sprich: Wollt ihr statt Gott das anbeten, was nicht die Macht hat, euch zu schaden oder zu nützen? Und Gott allein ist der Allhörende, der Allwissende." (Vgl. Koran: Sure 5, Vers 76)

Wer seine Verbindung zur göttlichen Einheit durchtrennt hat, vergisst auch seine eigene wahre Position in der Welt des Seins und entfremdet sich letztlich von sich selbst. Weil die ultimative Form der Selbstentfremdung die Trennung von allen Anbindungen mit seiner eigenen essenziellen Natur ist.

Wenn sich der Mensch, andererseits, erst einmal von seinem eigenen Wesen entfernt hat, beeinflusst von internen und externen Faktoren, so wird er sich auch von Gott entfernen und von allem was nicht göttlich ist, versklavt werden. Die Unterordnung unter all dem, was nicht von Gott ist, nimmt den Platz von jeglichem logischen Denken ein. Dies beinhaltet die Anbetung der Phänomene. Denn einen Götzen anbeten und der Materie den Vorzug zu geben, sind beides Formen der Regression, die dem Menschen seine innewohnende Kraft rauben zu wachsen.

Monotheismus ist die einzige Kraft, die es möglich macht, die Kreativität der menschlichen Werte wieder einzufangen. In dem der Mensch seine wahre Stellung erkennt, gelangt er in ein Stadium der Harmonie mit sich selbst und mit der ultimativen Natur allen Seins, sich auf diese Weise die Tore zur perfektesten Existenzform öffnend.

Durch die ganze Geschichte hindurch, haben alle göttlichen Stimmen und Bewegungen mit der Proklamation der göttlichen Einheit begonnen und der alleinigen Herrschaft Gottes. Kein Konzept ist beim Menschen je aufgetreten, dass mehr kreative Erkenntnisse gebracht hätte und für die Mehrdimensionalität seiner Existenz relevanter gewesen wäre, noch gab es je eine effektivere Bremse für die menschliche Perversität als das Konzept der göttlichen Einheit.

Klare Beweise benutzend, zeigt der Koran dem Menschen den Weg, Wissen über die göttliche Essenz zu erlangen: „Sind sie wohl aus nichts erschaffen worden, oder sind sie gar selbst die Schöpfer? Schufen sie die Himmel und die Erde? Nein! Aber sie haben keine Gewissheit." (Vgl. Koran: Sure 52, Vers 35-36)

Der Koran überlässt es der Vernunft und der Allgemeinbildung des Menschen die Falschheit dieser Hypothesen zu realisieren, dass der Mensch durch sich selbst ins Leben gekommen sei oder dass er sein eigener Schöpfer wäre. Dies tut der Koran, indem er die Argumente im Labor der Gedankenwelt testet und analysiert. Durch die Reflexion über die Zeichen und Indikatoren Gottes, soll der Mensch mit aller Klarheit und Gewissheit realisieren, wer die Wahre Quelle allen Seins ist und verstehen lernen, dass kein Modell des Universums Bestand haben kann, wenn nicht eine Organisierende und mit Intellekt besetzte Macht über alles Sein am Wirken ist.

In anderen Versen wird die Aufmerksamkeit des Menschen auf die Beschaffenheit seiner eigenen Schöpfung gelenkt und seiner schrittweisen Entstehung aus dem Nicht-Sein. Auf diese Weise kann er erkennen, dass seine außergewöhnliche Schöpfung, mit all den ihr innewohnenden Wundern, ein Zeichen und eine Indikation des endlosen, göttlichen Willens ist, jene eindringenden Strahlen, die alles Sein durchdringen.

Der Koran sagt: „Wahrlich, Wir erschufen den Menschen aus reinstem Ton; dann setzten Wir ihn als Samentropfen an eine sichere Ruhestätte; dann bildeten Wir den Tropfen zu geronnenem Blut; dann bildeten Wir das geronnene Blut zu einem Fleischklumpen; dann bildeten Wir aus dem Fleischklumpen Knochen; dann bekleideten Wir die Knochen mit Fleisch; dann entwickelten Wir es zu einer anderen Schöpfung. So sei denn Gott gepriesen, der beste Schöpfer." (Vgl. Koran: Sure 23, Vers 12-14)

Wenn der Fötus bereit ist, seine Form anzunehmen, beginnen alle Zellen der Augen, der Ohren, des Gehirns und der anderen Organe zu funktionieren und nehmen ihre unaufhörliche Aktivität auf. Das ist eine Wahrheit auf die der Koran den Menschen hinweist. Dann stellt er dem Menschen die Frage, ob all diese wunderbaren Veränderungen ohne einen Gott rational denkbar seien.

Ist es nicht vielmehr so, dass Phänomene wie diese mit der größtmöglichen Betonung nahelegen und demonstrieren, dass ein Plan notwendig sein muss, eine Kreativität, eine lenkende Hand, inspiriert durch einen bewussten Willen? Ist es überhaupt möglich, dass die Zellen des Körpers sich ihre Funktionen aneignen, ihr Ziel in einer präzisen und geplanten Art verfolgen und in der Welt des Seins auf so wundersame Weise entstehen, ohne dass da eine bewusste und mächtige Existenz am Werke wäre, die sie instruiert?

Der Koran beantwortet die Frage so: „Er ist Gott, der Schöpfer, der Bildner, der Gestalter. Sein sind die schönsten Namen. Alles, was in den Himmeln und auf Erden ist, preist Ihn, und Er ist der Allmächtige, der Allweise." (Vgl. Koran: Sure 59, Vers 24)

Der Koran beschreibt jedes sinnlich wahrnehmbare Phänomen, was der Mensch um sich herum sehen kann als etwas, was den Menschen zur Reflektion und zu Schlussfolgerungen drängt: „Und euer Gott ist ein Einiger Gott; es ist kein Gott außer Ihm, dem Gnädigen, dem Barmherzigen. In der Schöpfung der Himmel und der Erde und im Wechsel von Nacht und Tag und in den Schiffen, die das Meer befahren mit dem, was den Menschen nützt, und in dem Wasser, das Gott niedersendet vom Himmel, womit Er die Erde belebt nach ihrem Tode und darauf verstreut allerlei Getier, und im Wechsel der Winde und der Wolken, die dienen müssen zwischen Himmel und Erde, sind fürwahr Zeichen für solche, die verstehen." (Vgl. Koran: Sure 2, Vers 163-164), „Sprich: Betrachtet doch, was in den Himmeln und auf der Erde (geschieht). (...)" (Vgl. Koran: Sure 10, Vers 101)

Der Koran erwähnt außerdem das Studium der menschlichen Geschichte und ihrer dahingeschiedenen Leute mit all den Veränderungen, die sie erfahren haben. Er lädt den Menschen dazu ein, darauf einzugehen, um die Wahrheit zu entdecken. Siege und Niederlagen, Glorie und Entwürdigungen, Schicksale und Schicksalsschläge der vergangenen Völker lehren uns die Mechanismen der Gesetze der Geschichte. Der Mensch wird in die Lage versetzt, Lehren für sich und der Gesellschaft, in der er lebt, zu ziehen, indem er sein Zeitalter mit diesen Gesetzen in Beziehung bringt.

Der Koran erklärt hierzu: „Es sind vor euch schon viele Verordnungen ergangen; also durchwandert die Erde und schaut, wie das Ende derer war, die (sie) verwarfen!" (Vgl. Koran: Sure 3, Vers 137), „Wie so manche Stadt, voll der Ungerechtigkeit, haben Wir schon niedergebrochen und nach ihr ein anderes Volk erweckt!" (Vgl. Koran: Sure 21, Vers 11)

Der Koran erkennt auch die innere Welt des Menschen als Quelle der fruchtbaren Reflexion und Erkenntnisgewinnung an, die durch das Wort „anfus" (Seelen) ausgedrückt wird. Er weist auf ihre Wichtigkeit hin, wie in den folgenden Versen deutlich wird: „Bald werden Wir sie Unsere Zeichen sehen lassen überall auf Erden und an ihren Seelen, bis ihnen deutlich wird, dass Er die Wahrheit ist. (…)" (Vgl. Koran: Sure 41, Vers 53), „Und auf Erden sind Zeichen für jene, die fest im Glauben sind. Und in euch selber. Wollt ihr denn nicht sehen?" (Vgl. Koran: Sure 51, Vers 20-21)

Mit anderen Worten, es gibt eine überfließende Quelle des Wissens in der Schönheit und Symmetrie des menschlichen Körpers, der mit all seinen Organen und Eigenschaften, seinen Aktionen und Reaktionen, seinen präzisen und subtilen Mechanismen, seinen verschiedenen Energieformen und Instinkten, seinen Wahrnehmungen, Gefühlen und Empfindungen, seinen höchst erstaunlichen Gedanken und seinem Bewusstsein ausgestattet wurde. Wobei das Denken eine Kapazität darstellt, welche zum größten Teil noch unerforscht ist, denn der Mensch hat nur einige Schritte beim Studium dieser unsichtbaren Macht und seiner Beziehung zum Körper getan.

Der Koran erklärt, dass es ausreicht, über sich selbst nachzudenken, um zur ewigen, endlosen Quelle, die frei. von jeglicher Bedürftigkeit ist, zu gelangen. Diese Quelle verfügt über unendliches Wissen, grenzenlose Fähigkeiten, endlose Macht und ein schwacher Widerschein dieser Quelle ist auch in uns manifestiert. Man kann auf diese Weise erfahren, dass es eine großartige Realität war, die an einem Ort die einzelnen Teile der Elemente fruchtbar ineinanderfügte und dadurch eine neue Ebene der Existenz hervorbrachte.

Durch die Existenz solch eindeutiger Indikatoren und derart entscheidender Beweise, die uns durch uns selbst aufgezeigt werden, kann keine Entschuldigung mehr für Irreführung und Leugnung akzeptiert werden.

Der Koran benutzt auch die Methode der Negation und Affirmation, wenn es um die Frage der Attribute Gottes geht. So beschreibt er die Attribute, welche die Essenz des Schöpfers besitzen, als „affirmative Attribute". Unter ihnen sind Wissen, Macht, Wille, der Fakt, dass Seiner Existenz keine Nicht-Existenz vorausging und dass Seine Existenz keinen Anfang hat ebenso wie der Fakt, dass alle Bewegungen der Welt von Seinem Willen und Seiner Allmacht ausgehen.

Der Koran sagt: „Er ist Gott, außer Ihm gibt es keinen Gott, der Wisser des Ungesehenen und des Sichtbaren.

Er ist der Gnädige, der Barmherzige. Er ist Gott, außer Ihm gibt es keinen Gott, der König, der Heilige, der Eigner des Friedens, der Gewährer von Sicherheit, der Beschützer, der Allmächtige, der Verbessernde, der Majestätische. Hoch erhaben ist Gott über all das, was sie anbeten!" (Vgl. Koran: Sure 59, Vers 22-23)

Gott ist frei von den „negativen Attributen", welche einschließen, dass Gott keinen Körper und keinen Ort hat. Seine heilige Existenz hat keinen Partner oder etwas, das Ihm gleicht. Er ist kein Gefangener innerhalb des Grenzbereiches, der durch die Sinne gesetzt wird. Er zeugt nicht noch wurde Er gezeugt, es gibt in Seinem Wesen weder Veränderung noch Bewegung, denn er ist absolute Perfektion und diesen Akt der Schöpfung delegiert Er an niemanden weiter.

Der Koran sagt: „Sprich: Er ist Gott, der Einzige; Gott, der Unabhängige und von allen Angeflehte. Er zeugt nicht und ward nicht gezeugt; Und keiner ist Ihm gleich." (Vgl. Koran: Sure 112, Vers 1-4), „Gepriesen sei dein Herr, der Herr der Ehre und Macht, hoch erhaben über das, was sie behaupten!" (Vgl. Koran: Sure 37, Vers 180)

Menschliche Logik, die auf unvermeidliche Weise in limitierten Kategorien denken muss, ist es nicht möglich ein Urteil über das Göttliche zu fällen, denn wir müssen zugeben, dass es unmöglich ist, bis zum Innersten dieser einen gewaltigen Existenz vorzudringen, für die es keine wirklich beobachtbare Analogie gibt und für die es keine Parallelen in der Welt des Seins gibt. Die umfassendsten Schulen des Denkens und die größten Methoden der Reflektion fallen in diesem Fall der Fassungslosigkeit anheim.

So wie alle existierenden Existenzformen auf ihre
Essenz zurückzuführen sind, so ist das unabhängige
Sein, von dem alles Andere abhängig ist, die Quelle des
Lebens von dem alle Attribute und Qualitäten im
Überfluss ihr Sein erhalten.

L10 - Die Bedingungen für ein ideales Objekt der Anbetung

Der Herr der Welten wird im Koran mit all den Konditionen beschrieben, die Ihn zu einem idealen Objekt der Anbetung machen. Er ist der Erschaffer der Liebe, aller Formen der Schönheit, der Urheber jeglicher Form von Energie und Kraft. Er ist der gewaltige Ozean auf dessen Oberfläche der schwimmende Intellekt von einer schwachen, kleinen Welle hin und hergeworfen wird, gleich einem Spielball. Er ist es, der die Himmel vor dem Einstürzen und die Erde vor dem Zusammenbruch bewahrt. Wenn Er, für einen Augenblick Sein Auge der Barmherzigkeit schließen würde oder sich von der Welt abwenden würde, das ganze Universum würde zerstört werden und zu Staub verfallend ins Nicht-Sein rasen. Die Existenz und das Überleben jedes Atoms dieses Universums sind von Ihm abhängig.

Er erweist alle Gaben und alles Glück. Mehr noch, Er besitzt uns und kann uns ungehindert vernichten. Erst mit Seinem Befehl „Sei", kommt ein Geschöpf in die Existenz.

Die Substanz der Wahrheit und Realität leiten sich von Seiner Essenz ab. Und Freiheit, Gerechtigkeit, andere Tugenden und Perfektionen beruhen auf Seinen strahlenden Attributen. Ein Flug zu Ihm, sich Seiner Schwelle nähern zu dürfen, gleicht dem Erlangen aller erdenklicher Wünsche in ihrer höchsten Form. Wer immer sein Herz Gott schenkt, gewinnt einen liebevollen Gefährten und einen guten Freund. Jemand, der sich auf Ihn verlässt, legt seine Hoffnung auf ein festes Fundament, wogegen jene, die ihr Herz an etwas Anderem als Gott hängen, der Illusion anheim fallen, denn ihr Fundament ist auf Wind gebaut.

Wenn Er selbst von der geringfügigsten Bewegung weiß, die irgendwo in Seiner Schöpfung stattfindet, kann Er für uns auch einen Weg bestimmen, der uns zum Glück führt. Er legt eine Art zu Leben für uns zugrunde und ein System der menschlichen Beziehungen, die mit den Normen konform sind, die Er in der Ordnung für Seine Schöpfung etablierte. Ihm sind schließlich unsere wahren Interessen bewusst und als logische Konsequenz Seiner Göttlichkeit ist es Sein alleiniges Recht, uns Wege aufzuzeigen. Nach Seinem vorgelegten Programm zu leben, ist die einzige Garantie für unseren Aufstieg hin zu Ihm.

Wie ist es möglich, dass der Mensch so auf Wahrheit und Gerechtigkeit versessen ist, dass er bereit ist, für diese sein Leben zu opfern, gleichzeitig aber nicht das Bewusstsein vorhanden ist, was deren Quelle und Ursprung sein könnte?

Wenn ein Sein es wert ist, vergöttert zu werden, kann dieses niemand anderes sein als der Schöpfer. Denn keine Sache und keine Person haben diesen Rang, als dass sie die Lobpreisung und den Dienst des Menschen verdienten. Alle Werte außer Gottes, fehlt es an Absolutheit und Vorrang und sie bestehen weder in sich selbst noch durch sich selbst. Sie sind relativ und dienen nur als Mittel für die Erlangung all jener Grade, die noch höher liegen als sie selbst.

Die primären Qualitäten, die durch die menschliche Anbetung gewonnen werden können, ist das erweisen aller Gaben und das Bewusstsein um die Möglichkeiten, Notwendigkeiten, Kapazitäten und Energien, die den menschliche Körper und seine Seele erhalten. Diese Qualitäten gehören Gott allein. Alle Existenzformen brauchen Ihn und hängen von Ihm ab, der von Grund auf ganz durch Seine eigene Essenz existiert. Die Karawane der Existenz befindet sich mit Seiner Hilfe und Seiner Befehlsgewalt, die auf jeden Fleck des Universums niedergeht, ständig auf dem Weg zu Ihm.

Die absolute Unterwerfung und Anbetung geziemt daher allein Seinem höchst heiligen Wesen. Seine glorreiche Präsenz, die nicht einmal für einen Moment unterbrochen wird, ist in dem Herzen eines jeden Atoms des Seins spürbar. Alle Dinge außer Gott gleichen uns bezüglich ihrer vorherrschenden Impotenz und ihrem Mangel. Sie sind daher unsere Anbetung nicht wert und verdienen nicht die widerrechtliche Aneignung irgendeines Teiles, der in Gottes Bereich fällt, was die ganze weite Ebene der Existenz ist. Der Mensch selbst ist zu nobel und kostbar, als dass er sich vor etwas Anderem demütig niederwirft als vor Gott.

In den weiten Ebenen des Seins, ist es Gott allein, der des Menschen Lob verdient. Der Mensch sollte Ihm seine Liebe geben, sich bemühen Ihm näher zu kommen um dabei Sein Wohlgefallen zu erlangen, Ihm dem Vorrang vor allen anderen Existenzen und Dingen, die man liebt, gewähren. Dies adelt den Menschen und vermehrt seinen Wert, denn der Mensch ist ein kleiner Tropfen. Und solange er nicht mit dem Ozean vereint wird, wird er von den Stürmen der Korruption hinweg gefegt werden, in der brennenden Sonne des Chaos austrocknend. Der Mensch gelangt zu seiner wahren Persönlichkeit und wird ewig, wenn er sich selbst mit dieser überschwänglichen Quelle verbindet und wenn Gott seinem Leben einen Sinn gibt und Gott zum Dolmetscher all der Ereignisse seines Lebens wird. In diesem Sinne kann die Welt des Menschen entweder ausgedehnt und deutlich sein oder einengend und beschränkt.

Der Führer der Gläubigen, Ali ibn abi Talib (Friede sei mit ihm), sagte als er über die Schwächen des Menschen und seinen limitierten Fähigkeiten diskutierte: „Wie seltsam und bemerkenswert ist doch die Angelegenheit des Menschen! Wenn er bezüglich eines Wunsches hoffnungsvoll wird, wird Gier ihn elend machen. Wünsche führen zu Gier und Gier wird ihn zerstören. Wenn er der Hoffnungslosigkeit zum Opfer fällt, wird Kummer und Schmerz ihn töten. Wenn er zu Glück und Vermögen gelangt, wird er daran scheitern es zu erhalten. Wenn er von Terror und Angst beherrscht wird, wird er durch diese auf totale Verwirrung reduziert. Wenn ihm reichlich Sicherheit gewährt wird, wird er fahrlässig werden. Wenn seine Segnungen wieder hergestellt sind, wird er arrogant und rebellisch werden. Wenn er vom Pech verfolgt wird, werden Kummer und Schmerz ihn blamieren. Wenn er zu Reichtum kommt, wird er maßlos. Wenn Armut ihn erfasst, wird er in Kummer abtauchen. Wenn er von Hunger geschwächt ist, wird er nicht aufstehen können. Wenn er zu viel isst, wird der Druck seines Bauches ihm unangenehm sein. So ist jeder Mangel im Leben eines Menschen schädigend und jeder Exzess führt zur Korruption und zum Ruin."[23]

Generell gesehen, müssen Gerechtigkeit, Edelmut, Tugenden und andere Qualitäten, die Respekt verdienen, entweder illusionär und imaginär sein oder wir müssen erwägen, dass diese Werte, basierend auf den Wahrnehmungen des Bewusstseins und der Instinkte, real und wichtig sind. Wenn das Letztere stimmt, sollten wir uns bescheiden der universellen Existenz und der absoluten Vollendung unterwerfen, die vor hoher Ethik,

---

[23] „Shaikh Al-Mufid", Irshad

Leben und Kraft überfließt und durch welche alle Werte abgeleitet werden können.

———

Wenn wir uns sorgsam mit der Materie beschäftigen, sehen wir, dass all die unzähligen Existenzformen dieser Welt als auch die Liebe und Aspirationen, die in den Tiefen unseres Selbst verankert sind, dass alle auf einen Punkt konvergieren, alle kehren zu einer Quelle zurück – Gott. Das Wesen und die Realität dieser Welt sind identisch mit der Verbindung, der Beziehung und dem Anschluss an Gott. Das Sein steigt über andere Routen wieder zu der Spitze auf, wo es begann und von wo es kam. Diese Spitze allein ist des Menschen Liebe und Hingabe wert. Hat der Mensch erst einmal diese Stelle entdeckt, wird er von Seiner Schönheit und Perfektion so eingenommen, dass er alles Andere darüber vergisst.

Wir sehen, dass alle Phänomene aus dem Nicht-Sein in die Existenz gekommen sind und zwar während ihres ganzes Daseins, ganz gleich wie kurz oder lang, sie brauchen von der Quelle, die sich außerhalb ihrer selbst befindet, Hilfe und sind von ihr abhängig. Sie sind unauslöschlich mit Unterordnung und mangelnder Autonomie gekennzeichnet.

Wenn das ideale Objekt der Anbetung, welches wir suchen und dem wir uns nähern wollen sich weder unserer Schmerzen bewusst wäre, die wir erleiden noch der Natur der Welt; wenn es nicht in der Lage sein würde unsere Wünsche und Sehnsüchte zu befriedigen; wenn es, wie wir, reich an Ohnmacht und Mängel wäre und somit zu der gleichen Kategorie zählen würde, wie wir selbst, so könnte dieses Objekt unmöglich unser Schlussziel sein noch das Ultimative oder das Kostbarste überhaupt.

Wenn wir durch unsere Gebete nach der Erfüllung eines Wunsches trachten, ist es Gott allein, der unseren Bedürfnissen gerecht werden kann. Der Koran sagt: „Jene, die ihr statt Gott anruft, sind Menschen wie ihr selber. Rufet sie denn an und lasst sie euch Antwort geben, wenn ihr wahrhaft seid" (Vgl. Koran: Sure 7, Vers 194)

Der Führer der gläubigen, Ali ibn abi Talib (Friede sei mit ihm), sprach bei seinem Bittgebet nach dem Gemeinschaftsgebet in einer Moschee in Kufa, Irak: „Oh, mein Herr! Oh, mein Herr! Du bist Gott, der Große, und ich bin dein erbärmlicher und geringfügiger Sklave. Wer kann einem geringfügigen Sklaven seine Gnade erweisen, außer Gott, der Große? Oh, mein Herr! Oh, mein Herr! Du bist stark und mächtig. Ich bin schwach und ohnmächtig. Wer als der Starke und Mächtige kann dem Schwachen Erbarmen zeigen?

Oh, mein Herr! Oh, mein Herr! Du bist es, der Großzügig zum Bettelnden ist und ich stehe als ein Bettelnder an Deiner Schwelle. Wer wird dem Bettelnden Erbarmen zeigen, außer der Großzügige und Reiche?

Oh, mein Herr! Oh, mein Herr! Du bist eine externe Existenz und ich bin geschaffen, um zu vergehen. Wer wird Gnade haben mit jemandem, dem bestimmt ist zu vergehen, außer das ewige und immerwährende Wesen?

Oh mein Herr! Oh mein Herr! Du bist der Lenker, der den Weg weist und ich bin verloren und verwirrt. Wer wird mit dem Verlorenen und Verwirrten Mitleid haben, wenn nicht der Führende, der den Weg weist?

Oh mein Herr! Oh mein Herr! Habe Erbarmen mit mir durch Dein unendliches Erbarmen. Akzeptiere mich und sei zufrieden mit mir in deiner Großzügigkeit, deinem

Wohlwollen und deiner Güte. Oh Gott, Besitzer der Großzügigkeit, des Wohlwollens und der Güte, mit Deiner allumfassenden Gnade! Oh Erbarmungsvollster der Erbarmenden!"[24]

Jemand anderem als Gott Verehrung zu zeigen, sich an etwas Anderem als an Seiner Essenz zu orientieren, ist in keinerlei Weise gerechtfertigt. Außer Gott, kann niemand auch nur die leiseste Wirkung auf unser Geschick ausüben. Wenn ein Objekt der Anbetung die Hingabe und Liebe eines Menschen verdient und in der Lage ist, ihn zu den Höhen des Glücks zu erheben, so muss dieses Objekt der Anbetung frei von allem Makel und jeglicher Unzulänglichkeit sein. Seine ewigen Strahlen müssen alle Geschöpfe mit Nahrung und Leben berühren und dessen Schönheit muss jedem Besitzer mit Einsicht dazu veranlassen, dass er vor dieser auf die Knie fällt. Die unendliche Macht besitzend, löscht es den brennenden Durst des Geistes und dadurch Wissen erlangend, ist es nichts anderes als zur Quelle unserer wahren Natur zurückzukehren.

Wenn wir außer Gott ein anderes Objekt der Liebe und der Anbetung wählen, hat es vielleicht eine bestimmte Kapazität und es ist vielleicht in der Lage bis zu einem gewissen Grad unsere Wünsche zu erfüllen, aber wenn wir diesen Punkt überschreiten, kann es für uns nicht länger das Objekt der Anbetung und der Liebe bleiben. Es wird uns nicht mehr anziehen oder erregen können, sondern vielmehr verursachen, dass wir stagnieren. Dies, weil es nicht unser instinktives Verlangen nach Anbetung befriedigt, es wird uns davon abhalten, über höhere Werte zu reflektieren und uns

---

[24] „Mafatih Al-Jinan"

derart in einem engen Kreis gefangen halten, dass wir nicht mehr motiviert sind weiter aufzusteigen.

Wenn das, was wir zur Anbetung und zum Lieben wählen, minderwertig gegenüber uns selbst ist, wird es nie verursachen können, dass wir aufsteigend unsere Existenz veredeln. Unsere Inklination zu diesem Willen wird, ganz im Gegenteil, unseren Niedergang mit sich bringen und wir werden dann gleich der Nadel eines Kompasses enden, die durch den Einfluss eines komplett fremden, magnetischen Feldes vom eigentlichen Pol abgelenkt wird. Das Ergebnis wird der völlige Verlust der Richtung sein, ewiges Elend wird dann des Menschen unvermeidliches Schicksal werden.

Das Gebet ist der erhabenste menschliche Ausdruck für Dankbarkeit

Ein Objekt der Anbetung kann dem Menschen eine Richtung geben und seine Dunkelheit mit Licht erhellen, wenn es in der Lage ist, dem Menschen Ideale zu vermitteln. Es unterstützt eine positive und gehobene Lebensweise, ist die Ursache für Wirkungen und ist die Grundlage für Stabilität und Permanenz. Denn das Objekt der Anbetung produziert innere Wirkungen im Menschen und führt ihn in seinen Gedanken und in seinen Aktionen. Es erleichtert dem Menschen die Suche nach Vollendung.

Jegliche Bemühung und Bewegung des Menschen für sich selbst eine falsche Richtung zu wählen, den falschen Weg im Leben zu gehen, resultiert in einer Entfremdung seines Selbst, seinem Verlust allen Inhalts und der Verzerrung seiner Persönlichkeit. Der Mensch kann nicht richtig ermessen, ob er sich von seinem Gott getrennt hat. Gott zu vergessen, heißt, sich selbst zu vergessen, sich des universellen Sinns des menschlichen Lebens und der Welt, die einen umgibt, nicht bewusst zu sein und nicht in der Lage zu sein, über höhere Werte konsequent zu reflektieren.

So wie das Festhalten des Menschen an etwas Anderem als Gott, zu einer Verfremdung sich selbst gegenüber führt und ihn in eine Art sich bewegende biologische Maschine transformiert, so führt das Vertrauen in Gott und das Bittgebet an Seiner Schwelle den mono-dimensionalen Menschen, dem vorher noch jegliche spirituelle Ader fehlte, aus den Tiefen seines Ozeans der Vernachlässigung hin zur einer Erneuerung und Wiederherstellung seiner selbst.

Durch die Anbetung Gottes werden die spirituellen Kapazitäten und himmlischen Kräfte im Menschen genährt. Der Mensch beginnt die Niedrigkeit seiner wertlosen materiellen Hoffnungen und Wünsche zu verstehen und sieht die Mängel und Schwächen ohne sein eigenes Sein. Kurz, er erkennt sich selbst als das was er ist.

Gottesbewusstsein zu haben und der Quelle entgegenzufliegen, erhellt und belebt das Herz. Es ist zutiefst angenehm, eine Freude, die nicht mit den Vergnügungen der dreidimensionalen, materiellen Welt vergleichbar ist. Durch die Orientierung auf die abstrakte, nichtmaterielle Realität werden die Gedanken erhaben und Werte transformiert.

Der Führer der Gläubigen, Ali ibn abi Talib (Friede sei mit ihm), diskutiert die wunderbaren Wirkungen Gottesbewusstseins im Herzen des Menschen folgendermaßen: „Der allmächtige Schöpfer hat das Bewusstsein um Ihn selbst zum Weg gemacht, sein Herz zu reinigen. Durch das Bewusstsein von Gott, beginnt das taube Herz zu hören an, das blinde Herz zu sehen und das rebellische Herz wird weich und gefügig."[25]

Er sagt außerdem: „Oh Herr! Du bist der beste Gefährte, für die, die dich lieben. Und das beste Heilmittel für jene, die dir vertrauen. Du beobachtest ihre inneren Zustände und ihr äußeres Handeln und du bist dich über die Tiefen ihres Herzens bewusst. Du kennst den Grad ihrer Erkenntnis und ihres Wissens und ihre Geheimnisse sind Dir bekannt. Ihre Herzen zittern, wenn sie von Dir getrennt sind. Und wenn Einsamkeit ihnen Angst und Unbehagen bereitet, so tröstet sie das Bewusstsein um Dich. Und wenn Not sie erfasst, bist Du allein ihr Zuflucht."[26]

Imam Jaafar Sadiq (Friede sei mit ihm), ein Sinnbild der Pietät und Gerechtigkeit, der einen bruchsicheren Bund mit seinem Herrn hatte, demonstriert uns in seinen Bittgebeten die höchste Form der Liebe. Dies war eine heilige Liebe, die sein ganzes Sein entflammte und obwohl sein Geist von der Trauer der Trennung zutiefst bedrückt war, haben die mächtigen Flügel der Liebe es ihm ermöglicht in die grenzenlosen Himmel aufzusteigen. Mit unglaublicher Aufrichtigkeit und Bescheidenheit hat er dann an der Schwelle Gottes, des Ewigen, gebetet: „Oh Herr! Ich bin zu Deiner Vergebung gewandert und zu deinem Erbarmen gegangen. Ich wünsche mir innig Deine Verzeihung und vertraue auf deine Großzügigkeit, denn es gibt ungehorsam in meinem Betragen, als dass ich Deiner Vergebung wert wäre. Und Deine Güte ist meine einzige Hoffnung.

---

[25] „Nahj Al-Balaghah", Predigt 220

[26] „Nahj Al-Balaghah", Predigt 225

Oh Gott, zeige mir den besten Weg und gewähre, dass ich als Gläubiger Deiner Religion sterbe und dass ich als Gläubiger Deiner Religion wieder auferstehe.

Oh Herr, den ich anbete! Oh Du, der Du den sündigen Bittstellern durch Deine Barmherzigkeit hilfst. Oh Du, in der Erinnerung an Deine Großzügigkeit suchen die Erbärmlichen Zuflucht bei Dir. Oh Du, vor dessen Angst die Missetäter bitter weinen!

Oh Quelle des Friedens für die Herzen jener, die vor Angst verbannt sind aus ihren Häusern. Oh Tröster all jener, die mit gebrochenem Herzen trauern. Oh Beistehender der Einsamen, Helfer der Zurückgewiesenen und der Bedürftigen. Ich bin Dein Diener, der gehorsam antwortete, als Du den Menschen befahlst Dich anzurufen.

Oh Herr, hier falle ich in den Staub nieder an Deiner Schwelle. Oh Gott, wenn Du jedem Gnade schenkst, der sie erbittet, lass mich in meinen Bittgebeten ehrlich sein. Und wenn Du jedem vergibst, der vor Dir weint, so lass mich beeilen, vor Dir zu weinen.

Oh Herr, mache nicht jenen hoffnungslos, der keinen Gebenden findet außer Dir. Stoße mich nicht mit der Hand der Zurückweisung davon, jetzt, wo ich an Deiner Schwelle stehe."[27]

Jeder, der die tiefgründige Bedeutung des Bittgebetes verstehen will, muss realisieren, dass die rationale Erklärung und logische Deduktion nicht in der Lage ist,

---

[27] „Sahifa-i Sajjadiya"

ein tiefes Verständnis für Fragen, welche die spirituellen Illuminationen berühren, zu erbringen.

Der noble Koran beschreibt das Handeln und die Lebensart der nichtglaubenden und materialistischen Menschen wie folgt: „Die aber ungläubig sind - ihre Taten sind wie eine Luftspiegelung in einer Ebene. Der Dürstende hält sie für Wasser bis er, wenn er hinzutritt, sie als Nichts findet." (Vgl. Koran: Sure 24, Vers 39)

„Ihm gebührt das wahre Gebet. Und jene, die sie statt Ihn anrufen, geben ihnen kein Gehör; (sie sind) wie jener, der seine beiden Hände nach Wasser ausstreckt, damit es seinen Mund erreiche, doch es erreicht ihn nicht. (...)" (Vgl. Koran: Sure 13, Vers 14), „Das Gleichnis derer, die sich Helfer nehmen neben Gott, ist wie das Gleichnis der Spinne, die sich ein Haus macht; und das gebrechlichste der Häuser ist gewiss das Haus der Spinne. (...)" (Vgl. Koran: Sure 29, Vers 41), „Das Gleichnis derer, die nicht an ihren Herrn glauben, ist: Ihre Werke sind gleich Asche, auf die der Wind an einem stürmischen Tag heftig bläst. Sie sollen keine Macht haben über das, was sie verdienen. (...)" (Vgl. Koran: Sure 14, Vers 18)

Der erhabenste Ausdruck der Dankbarkeit, den ein Mensch an der Schwelle seines wahren Objektes der Anbetung machen kann ist sein Bittgebet, das Bekenntnis der Liebe für seine absolute Perfektion und die Hingabe zu Ihm. Dieses tut er in Harmonie mit der Schöpfung, denn alle Existenzformen loben und glorifizieren Gott.

Der Koran sagt: „Die sieben Himmel und die Erde und wer darinnen ist, sie lobpreisen Ihn; und es gibt kein Ding, das Seine Herrlichkeit nicht preist; ihr aber versteht ihre Lobpreisung nicht. Wahrlich, Er ist langmütig, allverzeihend." (Vgl. Koran: Sure 17, Vers 44)

Diese Anbetung bringt Gott natürlich nicht den kleinsten Vorteil, denn er besitzt jegliche Perfektion bis zu einem unendlichen Grad. Weder die Welt noch der Mensch können Ihm etwas geben oder Ihm etwas nehmen. Es ist es denn überhaupt denkbar, dass Gott den Menschen erschuf, um durch dessen Anbetung und Preisung Nutzen zu ziehen? Ganz im Gegenteil, es ist der Mensch, der durch die Zunahme an Wissen um die oberste Existenz und durch die Anbetung dieses Seins mit Seiner Erhabenheit, seinem ultimativen Ziel näherkommt und zu wirklicher Vollendung gelangt.

Professor Ravaillet, gefeierter Philosoph und Physiker, hat folgendes über das Bewusstsein des Universums zu sagen: „Die neue Kosmologie besagt, dass Atome und Moleküle wissen, was sie tun. Sie haben ein Bewusstsein für die Aufgaben, die sie ausführen und für den Gang ihres Lebens. Ihr Bewusstsein ist dem Wissen eines Physikers überlegen, denn alles was der Physiker über ein Atom weiß, ist, dass dieses Atom, wäre es nicht greifbar und erkennbar, keiner würde irgendetwas darüber wissen.

Körper, Bewegung, Geschwindigkeit, die Konzepte des hier und dort, Strahlung, Gleichgewicht, Raum, Atmosphäre, Entfernung zusammen mit vielen anderen Dingen – alle kamen Dank des Atoms zu ihrer Existenz. Wenn das Atom nicht existiert hätte, was wäre da der Ursprung all der bemerkenswerten Phänomene der Erschaffung? Es existiert die gleiche Affinität zwischen Bewusstsein und Körper, wie sie zwischen Bewegung und Bewegungslosigkeit besteht oder der positiven und negativen Aspekte der Bewegung.

Jetzt ist Raum, als Ganzes, nicht blind. Wir demonstrierten, wenn ihr euch erinnert, als wir das Feld des Sehvermögens examinierten, dass das Auge nicht der grundlegende und entscheidende Faktor ist. Da es an einen bestimmten Ort des Globus fixiert ist, entsprechend den einschränkenden Umständen der menschlichen Spezies und anderer Erdbewohner, hat es ein bestimmtes, enges Feld, indem es operiert. Aber der Raum zwischen Erde und Sonne, zwischen der Sonne und den Galaxien und zwischen den Galaxien und den entfernten gigantischen Planeten, wo riesige Kräfte mit ungeheurem Aktionsradius miteinander beschäftigt sind, Energien auszutauschen – dort hat ein Organ, wie das Auge der Lebewesen der Erde, keine Möglichkeit sich selbst zu zeigen oder seine Effektivität zu demonstrieren.

Aber genau aus diesem Grund können wir nicht glauben, dass das Fehlen von Bewusstsein in dem Gebiet vorherrscht, denn der Austausch von gewaltigen Energien und Kräften, wird von den Gesetzen der Anziehung, des Gleichgewicht, der Bewegung, des Lichts und der zentrifugalen Kraft beherrscht. Blindheit gibt es nicht in diesen wundersamen Phänomenen und sogar Partikel des Lichts können nicht für etwas Ähnliches gehalten werden wie ein analphabetischer Briefträger, dessen einziger Job darin besteht, Botschaften zu überbringen, die er selbst nicht lesen kann."[28]

---

[28] „Dau Hazar Danishmand dar Justuju-i Khuda-i Buzurg"

L11 – Die Unvergleichbarkeit der göttlichen Attribute

Bei unseren Bemühungen den Schöpfer zu beschreiben und Wissen über die Attribute Gottes zu sammeln, brauchen wir idealer Weise Konzepte und Ausdrücke, die für uns nicht erreichbar sind. Die Termini, die wir verwenden, sind nicht in der Lage, uns bei der Erlangung unseres Ziels zu helfen - die wirkliche Beschreibung Gottes. Dies, weil unser limitiertes Verständnis keine Wahrnehmung für die Natur Gottes mit Seinen endlosen Attributen hat. Denn Er steht über alle Konzepte, die vom menschlichen Verstand geprägt und gestaltet werden.

Der Mensch, der in jederlei Hinsicht geschaffen und limitiert ist, sollte nicht erwarten, dass er in der Lage sein wird, ein nichtmaterielles Sein zu bewerten und zu beschreiben, indem er Ihm materielle Attribute und Charakteristika zuschreibt.

Eine Realität, die anderer Natur ist als zusammengesetzte und natürliche Existenzformen, dessen absolute Macht und unendliches Wissen alle Dinge umgibt, die in den Worten des Korans als „(...) Nichts gibt es Seinesgleichen. (...)" (Vgl. Koran: Sure 42, Vers 11) beschrieben wird, solch eine Realität, kann natürlich nicht in derselben Weise diskutiert werden, wie gewöhnliche Themen.

Ali (Friede sei mit ihm), der Freund der Gottesfürchtigen, sagte: „Wer immer Gott mit etwas vergleicht oder Ihn in etwas integriert, oder auf Sein heiliges Wesen bezieht, hat in Wirklichkeit nicht Ihn im Blick. Was immer der Mensch von der Grundlage Seiner Essenz zu wissen glaubt, wird notwendigerweise erschaffen sein. Gott ist der Erschaffer, der Schöpfer. Was immer von etwas anderem als sich selbst abhängig ist, wurde verursacht und ist erschaffen. Gott allein ist nur eine Ursache.

Er schafft die Welten ohne die Zuhilfenahme von Instrumenten. Er misst ohne auf Gedanken und Überlegungen zurückgreifen zu müssen. Er ist frei von jeglicher Bedürftigkeit und leitet sich auch keinen Profit von irgendetwas ab. Raum und Zeit begleiten Ihn nicht. Werkzeuge und Instrumente unterstützen Ihn nicht. Seine Existenz liegt noch vor der Zeit, und Seine Vor-Ewigkeit liegt noch vor jedem Anfang.

Er ist nicht durch irgendeine Limitation begrenzt, denn die Phänomene sind es, die ihre Essenz durch ihre eigenen Grenzen limitieren und es sind die Körper, die Ihresgleichen kennzeichnen. Seine sakrale Essenz erlaubt das Konzept der Bewegung und Bewegungslosigkeit nicht. Wie ist es dann möglich, dass etwas Geschaffenes in den Phänomenen auch in Seinem Sein existent wäre?

Wäre in Seinem Wesen Bewegung und Ruhe, Er wäre der Mutation und der Veränderung ausgesetzt. Er wäre teilbar und die Vor-Ewigkeit Seines Seins wäre negiert.

Er ist die Quelle aller Mächte und so kann keine Existenz eine Wirkung auf Ihn haben. Letztlich ist Er der Schöpfer, der sich weder verändert noch verschwindet und der sich vor Menschen mit Wissen und Einsicht nicht verbirgt."[29]

Der Grund, warum die Attribute Gottes so grundlegend getrennt von den unsrigen sind und nicht durch einen

---

[29] „Nahj Al-Balaghah", Predigt 181

Vergleich mit unseren Attributen untersucht werden können, ist, weil die Attribute dieser Quelle des Seins sich von allen anderen Attributen der vorhandenen Existenzen unterscheiden.

Wir haben, zum Beispiel, die Fähigkeit, bestimmte Aufgaben auszuführen, aber das ist nicht dasselbe, wie die Macht Gottes. In unserem Fall ist das Attribut eine Sache und die Entität, die sie beschreibt, eine andere. Wenn wir auf unser Wissen stolz sind, sind das Wissen und wir nicht ein und dasselbe. In unserer frühen Kindheit ist keine Spur dieses Wissens in uns verankert, doch mit der Zeit lernen wir immer mehr dazu. Wissen und Macht formen zwei deutliche Monopole in unserem Dasein. Sie sind weder mit unserem Wesen identisch noch sind sie miteinander vereint in unserer Existenz zu finden. Diese Attribute sind Zufälle und unsere Essenz ist eine Substanz, wobei beide unabhängig voneinander sind.

Doch die göttlichen Attribute sind grundlegend anders. Wenn wir sagen, Gott ist allwissend und allmächtig, so ist damit gemeint, dass Er die Quelle von Wissen und Macht ist: Das Attribut ist also nicht etwas anderes als die Entität, die es beschreibt, auch wenn es konzeptionell deutlicher ist. In Wirklichkeit, sind Seine Attribute identisch mit Seiner Essenz, denn Sein Wesen stellt keine Substanz dar, der Zufälle anhaften könnten. Er ist das absolute Sein, identisch mit Wissen, Macht, Leben, Stabilität und Erkenntnis. Er ist keiner mentalen oder externen Grenze oder Einschränkung unterworfen.

Da wir im Herzen der Natur aufgezogen werden, mit ihr daher auch zu jeder Zeit vertraut sind und da alles, was wir sehen eine bestimmte Form und Dimension hat, eine Zeit und einen Raum und auch all die anderen Eigenschaften, die Körpern zueigen sind – kurz, aufgrund der Gewöhnung unseres Geistes an natürliche Phänomene – versuchen wir alle Merkmale an den Kriterien der Natur zu messen, sogar unsere rationalen und intellektuellen Konzepte. Das Kriterium der Natur dient als Ausgangspunkt für alle wissenschaftlichen und philosophischen Ermittlungen.

Sich ein Sein vorzustellen, welches keines der Eigenschaften der Materie hat und welches anders ist als alles, was unser Verstand sich ausdenken kann, und Attribute zu verstehen, die untrennbar sind vom Wesen, der Essenz, dafür benötigt man nicht nur große Präzision, sondern uns wird abverlangt, dass wir unsere Denkweise von allen materiellen Existenzformen freimachen.

Ali (Friede sei mit ihm) hat sehr eloquent und bedeutungsvoll über dieses Thema gesprochen. Er betonte, dass man Gott nicht in einer Beschreibung gefangen halten kann: „Reiner Monotheismus und perfekter Glaube bedeutet Seine geweihte Essenz von allen Attributen der geschaffenen Existenzen zu befreien und diese auszuschließen und zu verneinen. Gott bewahre, dass Er durch solche Attribute beschrieben werde, denn wenn Er so beschrieben wird, wirkt es so, als sei jedes Attribut getrennt von seinem Besitzer und diesem fremd. Wenn jemand etwas zur Beschreibung Gottes sagt, sich dabei vorstellend, Seiner Essenz würde irgendein Attribut hinzugefügt, so hat er Ihm einen Partner gemacht und damit suggeriert, Er bestehe aus zwei Teilen. So ein Versuch Gott zu beschreiben entspringt der Ignoranz und einem mangelnden Bewusstsein."[30]

---

[30] „Nahj Al-Balaghah" (Ed. Fayz Al-Islam)

Mentale Konzepte können Gott nicht durch Rückgriffe auf endliche Attribute verdeutlicht werden, weil diese limitiert sind, sind sie nicht auf Gottes Sein anwendbar. Jedes Attribut, mit dem jeweiligen Inhalt, den es vermittelt ist getrennt von allen anderen Attributen. Das Attribut des Lebens unterscheidet sich vom Attribut der Macht, sie sind nicht austauschbar. Es ist möglich, dass einige Ausprägungen all diese Attribute mit einschließen, aber jede von ihnen hat ihren lexikalischen Tenor.

Wenn der menschliche Geist einer Sache ein bestimmtes Attribut zuschreibt, so ist es sein Ziel in einem gegebenen Fall eine Art Einheit zwischen dem Attribut und der beschriebenen Entität zu etablieren. Aber da das Attribut die Entität konzeptionell verdeutlicht, verfügt der Verstand unvermeidlich, dass die beiden getrennt voneinander bleiben. Die einzige Methode, um das Wissen von Dingen, ist, indem man diese mit Hilfe von geistigen Konzepten beschreibt, die sich begrifflich unterscheiden und darum notwendigerweise endlich sind. Diese Konzepte können daher nicht benutzt werden, um Wissen über die am meisten transzendentale Realität zu erlangen. Er ist erhaben über die Möglichkeit durch Beschreibung bekannt zu werden und wer immer Gott mit einem gegebenen Attribut limitiert, hat versagt etwas Wissen über Ihn gelernt zu haben.

Durch das Erwähnen von einigen Beispielen können wir bis zu einem gewissen Grad verstehen, wie man es vermeidet, Attribute über die Essenz Gottes hinzuzufügen. Man beachte wie die Hitze der Flammen eines Feuers an eine Umgebung übermittelt wird. Hier ist eine der Qualitäten und Attribute des Feuers das Brennen und die Verteilung von Wärme. Hat diese Qualität nur einen Bereich der Existenz des Feuers besetzt? Natürlich nicht, der gesamten Existenz des

Feuers wohnt das Attribut des Brennens und der Verbreitung von Wärme inne.

Imam Jaafar Sadiq (Friede sei mit ihm) antwortete auf jemanden, der ihn nach der Natur Gottes fragte: „Er ist etwas ganz anderes als alle anderen Dinge. Er allein ist mit der eigentlichen Essenz des Seins identisch. Er hat keinen Körper und keine Form. Die Sinne können ihn nicht wahrnehmen und er kann nicht gesucht werden. Er entzieht sich den fünf Sinnen. Fantasie und Imagination können Ihn nicht fassen. Der Gang der Zeit und die Aufeinanderfolge der Lebensalter vermindern Ihn in keiner Weise und Er ist von jeglicher Mutation und Veränderung ausgeschlossen."[31]

Die Einheit Gottes

Wenn man die Frage der göttlichen Einheit in religiösen Diskursen aufwirft, wird sie für viele Themen gebraucht, den Glauben an das Eins-Sein Seiner Essenz inbegriffen. So sind in Bezug auf die Einheit der Attribute das Zusammenfügen der Attribute und die Unterscheidung zwischen Essenz und Attribut völlig ausgenommen. Deutlichkeit und Differenzierung beruhen auf Limitation. Wenn wir einen Unterschied in den göttlichen Attributen platzieren, so ist dies nur aufgrund unserer Ratio und Reflektion berechtigt. Eine Vielzahl von Richtungen und von hinzugefügten Attributen kann nicht das göttliche Wesen als solches betreffen.

Wenn wir einen Körper in der Natur durch mehrfarbige Gläser betrachten, so erscheint uns dieser Körper in einer Aufeinanderfolge von verschiedenen Farben. Ebenso verhält es sich mit dem einzigartigen, göttlichen

---

[31] „Usul Al-Kafi", Band „Kitab at-Tauhid"

Wesen, über welches wir nachdenken. Manchmal schreiben wir dieser endlosen Existenz Wissen zu, da es ein Fakt ist, dass Ihm alle Schöpfungen zu jeder Zeit gegenwärtig sind und darum nennen wir Ihn dann den „Allwissenden". Zu anderen Zeiten sind wir uns Seiner Fähigkeit alle Dinge zu erschaffen bewusst und so bezeichnen wir Ihn dann als den „Allmächtigen".

Wenn wir durch die diversen Blenden schauen, scheinen die verschiedenen Attribute den Eigenschaften unseres limitierten Seins zu ähneln und wir versuchen sie von Seiner unendlichen Essenz zu trennen. Objektiv betrachtet, haben alle Konzepte, die durch die verschiedenen Attribute vermittelt werden, eine einzige Realität. Eine Realität, welche frei von jedem Mangel und jedem Defekt ist, die höchste Perfektion besitzt, sei es nun Macht, Barmherzigkeit, Wissen, Heiligkeit, Weisheit oder Pracht.

Ali ibn abi Talib, der Führer der Gläubigen (Friede sei mit ihm), sagte in der ersten Predigt, die in dem Buch „Nahj Al-Balaghah" festgehalten wurde: „Der Beginn der Religion ist das Wissen um das reine, göttliche Wesen. Die Vollendung dieses Wissens liegt in dem Glauben an diese heilige Existenz. Der vollendete Glaube liegt wiederum in der aufrichtigen Hingabe an Seiner Schwelle. Und die vollendete Hingabe ist nichts anderes, als die Distanzierung dieses einzigartigen Prinzips von allen Attributen der zusammengesetzten Existenzformen.

Gib acht, denn Er kann nicht mit irgendeinem Attribut beschrieben werden, denn dann würde ein Unterschied zwischen Ihn und dem Attribut entstehen. Wer immer versucht Ihn mit einem Attribut zu beschreiben, kreiert im Endeffekt ein Bild und einen Partner von Ihm, er sieht in Gott vielmehr zwei. Wer immer in Gott zwei sieht, bemüht sich um eine Teilung Seiner Existenz. So eine

Person mangelt es an jeglichem Wissen und Einsicht was die Natur des einzigartigen Seins Gottes betrifft, und er ist (in diesem Sinne) blind und ignorant.

Derjenige, welcher der Sehkraft beraubt ist, wird auf Gott zeigen (d. h. Ihn auf eine bestimmte Zeit an einem bestimmten Ort beschränken) und wer immer dies tut, belegt den Schöpfer allen Seins mit einschränkenden Grenzen und macht Ihn endlich. Wer immer Ihn auf diese Weise limitiert und einschränkt, erachtet Ihn als eine messbare Quantität. Wer immer fragt, „Wo ist Gott?", macht unabsichtlich einen Körper aus Ihm, der wiederum in einem weiteren Körper steckt. Und wer immer fragt, „Womit beschäftigt sich Gott?", stellt unabsichtlich fest, dass es Bereiche gibt, die frei von Ihm sind."

So ist jedes Attribut unendlich und koexistiert mit der Unendlichkeit des Wesens. Gott ist frei von endlichen Attributen, die sich womöglich voneinander unterscheiden und getrennt sind von Seiner Essenz.

Haben wir erst realisiert, dass Gottes Sein von Ihm selbst abgeleitet wird, so folgt daraus, dass eine absolute Existenz in jederlei Hinsicht unendlich ist. Wenn Sein und Nicht-Sein, beides für eine Entität undenkbar ist, muss es, um zu existieren, sein Dasein von einer externen Ursache bekommen. Die Entstehung durch sich selbst ist unmöglich. Es gibt daher nur das absolute Sein, welches durch sich selbst existiert. Alle anderen Realitäten ordnen sich dieser unter und sind nur durch dieses absolute Sein erkennbar als das, was sie sind. Ist eine Essenz erst einmal identisch mit seiner eigenen Existenz, ist sie unendlich in bezug auf Wissen, Macht, Selbsterzeugung und Ewigkeit, weil all diese Formen des Seins zusammen mit dem Identisch-Sein von

Essenz und Existenz notwendigerweise jegliche Vollendung im unendlichen Maße besitzen.

Die Einheit, ist eines der hauptsächlichsten Attribute Gottes. Alle himmlischen Religionen mit ihren ursprünglichen und nicht verzerrten Lehren, haben die Menschheit zu einer reinen Bekräftigung der Einheit Gottes aufgerufen, unverdorben von der Zuschreibung von Partnern neben Ihm. Solche Zuschreibungen von Partnern, mit all ihren Varianten und Dimensionen, ist der größte Irrtum, denen der Mensch verfallen kann. Sie sind als Resultat der Ignoranz, einem mangelnden Bewusstsein, durch das Abwenden von der Führung der Vernunft und den Lehren der Propheten in der Geschichte der Menschheit immer wieder vorgekommen.

Wenn die Menschen durch korrekte Gedanken, die Beweise der Vernunft und die Leitung der Propheten an einen Gott geglaubt hätten, es wäre ihnen unmöglich gewesen Ihn durch irgendwelche zusammengesetzte Phänomene zu ersetzen oder geschaffene Dinge an Seine Stelle zu stellen und zu glauben irgendeine andere Existenz könnte Sein Partner sein oder gleiche Befehlsgewalt besitzen und die Schicksale der Welt kontrollieren oder auch nur einen Teil in der Verwaltung der Ordnung der Welt einnehmen.

Wenn unzählige Götter die Welt regierten und jeder dieser Götter würde agieren und befehlen, dem eigenen Willen entsprechend, die Ordnung des Universums würde in einer Anarchie enden.

Der Koran sagt: „Gäbe es in ihnen (Himmel und Erde) Götter außer Gott, dann wären sie wahrlich zerrüttet. Gepriesen sei denn Gott, der Herr des Thrones, hoch erhaben über das, was sie aussagen!" (Vgl. Koran: Sure 21, Vers 22)

Wenn wir Gott als Einen bezeichnen, so tun wir dies, weil Er kein Körper ist. Ein Körper ist eine Ansammlung von vielen verschiedenen Elementen, die vereinigt ein ganzes Sein verursachen. Zusammenschlüsse, Teilungen und Generierung sind alles Attribute von bedingten Existenzformen und Körpern. Wir negieren sie daher, wenn es um Gott geht und erklären, dass alles, was durch Zusammenschlüsse und Prozesse in die Existenz gelangt, weder Gott ist noch Ähnlichkeit mit Gott besitzen kann.

Es ist möglich, sich innerhalb einer gegebenen Kategorie Pluralität vorzustellen, wenn man von Limitationen wie Quantität, Qualität und Zeit spricht. Gott jedoch ist durch nichts dergleichen limitiert und es ist daher unmöglich Ihn mit etwas zu begreifen, was Seinesgleichen ist.

Wenn wir uns die Essenz des Wassers vor Augen führen, ohne irgendein limitierendes Attribut und diese Übung mehrmals wiederholen, so wird nichts zu unserer ursprünglichen Vorstellung des Wassers hinzugefügt. Denn zuerst haben wir uns Wasser im absoluten Sinne vorgestellt, das durch keine Bedingung begrenzt wurde. Es ist unmöglich, ob quantitativ oder qualitativ, dass wir es uns in unseren folgenden Versuchen gedanklich vorstellen und dabei eine neue Hypothese zum Wasser auftritt.

Wenn wir aber zu der Essenz des Wassers bestimmte limitierende Faktoren dazurechnen, die äußerlich sind, erscheinen in unserem Geist verschiedene Formen und Beispiele des Wassers und mit ihnen Pluralität. Beispiele dieser Welt wären Regenwasser, Quellwasser, Flusswasser, Meerwasser, all diese wurden zu verschiedenen Zeiten an verschiedenen Orten hier und dort beobachtet. Wenn wir die ganzen begrenzenden Attribute eliminieren und wieder auf die fundamentale Essenz des Wassers schauen, werden wir sehen, dass es frei von Dualität ist und eine einzelne Essenz hat.

Wir müssen uns bewusst sein, dass jedes Sein, welches zu einer bestimmten Zeit existiert, seine Existenz durch die Umstände seiner Zeit definiert. Das heißt, jedes Sein wird nur innerhalb eines spezifischen zeitlich bedingten Rahmens existieren und auch nur solange, wie in dieser Zeitspanne die nötigen Bedingungen bestehen.

Wenn wir dann über ein Sein sprechen, dass zu jeder Zeit und an jedem Ort präsent ist und welches den höchsten vorstellbaren Grad an Vollendung besitzt - und außer diesem ist nichts perfekt oder absolut und frei von jeglicher Abhängigkeit – müssen wir realisieren, dass eine zugeschriebene Dualität bei solch einer erhabenen Realität dazu führt, sie zu limitieren und endlich zu machen.

Tatsächlich ist Gott im numerischen Sinne nicht Eins, sodass wir uns Ihn als erstes Glied einer Kategorie vorstellen können, auf das gleich das nächste, zweite folgt. Sein Eins-Sein ist von solcher Art, dass wir, wenn wir uns etwas Zweites mit Ihm vorstellen, dieses Zweite gleich dem Ersten ist.

Da die Vielzahl der Dinge auf die begrenzten Umstände beruhen, die sie voneinander differenzieren, wäre es total irrational eine zweites Sein zu postulieren, dass frei von allen Grenzen und Beschränkungen ist. Die Existenz des Zweiten würde bedeuten, dass das Erste Grenzen und Einschränkungen hatte. Und wenn Grenzen und Einschränkungen ausgeschlossen sind, können wir nicht zwei Existenzen haben, denn unser Bild des Zweiten wäre nichts weiter als eine Wiederholung des Ersten.

Die Doktrin der göttlichen Einheit bedeutet, sich Gott als alleinigen Gott vorzustellen. Unter Ausschluss aller Existenzformen der Phänomene wird Seine heilige Existenz komplett bestätigt. Betrachten wir Sein Dasein zusammen mit den Existenzen aus der Welt der Phänomene, so wird Seine Existenz ebenso komplett bestätigt. Wenn wir aber, ganz in Gegenteil, auf die bedingten Phänomene schauen, Gott dabei ausschließen, so können sie in keinerlei Weise als existent erklärt werden, denn ihr Sein wird durch einen Schöpfer bedingt, der ihr Erzeuger und ihr Erhalter ist.

Wann immer wir Gott Grenze und Bedingung zuschreiben, bedeutet dies, dass Gott aufhört zu existieren, sobald diese Schranke und Bedingung aufhört zu sein. Gottes Existenz ist jedoch nicht Konditionen und der Pluralität unterworfen und die Vernunft kann daher kein zweites Seiner Kategorie postulieren.

Lasst uns ein Bild dazu machen: Angenommen, die Welt ist unendlich – sie hat keine Grenzen und wohin wir auch reisen, wir kommen nie an ihr Ende. Könnten wir uns bei so einer Idee der Welt der Körper, deren Dimensionen unendlich sind, eine zusätzliche Welt der Körper vorstellen, endlich oder unendlich? Sicherlich können wir das nicht, denn das Konzept einer unendlichen Welt der Körper schließt notwendigerweise die Existenz solch einer weiteren Welt aus. Wenn wir versuchen uns noch so eine Welt vorzustellen, wird sie entweder mit der ersten identisch oder ein Teil von ihr sein.

Bedenkend, dass die göttliche Essenz ein absolutes Sein ist, die Existenz eines zweiten Seins zu postulieren, dass Ihm gleicht, ist genauso, als wenn wir uns eine unendliche Welt der Körper vorstellen und dazu noch eine zweite unendliche Körperwelt, die neben dieser koexistiert. Mit anderen Worten, es ist unmöglich.

Es ist daher klar, dass die Bedeutung von Gottes Eins-Sein nicht bedeutet, dass Er nicht auch zwei ist. Es ist so, dass das zweite nicht vorstellbar ist und dass der ausschließende Besitz der Göttlichkeit durch Seine Essenz bedingt wird.

Er hebt sich von allem anderen als sich selbst deutlich ab, und zwar nicht mittels irgendeiner Limitierung, sondern durch Seine Essenz selbst, die sich klar von allem Anderen unterscheidet. Alle anderen Dinge werden im Gegensatz dazu nicht durch ihre Essenz unterschieden, sondern vielmehr durch Gott.

————

Wir sehen, dass die weit reichenden Wechselbeziehungen und die Harmonie unter allen Einzelteilen der Welt bestehen. Der Mensch produziert das Kohlendioxid, welches Pflanzen zum atmen brauchen und die Pflanzen wiederum produzieren den für den Menschen so lebenswichtigen Sauerstoff. Das Resultat dieser Wechselbeziehung zwischen Mensch und Pflanze, erhält immer eine bestimmte Menge des Sauerstoffs. Wäre es nicht so, keine Spur menschlichen Lebens würde auf der Erde verbleiben.

Die Menge an Wärme, welche die Erde durch die Sonne bekommt, korrespondiert mit dem Wärmebedarf der Lebewesen dieses Planeten. Die Geschwindigkeit der Erdrotation um die Sonne und die Distanz, die sie von der zentralen Energiequelle Sonne hat und auch die Wärme, alles hat ein bestimmtes Maß. Der Abstand zwischen Erde und Sonne zum Beispiel bestimmt die Menge der Hitze, die auf der Erde das Leben ermöglicht. Wäre die Geschwindigkeit der Erdrotation hundert Meilen pro Stunde, statt der tausend Meilen, wie es jetzt ist, unsere Tage und Nächte wären zehnmal so lang. Dies hätte zur Folge, dass die Intensität der Sonnenhitze tagsüber die Pflanzen verbrennen würde und in der kalten winterlichen Nacht würden die Sprösslinge am Boden gefrieren.

Wenn auf der anderen Seite, die Strahlen der Sonne um die Hälfte reduziert werden würden, alle lebenden Existenzen würden aufgrund der extremen Kälte gefrieren. Würde man die Hitze der Sonne verdoppeln, würde Leben auf der Erde gar nicht erst entstehen können. Wäre der Mond von der Erde weiter entfernt, die Gezeiten würden stark und heftig genug sein, um Berge aus dem Boden zu heben.

In diesem Licht betrachtet, erscheint die Welt als Karawane von Reisenden, die alle miteinander, gleich einer Kette, verbunden sind. Alle ihre Teile, ob klein oder groß, streben kooperativ in eine einzige Richtung vorwärts. Überall in dieser Architektur des Seins erfüllt alles seine bestimmte Funktion und alle Dinge ergänzen einander. Ein tiefgründiges, unsichtbares Bindeglied verbindet jedes einzelne Atom mit den anderen Atomen.

Eine Welt, die reich an Einheit ist, muss daher notwendigerweise mit der einzigen Quelle verbunden sein. Das Sein wird von einem bestimmten Ursprung abgeleitet, wenn die Gesamtheit des Universums eins ist, muss auch ihr Schöpfer eins sein. Der Fakt, dass der Schöpfer Einheit in der Vielheit der geschaffenen Welt hervorbringt, ist an sich schon ein überzeugender Beleg Seines geschlossenen Eins-Seins, Seiner Macht und Seiner Weisheit.

Der Koran sagt: „Sprich: Habt ihr eure Götter gesehen, die ihr statt Gott anruft? Zeigt mir, was sie von der Erde erschufen. Oder haben sie einen Anteil (an der Schöpfung) der Himmel? Oder haben Wir ihnen ein Buch gegeben, dass sie einen Beweis daraus hätten? Nein, die Frevler verheißen einander nur Trug. Gott allein hält die Himmel und die Erde, dass sie nicht wanken. Und wankten sie wirklich, so gäbe es keinen, der sie halten könnte nach Ihm. Fürwahr, Er ist langmütig, allverzeihend." (Vgl. Koran: Sure 35, Vers 40-41)

Die uns innewohnende Natur, die eine fundamentale Dimension unserer Existenz darstellt, bestätigt das Eins-Sein Gottes. In schweren Krisen und harten Zeiten ist unser Wunsch auf einen Punkt fokussiert. Wir wenden uns in eine Richtung und vertrauen Ihm unser Herz an.

Einer der Studenten des Imam Jaafar Sadiq (Friede sei mit ihm) fragte ihn: „Welchen Beweis gibt es für das Eins-Sein Gottes?"

Der Imam antwortete: „Der Beleg für Sein Eins-Sein sind die Wechselbeziehungen und die Kontinuität der Schöpfung, die grundlegende Ordnung des Seins, die über alles herrscht. Gott sagt im Koran: „Gäbe es in den Himmeln und der Erde einen Schöpfer außer Gott, dessen Ordnung würde verschwinden und die Welt würde zerstört werden."[32]

So widerlegt die Regularität und Ausführlichkeit der Ordnung, die alles beherrscht die Theorie, dass es

---

[32] „Usul Al-Kafi", Band „Kitab at-Tauhid"

womöglich mehrere Götter gibt, welche die gleichen oder mehrere Sphären regieren würden.

———

Obwohl der Koran die Einheit und Weisheit Gottes in der Schöpfung betont, erwähnt er auch die Ursachen und Mittel, die den göttlichen Befehl implementieren. Er sagt: „Gott hat Wasser vom Himmel hernieder gesandt und damit die Erde belebt nach ihrem Tod. Wahrlich, darin ist ein Zeichen für Leute, die hören mögen." (Vgl. Koran: Sure 16, Vers 65)

Wenn wir den Schluss, dass Gott allein mit dem schaffen, ordnen und managen des gesamten Universums beschäftigt ist, erreichen und dass alle Quellen für Wirkungen und Kausalität Seinem Willen und Seinem Befehl untergeordnet sind, die zugewiesenen Rollen einnehmend, die Gott für sie bestimmte, wenn wir zu diesem Schluss kommen, wie können wir da glauben, dass irgendein anderes Sein den Rang Gottes haben könnte und uns vor diesem dann verbeugen? Der Koran sagt: „Unter Seinen Zeichen sind die Nacht und der Tag und die Sonne und der Mond. Werfet euch nicht vor der Sonne anbetend nieder und auch nicht vor dem Mond, sondern werfet euch anbetend nieder vor Gott, der sie erschuf, wenn Er es ist, den ihr verehren möchtet."(Vgl. Koran: Sure 41, Vers 37)

L12 – Die unendliche Macht Gottes

Für die unendliche Macht Gottes gibt es keinen deutlicheren Beweis, als das, was durch das Studium und die Untersuchung der Phänomene des geschaffenen Universums und der multiplen Formen und Farben der Natur geliefert wird, wobei diese Phänomene wohl nie voll beschrieben werden können.

Wenn wir auf Gottes Schöpfung schauen, werden wir mit so viel Energie konfrontiert, dass keine Grenze für diese Energien vorstellbar ist. Ein Blick auf die Schöpfung und die Millionen von Wahrheiten, verborgen in den Wundern der Natur und den Tiefen des inneren Universums des Menschen, liefert die klare Indikation für den Grad der Macht des Einen, der sie erschuf, denn das reiche und komplexe System erlaubt keine andere Erklärung.

Es ist Gottes unvergleichliche Macht, die den Menschen zwingt, sich demütig vor dem Schöpfer dieses Plans zu verbeugen. Es gibt keine Worte, welche die Dimensionen Seiner Macht ausdrücken könnten. Dieses einzigartige Wesen hat eine derartige Macht, dass es genügt, sobald Er ein Sein existent werden lassen will, nur den Befehl „Sei" zu erteilen und das angesprochene Objekt kommt ins Sein. Der Koran sagt: „Sein Befehl, wenn Er ein Ding will, ist nur, dass Er spricht: „Sei!" - und es ist." (Vgl. Koran: Sure 36, Vers 82)

Das Gesetz, dargelegt in dem Vers, ist der beste Indikator für Seine grenzenlose Macht und der Manifestation Seiner endlosen Pracht. Es negiert jegliche Begrenzung, die man Gottes Macht aufsetzen könnte und erklärt die Unangemessenheit aller Kriterien, wenn man sie mit diesem göttlichen Gesetz konfrontiert.

Die Champions sind die Naturwissenschaftler, die Männer der Labore, die trotz all der Fortschritte, die sie machen, noch nicht das komplette Wissen über die inneren Geheimnisse auch nur einer einzigen unter den zahlreichen und unterschiedlichen Existenzformen der geschaffenen Welt erhalten konnten. Dennoch, das partiale und fehlerhafte Wissen, welche der Mensch sich bezüglich einiger weniger Daseinsformen, die in dieser Welt existieren, erworben hat, sollte ihm ausreichen, um mit seinem ganzen Sein zu erkennen, dass die große Macht, die solch eine Vielfalt im Überfluss im Universum schuf, unendlich sein muss.

Betrachtet man die Reichweite Seiner Schöpfung, kleine Kreaturen und monströse Bestien mit erstaunlichem Aussehen, in den Tiefen der Ozeane lebend, zarte und melodische Vogelarten mit farbenfrohen Flügeln, deren Schönheit geschickte Künstler zur Verzierung ihres Handwerks imitieren, Sterne, die am Himmel scheinen und die Sonne, die auf- und untergeht, die Dämmerung und das Mondlicht, die Planeten, die Galaxien und die Nebel, die zuweilen in ihren Herzen Millionen von strahlenden Sterne haben, schwindelerregend in ihrer offensichtlichen Unendlichkeit.

Ist nicht eine Schöpfung wie diese Ehrfurcht einflößend mit ihrer Pracht, eine Indikation für die unendliche Macht ihres Erschaffers? Kann man die Macht des Schöpfers missachten, der sich durch so viel Lebensvielfalt mitteilt, der doch deutliche, endliche Formen in allen ausgedehnten Spektren der Phänomene erscheinen lässt?

Bedenkt man die Tatsache, dass all diese einnehmenden Formen der Schöpfung letztlich aus Atomen entstehen, so kann die Frage des Seins nicht erklärt werden, außer durch den Verweis auf eine lenkende und unendliche Macht. Er ist es, der alle Dinge zur Annahme einer Leben schenkenden Form bringt und die Macht und die Intelligenz besitzt dieses gewaltige und präzise Programm zu planen und zu entwerfen.

Groß und klein, schwer und leicht, all dies sind Eigenschaften, die endliche Existenzformen betreffen. Im unendlichen Bereich der Essenz Gottes und Seiner Attribute gibt es die Frage von groß und klein, wenig und viel nicht. Ohnmacht und die Unfähigkeit werden durch die Endlichkeit der Energie verursacht, die einem Mittel zur Verfügung stehen, durch die Existenz eines Hindernisses auf ihrem Weg oder durch die Abwesenheit von Mitteln und Instrumenten. Sie sind nicht wahrnehmbar im Falle einer unendlichen Macht.

Der Koran sagt: „(…) Und nichts vermag Gott in den Himmeln oder auf Erden zu hemmen, denn Er ist allwissend, allmächtig." (Vgl. Koran: Sure 35, Vers 44)

Obwohl Gott in der Lage ist, alles zu tun, hat Er die Welt nach einem präzisen und spezifischen Programm geschaffen, in dessen Struktur bestimmten Phänomenen eine festgesetzte Rolle zugeteilt wurde, die wiederum zur Entstehung anderer führen. Diese Phänomene sind ohne Zweifel Seinem Befehl völlig untergeordnet, ihre Rolle erfüllend und Ihm gegenüber nicht im Geringsten rebellierend.

Der Koran sagt: „(…) Und Er (erschuf) die Sonne und den Mond und die Sterne, Seinem Gesetz dienstbar. Wahrlich, Sein ist die Schöpfung und das Gesetz! Segensreich ist Gott, der Herr der Welten" (Vgl. Koran: Sure 7, Vers 54)

Streng genommen, kann kein Geschöpf in dem Programm eine Manifestation der Macht sein oder an Seinem Willen und Befehl teilhaben, denn so wie Gottes Essenz keinen Partner hat, so hat Er auch keine Partner, was Seine Mittel betrifft.

So wie es allen Geschöpfen in der Welt in ihrem Wesen an Unabhängigkeit fehlt und sie von Ihm abhängig sind, so mangelt es ihnen auch daran, zu agieren und Wirkungen zu produzieren. Jedes Mittel und jede Wirkung bekommt die Essenz ihrer Existenz von Gott, ebenso wie die Macht zu agieren und eine Wirkung zu produzieren.

Wann immer Er es für notwendig erachtet, unterlässt die Ordnung, die alles umgibt, Ihre Aufgaben, denn auch die Ordnung, obwohl sie an sich fest und präzise ist, bleibt Ihm untergeordnet. Der Schöpfer, der jedem Faktor und jeder Ursache bestimmte Wirkungen zuteilt, ist in der Lage, die Wirkungen zu jeder Zeit wieder zu neutralisieren und auszusetzen. So wie Sein Befehl die Ordnung des Universums in die Existenz brachte, so kann ein Befehl einem Phänomen auch wieder die übliche Wirkung rauben.

So sagt der Koran: „Sie sprachen: Verbrennt ihn (Abraham) und helft euren Göttern, wenn ihr etwas tun wollt. Wir sprachen: Oh Feuer, sei kühl und ohne Harrm für Abraham!" (Vgl. Koran: Sure 21, Vers 68-69)

Obwohl die starke Anziehungskraft der Sonne und der Erde auf einem weiten Raum wirken, sind beide Körper Seinem Willen unterworfen. Sobald Er einem kleinen Vogel die nötige Kraft gibt, kann dieser die Anziehungskraft der Erde überwinden und seinen Flug antreten.

Der Koran sagt: „Sehen sie nicht die Vögel, die in Dienstbarkeit gehalten werden im Gewölbe des Himmels? Keiner hält sie zurück außer Gott. Wahrlich, darin sind Zeichen für Leute, die glauben." (Vgl. Koran: Sure 16, Vers 79)

Welches Phänomen auch immer in der Welt des Seins vorstellbar ist, findet seine Nährkraft und sein Leben durch Gott. Daher muss jegliche Macht und Kapazität, die in dem Programm der Schöpfung gefunden werden kann notwendigerweise auf die unendliche Macht Gottes zurückgeführt werden können.

Ali (Friede sei mit ihm), der Führer der Gläubigen, sagte in einer Ansprache, die im Nahj Al-Balaghah festgehalten wurde: „Oh Gott, wir können nicht die Tiefen Deiner Pracht und Majestät durchdringen. Wir wissen nur, dass Du lebst und durch Dich selbst bestehst, dass Du ausgenommen bist vom Bedürfnis zu essen und zu trinken. Kein Verstand kann Dich begreifen und kein Auge Dich sehen. Doch Du siehst alle Augen, Du kennst die Lebensspanne jeder Sache, und Du bist allmächtig.

Obwohl wir nichts von Deiner Schöpfung wirklich wahrgenommen haben, sind wir von Deiner Macht verblüfft und preisen Dich stark. Das, was vor unseren Augen verborgen ist, können wir nicht sehen und das, was unsere Vernunft und unsere Intelligenz nicht erreichen kann, was sich hinter den Schleiern des Ungesehenen verbirgt, ist sehr viel grösser als das, was wir sehen." [33]

---

[33] „Nahj Al-Balaghah", Predigt 159

Wenn der Mensch sich entscheidet, etwas zu bauen, zum Beispiel ein Krankenhaus, trägt er die notwendigen Werkzeuge und Teile zusammen, die nicht eine wesentliche Beziehung zueinander haben und verbindet sie dann miteinander, indem er eine Serie von künstlichen Beziehungen herstellt, um sein Ziel zu erreichen.

Um so eine künstliche Beziehung herzustellen, macht er Gebrauch von verschiedenen Kräften und Objekten, die bereits schon existieren. Seine Arbeit und Aktivität ist Teil eines Systems der Schöpfung. Dies ist nicht wirklich kreative Arbeit, sondern eine Form der Bewegung, die innerhalb bereits bestehender Dinge stattfindet. Bei der göttlichen Kreativität handelt es sich um eine andere Kategorie als das Herstellen von künstlichen Beziehungen zwischen nicht zusammenhängenden Objekten. Gott bringt Existenzformen mit all ihren Eigenschaften, Kräften, Energien und Charakteristika hervor.

Wenn wir sagen, dass Gott allmächtig ist, müssen wir uns bewusst sein, dass dies sich nur auf Dinge bezieht, die möglich sind. Dinge, die rational unvorstellbar sind, sind gänzlich außerhalb der Sphäre Seiner Macht und die Worte „Macht" oder „Kapazität" in Verbindung mit Dingen, die unmöglich sind, ist unkorrekt und bedeutungslos. Obwohl die Macht Gottes grenzenlos ist, muss die rezeptive Kapazität der Dinge und ihre Fähigkeit als Ort für die Manifestation Seiner göttlichen Macht zu dienen, berücksichtigt werden. Die Implementierung des Willen Gottes ist verwoben mit den Beziehungen zwischen Ursache und Wirkung, mit seinem komplexen Netzwerk aus Gründen und Ursprüngen. Damit eine Sache das Objekt des göttlichen Willens werden kann, darf es nicht unmöglich sein, und es muss in seiner Essenz die rezeptive Fähigkeit besitzen, denn der Wille Gottes wird vollendet mittels der Rezeptivität der Dinge. Es ist wahr, dass der göttliche Fluss unendlich und konstant ist, aber die Basis, die er annehmen muss, ist womöglich fehlerhaft und nicht in der Lage den unendlichen Teil, der von der überreichen Quelle angeboten wir, zu absorbieren.

Der Ozean ist ein immens großes Becken für Wasser, ein Tanker hat dagegen nur limitierte Kapazitäten Wasser aufzunehmen, tatsächlich passt vergleichsweise nur sehr wenig Wasser in ihn hinein. Klar ist, dass in diesem Fall die Kapazität des Tankers endlich und limitiert ist, nicht die des Wassers eines Ozeans.

Einmal wurde Ali, der Führer der Gläubigen gefragt (Friede sei mit ihm): „Ist dein Herr in der Lage die ganze Welt in ein Hühnerei zu platzieren?" Er antwortete: „Gott, der Allmächtige, ist in der Tat in der Lage alles zu tun, aber was du fragst ist unmöglich."[34]

Obwohl Gottes geweihte Essenz völlig frei von Schwäche und Unfähigkeit ist, bleibt es bedeutungslos und irrational, zu fragen, ob er etwas vermag, was an sich unmöglich ist.

––––––––

Einem, den das Herz vor Liebe zu Gott brennt und der vom Glauben an den Schöpfer aller Dinge erfüllt ist, wird nie enttäuscht sein, einsam noch hoffnungslos, selbst auf dem Höhepunkt komplexer Krisen. Welche Handlung er auch unternimmt, er tut dies mit dem Bewusstsein des schützenden Schattens der obersten Macht, die ihn über alle Schwernisse triumphieren lassen kann.

––––––––––––––––––––––––––––––––

[34] Bihar Al-Anwar, Band IV

Ein Mensch, der sich Gottes bewusst ist und weiß, dass er Seine Unterstützung hat, kann viele Härten erdulden und weiß sich zu wehren. Schwierigkeiten sind für ihn wie Schaum, gleich dem verschwindenden Schaum an den Oberflächen der Wasserwellen. Das Feuer, das in ihm brennt, wird immer leuchtender und er kommt noch stärker aus den Schmelztiegel der Entbehrung hervor.

Während der ganzen Zeit der Mühen wird er durch Gottes Liebe und Wohlwollen getröstet und gestärkt und dies formt den eigentlichen Motor seiner Aktivitäten. Versagen blockiert nicht seinen Weg und bringt ihn nicht dazu aufzugeben, stattdessen bemüht er sich mit aufrichtiger Absicht, fortfahrend, bis zum letzten Sieg.

Er versteht sehr wohl, dass sein Bemühen nicht fruchtlos bleiben kann und dass der Erfolg denen gehört, die es verdienen. Wann immer Er möchte, nimmt Gott die Hand der Gefallenen und Unterdrückten, die keine andere Zuflucht als Ihn haben und erhebt sie zur Spitze der Macht. Manchmal lässt er die Nasen der Mächtigen dieser Welt den Staub der Demütigung und der Katastrophe spüren, Unterdrücker, die an die Gewalt glauben, nur die Logik des Zwingens kennen und den Menschen als wertlos betrachten.

Wie viele Tyrannen sind schon in der Geschichte der Menschheit gestürzt worden, in den Sturm der Schande versinkend und verschwindend.

Die Geschichte der Gesandten Gottes repräsentiert ein komplettes und ideales Modell an menschlichen Werten. Wir alle wissen, wie die Gesandten allein gegen die unterdrückenden Kräfte ihrer Zeit dastanden, nur um den Menschen zur Erlösung zu führen, die Gesellschaft zu reformieren und ihnen erhabene Werte einzuprägen.

Damit zündeten sie das erste Licht, was letztlich den Polytheismus zerstörte.

Die Reaktion, die sie mit ihrem Glauben initiierten, löste einen derart positiven Tumult aus, dass sie den Lauf der Geschichte veränderten. Sie legten die Grundlagen für den Monotheismus und etablierten die Prinzipien der Tugenden in einem höchst umfassenden Maße.

Wer kann die Rolle der Hingabe und des Glaubens bei dem unermüdlichen Kampf verneinen, den sie führen mussten? Wie weit kann allein die Willenskraft den Menschen bringen und wie sehr versetzt sie ihn in der Lage auszuhalten und zu erdulden?

Eine flüchtige Prüfung der stolzen Geschichte der Leben der Propheten ermöglicht uns alle auf anschaulichste Weise, ihre Aufrichtigkeit und Hingabe, die sie an den Tag legten, zu erblicken, ihr Verzeihen, ihre Nachsicht und ihren intensiven Wunsch den Menschen zu führen und zu reformieren, nachzuvollziehen. Das fundamentale Geheimnis ihres Erfolges war der Fakt, das sie nie auch nur für einen Moment an sich selbst dachten. Sie haben sehr aufrichtig auf ihr eigenes Sein verzichtet, es der Sache Gottes zum Geschenk machend. Gott hat darauf geantwortet, indem er ihnen Unsterblichkeit gab und ihnen ewigen Ruhm schenkte.

L13 – Das grenzenlose Wissen Gottes

Ein Schöpfer, der nicht durch einen Ort beschreibbar ist, für dessen Essenz es keine vorstellbare Grenze gibt, von dessen Sein kein einziges Stück des Himmel und der Erde ausgenommen ist, solch ein Schöpfer ist sich natürlich aller Dinge bewusst. Es gibt nichts in diesem ganzen Programm des Seins, über das sich nicht die leuchtenden Strahlen Seines Wissens erstrecken würden.

Die Ereignisse, die in den entferntesten Teilen des Universums auftreten, Ereignisse, die Billionen von Jahre zurückliegen oder die erst in Billionen von Jahren geschehen werden, alle sind in den Sphären Seines Wissens enthalten. Die ausführlichsten Versuche, Sein Wissen zu interpretieren, sind daher dazu verurteilt zu scheitern.

Um den weitreichenden Umfang seines Wissens zu verstehen, dehnen wir die Grenzen unserer Gedankenwelt, wenden wir unsere Intelligenz auf Überlegungen an, doch unserem mentalen Apparat mangelt es an den erforderlichen Fertigkeiten, um solch ein Ziel zu erreichen.

Würden wir in der gleichen Weise existieren, d. h. wären wir an bestimmten Orten zu bestimmten Zeiten, so dass kein Raum frei von unserer Präsenz wäre, nichts würde uns verborgen bleiben, und uns wäre alles bewusst.

Für uns ist die Welt in zwei Sektoren aufgeteilt: Die Manifestierte und die Verborgene. Die Dinge sind in dem Sinne verborgen, als dass gewisse Wahrheiten, die unendlich und nichtmaterieller Natur sind, von unseren Sinnen nicht wahrnehmbar sind. Es ist wichtig, zu wissen, dass die Gesamtheit des Seins nicht aus

Materie besteht, die innerhalb der Reichweite der Naturwissenschaften liegt.

Um die Geheimnisse und Mysterien der Schöpfung zu verstehen, brauchen wir eine Startplattform. Die Höhe, die wir zu erreichen fähig sind, hängt von unserer intellektuellen Kraft, die uns zur Verfügung steht, sowie von der Tiefe unseres Verständnisses ab, welche unseren Anstieg antreibt. Haben wir erst einmal eine geeignete Plattform gefunden, viele Realitäten werden uns bewusst werden.

———

Durch den Gebrauch des Wortes „ghayb" (das arabische Wort für „verborgen"), zeigt der noble Koran dem Menschen eine deutliche Sicht der Realität auf. Die Boten Gottes haben ebenfalls danach gestrebt, das Bewusstsein des Menschen über das geschaffene Universum auf eine Ebene anzuheben, welches das Unendliche ebenso wie das Endliche umfasst und die Grenzen des Ungesehenen ebenso wie die Dimensionen der Manifestierten Dinge einschließt.

Denn für Gott existiert das „Verborgene" nicht, für Ihn ist das Universum völlig „manifestiert". Der Koran sagt: „Er ist Gott, außer Ihm gibt es keinen Gott, der Wisser des Ungesehenen und des Sichtbaren. Er ist der Gnädige, der Barmherzige." (Vgl. Koran: Sure 59, Vers 22)

Was immer der Mensch erschafft, wird durch die Fertigkeit, der Intelligenz und dem Wissen des jeweiligen Machers hervorgerufen. Je subtiler und verfeinerter das Produkt, umso klarer wird dadurch das tiefgründige und umfangreiche Wissen seines Machers präsentiert und umso deutlicher wird dadurch seine Fähigkeit zu Planen und zu kreieren bewiesen.

Das menschliche Wirken ist in keiner Weise mit den Mysterien und der Pracht der Schöpfung vergleichbar. Dennoch legt es uns nahe, dass das harmonisch geordnete Programm des Universums und die manifestierte Intelligenz in diesen weiten, schönen und erstaunlichen Mustern der Schöpfung notwendigerweise ein Indikator dafür ist, dass derjenige, der all dies plante und es mit Ordnung belegte, grenzenloses und umfassendes Wissen besitzen muss. Die Ordnung des Universums ist der stärkste Beweis für die Existenz eines Seins, das vor lauter Wissen, Willenskraft, Bewusstsein und Weisheit überläuft und welches die Wunder der Schöpfung nach einem präzisen, wohl kalkulierten Plan entworfen hat. Die Zeichen Seines unendlichen Wissens sieht man in jedem Partikel eines jeden Phänomens.

Die Experimente und die Theorien der Wissenschaftler stellen von dem grenzenlosen Wissen Gottes und Seinen unzähligen Manifestationen bei Insekten, Tieren und im Pflanzenreich Beweise bereit.

Gott weiß von den Bahnen, welche die Sterne im Raum nehmen, von der Tumult erfüllten Welt der Nebel und Rotationen der Galaxien, von allen Dingen, begonnen bei der Vor-Ewigkeit bis hin zur Post-Ewigkeit, von der Gesamtheit der Atome in allen himmlischen Körpern, von den Bewegungen der Billionen von Lebewesen, ob klein oder groß, die auf der Erde leben und in den Tiefen der Ozeane schwimmen, von den Normen und Gesetzen, die, ohne zu versagen, die Natur regulieren, und Er weiß von den verborgenen und manifestierten Aspekten aller Dinge. Er weiß sogar mehr von der Perplexität des Verzweifelten als dieser selbst es je erkennen kann.

Dazu sagt der Koran: „Kennt denn der nicht, der erschaffen hat? Er ist scharfsinnig, allwissend." (Vgl.

Koran: Sure 67, Vers 14) und „Nichts ist verborgen vor Gott, weder auf Erden noch im Himmel." (Vgl. Koran: Sure 3, Vers 5)

Naturwissenschaftler sind besser als andere mit den subtilen und präzisen Mysterien bewandert, die in jedem Partikel der Schöpfung implantiert sind. Dies ist so, aufgrund ihrer Studien und ihrer Forschung der zahlreichen Kalkulationen, die in den Dingen eingebaut sind, seien sie nun leblos oder lebendig, in Zellen wie in Tropfen, der vielen Formen, der Aktionen und Reaktionen, die innerlich und äußerlich geschehen und der Wirkungen von zahlreichen Materialien und Substanzen. So werden sie Zeuge der Zeichen, die von Gottes erstaunlicher Weisheit und unendlichem Wissen in der Natur oder wie der Koran es sagt, „(...) überall auf Erden (...)." (Vgl. Koran: Sure 41, Vers 53) hinweisen. Mehr als andere sind die Wissenschaftler den Manifestationen der Attribute und der Perfektion Gottes ausgesetzt, sein grenzenloses Wissen eingeschlossen. Und wenn sie den Ruf ihres Bewusstseins nicht zurückweisen, werden sie ebenso die Existenz eines Schöpfers klar wahrnehmen.

Ein bestimmter Denker sagte einmal: „Unsere Welt ähnelt eher einer großen Idee als einer großen Maschine. Theoretisch oder als wissenschaftliche Definition kann man sagen, dass die Welt ein Produkt einer großen Idee ist, die Manifestation eines Gedankens und ein Einfall, der uns überlegen ist. Wissenschaftliches Gedankengut scheint sich in diese Richtung zu bewegen."

Gottes Wissen ist nicht auf Dinge der Vergangenheit oder auf Ereignisse und Objekte der Gegenwart beschränkt.

Gottes Wissen ist sozusagen „unmittelbar" im umfassendsten Sinne des Wortes. Das Vorhandensein eines Objektes des Wissens ist gar nicht erst erforderlich, mit welchem sich Sein Wissen verbinden müsste. Alle Dinge sind vor Ihm unverschleiert, denn zeitgleich mit dem Umstand, dass Seine heilige Essenz völlig verschieden ist von allen anderen Kreaturen und Phänomenen, ist sie dennoch nicht von ihnen getrennt: Alle Dinge, seien sie vergangen, gegenwärtig oder zukünftig sind vor Ihm unmittelbar präsent.

Ali (Friede sei mit ihm), der Führer der Gläubigen, sagte: „Er weiß alle Dinge, aber nicht durch Mittel und Werkzeuge, denn ihre Abwesenheit würde einen Wegfall mit sich bringen. Es gibt keine hinzuaddierte Entität, die „Wissen" heißt, die zwischen Ihm und den Objekten, von denen Er weiß, eingreift. Da ist nichts außer Seiner Essenz allein."[35]

Hier spricht Ali (Friede sei mit ihm) das theologische Prinzip von Gottes Bewusstsein an, welches direkt und unmittelbar ist. Für Sein Wissen von den Phänomenen braucht Gott die mentalen Begrifflichkeiten nicht, welche die Basis für das erworbene Wissen bilden. Würde Er auf diese Weise zu Seinem Wissen gelangen, es würde ein Bedarf in Ihm entstehen, wo Er doch völlig frei von jeglichem Bedarf ist.

Ist es vorstellbar, dass der Eine selbst gefangen sein könnte in irgendeiner Form der Bedürftigkeit, wo doch durch Ihn die Existenz der Welt und der Dinge hervorkommt, der in der Lage ist, jeglichem Bedürfnis zu entsprechen, der alle Perfektion und Gaben verteilt?

---

[35] Saduq, „Tauhid"

Abstrakte Begrifflichkeiten bleiben nur solange in unserem Kopf, wie wir es wünschen, sie verschwinden, sobald wir unsere Aufmerksamkeit von ihnen abwenden, denn sie sind von uns gestaltet und erschaffen. Diese Art des Wissens ist nicht direkt und unmittelbar und sie werden daher auch als „erworbenes Wissen" bezeichnet, im Gegensatz zum „unmittelbaren Wissen", das keines Mittels bedarf.

Der Unterschied zwischen uns, die wir unsere eigenen mentalen Formen haben und dem Schöpfer, der alles Sein hervorbrachte, liegt darin, dass wir Ihm unsere eigene Existenz verdanken und Ihn daher brauchen, Er dagegen, der wirkliche Entwerfer und Erwecker aller Dinge, ist frei von jeglichem Bedarf und braucht nicht das Erkennen zu üben, um zu Wissen zu gelangen.

Die Skizzierung von vergangenen und zukünftigen Ereignissen, die am Horizont unseres Seins und unserer Gedanken stattfinden, ist unvermeidlich limitiert, da wir einen gegebenen Raum zu einer gegebenen Zeit beanspruchen, ohne den wir nicht existieren können. Wir sind materielle Phänomene und Materie braucht nach den Gesetzen der Physik und der Relativität Zeit und Raum, in denen sie sich graduell und kontinuierlich verändert und entwickelt. Vergangenheit und Zukunft haben für eine Existenz keine Bedeutung, wenn sie von der Vor-Ewigkeit bis zur Post-Ewigkeit - an allen Orten und zu jeder Zeit, frei von der Gefangenschaft der Materie und ihren Konsequenzen - besteht.

Da jedes Phänomen in seinem Ursprung und in seinem Sein von der unendlichen Existenz des Schöpfers abhängt, kann kein Schleier bzw. keine Barriere zwischen dem Schöpfer und dem Phänomen angenommen werden. Gott umfasst die inneren und äußeren Dimensionen und ist darüber völlig omnipotent.

Jemand fragte einmal Ali (Friede sei mit ihm), den Führer der Gläubigen: „Wo ist Gott?"

Ali antwortete: „Es ist nicht korrekt zu fragen, wo Gott ist, denn es ist Gott, der den Raum schuf. Noch ist es korrekt zu fragen, wie Gott ist, von welcher Natur Er ist, denn Er ist derjenige, der alle Natur erschuf. Desweiteren ist es nicht korrekt zu fragen, was Gott ist, denn es ist Gott der jegliches Wesen erschuf.

Glorifiziert möge Gott, der Allmächtige, sein, in dessen Wogen der Pracht, die Weisen nicht zu schwimmen vermögen. Das Gedenken an Seine Ewigkeit hält jeden Gedanken in seiner Bahn an und in dessen weiten Himmeln der Heiligkeit verliert der Intellekt seinen Weg!"[36]

Der Koran sagt: „(...) Und Er weiß, was auf dem Lande ist und was im Meer. Und nicht ein Blatt fällt nieder, ohne dass Er es weiß; und kein Körnchen ist in der Erde Dunkel und nichts Grünes und nichts Dürres, das nicht in einem deutlichen Buch wäre." (Vgl. Koran: Sure 6, Vers 59)

Lasst uns vorstellen, wir wären in einem Raum, aus dessen Fenster wir auf einen Teil einer Straße schauen könnten, in der viele Autos langsam vorbei fahren. Natürlich können wir nicht alle Autos auf einmal sehen, wir sehen, wie sie an dem Fenster nacheinander vorbeifahren und dann verschwinden sie auch schon wieder aus unserem Blickfeld. Wenn wir nichts über Autos wüssten, könnten wir annehmen, dass sie

---

[36] „Bihar Al-Anwar", Band III

langsam auf der einen Seite des Fensters entstehen und auf der anderen Seite wieder aufhören zu existieren.

Dieses beschränkte Blickfeld korrespondiert genau zu unserem Bereich des Sehvermögens. Es bestimmt eine Vergangenheit und eine Zukunft für die Autos. Jene, die auf dem Bürgersteig stehen, sehen wie alle Autos hintereinander weiterfahren.

Unsere Situation über die Vergangenheit und der Zukunft der Welt gleicht der Person, welche die Autos durch das Fenster betrachtet.

Wenn wir erst einmal realisieren, dass Gott über Zeit und Raum steht, verstehen wir, dass alle vergangenen und zukünftigen Ereignisse vor Gott immer präsent und existent sind, gleich einem Bild.

Wir sollten daher, um ein Verständnis der Verantwortung, die wir Gott gegenüber haben, der sich der geringfügigsten Handlung Seiner Schöpfung bewusst ist – der Koran sagt: „(…) und Gott weiß wohl, was ihr tut." (Vgl. Koran: Sure 2, Vers283) – Sünden und Fehler vermeiden, die verursachen, dass wir uns von Ihm entfernen. Wir sollten Gott anbeten, Ihn, den Besitzer von absolutem Wissen, der es verursachte, dass wir die verschiedenen Stadien durchqueren und nun die Fähigkeiten besitzen, die wir jetzt haben. Wir sollten Seinen Geboten gegenüber keinen Ungehorsam zeigen, da sie uns den Pfad zu wirklichem Glück und zum ultimativen Zweck des Menschen öffnen. Und wir sollten kein anderes Ziel akzeptieren als Ihn.

Um Gott zu erreichen, müssen wir uns mit göttlichen Attributen schmücken und uns bei unserem kurzen Aufenthalt in dieser Welt darauf vorbereiten, dass wir Ihn treffen werden. Denn wir werden zu Ihm zurückkehren, die Quelle, der Ursprung und der Beginn unserer Existenz. Dies verlangt von uns Handlungen und Anstrengungen, die darauf zielen, uns zu veredeln. In diesem Sinne, der Verantwortung gemäß zu handeln, denn sie wurde uns mit göttlichem Vertrauen auf unsere Schulter gelegt.

L14 – Meinungen über Gottes Gerechtigkeit

Das Problem der Gerechtigkeit als ein Attribut Gottes hat seine eigene Geschichte. Verschiedene Denkschulen des Islams haben unterschiedliche Meinungen zu diesem Thema vertreten, diese nach ihren jeweiligen Prinzipien interpretierend.

Manche Sunniten, die den Ansichten des Theologen Abu`l-Hasan Ash`aris folgen, glauben nicht an Gottes Gerechtigkeit als Teil ihres Glaubens und sie verneinen, dass die Gerechtigkeit durch göttliches Handeln vollendet wird.

Ihrer Ansicht nach behandelt Gott eine bestimmte Person unabhängig von dem, was sie scheinbar verdient hätte. Und welche Strafe oder welche Belohnung Er ihr auch immer gibt, Sein Urteil repräsentiert Gerechtigkeit und das absolut Gute, selbst wenn es nach menschlichen Standards als ungerecht erscheinen könnte.

Die Anhänger Ash`aris entnehmen Gottes Attribut der Gerechtigkeit Seinem Handeln und erachten daher all das für gerecht, was auf Gott zurück geführt werden kann. Wenn Er die Tugendhaften belohnt und die Sündigen bestraft, so ist dies gerecht, aber das Gegenteil davon wäre ebenfalls gerecht, denn es wäre immer noch Teil der weiten Sphäre Seiner Gerechtigkeit.

Hinter dem Anspruch, die Termini „Gerecht" und „Ungerecht" wären bedeutungslos, sobald sie auf Gott angewandt werden, steckt ohne Zweifel die Intention, Gottes heilige Essenz auf die höchste Position der Transzendenz zu heben. Aber keine nachdenkliche Person wird diese oberflächliche, inadäquate Vorstellung mit Gottes Transzendenz verbinden können. Tatsächlich involviert eine solche Haltung das Verneinen von Ordnung in der Welt und die Leugnung des Prinzips der Kausalität, sowohl in der generellen Ordnung der Welt als auch im Verhalten und in den Taten des einzelnen Menschen.

Die Anhänger Ash`aris glauben auch, dass die strahlende Lampe des Intellektes erlischt, sobald sie mit den Auffassungen und Problemen der Religion konfrontiert wird, und dass der Intellekt nicht in der Lage ist, dem Menschen seinen Weg zu erhellen.

Diese Behauptung ist weder mit den Lehren des Koran noch mit den Inhalten der Sunnah konform. Der Koran sieht im Intellekt das Potential der Fehlleitung und ruft den Menschen mehrmals dazu auf, zu reflektieren und zu meditieren, um göttliches und religiöses Wissen zu erlernen. Jene, die daran scheitern, von dieser strahlenden Lampe in ihrem Innersten zu profitieren, werden mit Tieren verglichen. Der Koran sagt: „Die schlimmsten Lebewesen vor Gott sind die Taubstummen, die nicht begreifen." (Vgl. Koran: Sure 8, Vers 22)

Der Prophet des Islams (Friede sei mit ihm und seiner Familie) sagte: „Gott hat dem Menschen zwei Führer gegeben. Die einen sind außerhalb von ihm, die Gesandten Gottes und der andere ist in ihm selbst, seine eigene Macht zu denken."

Die Mutazititen und die Shia stehen der Haltung der Ash`aris und seiner Denkschule oppositionell gegenüber. Von all den Attributen Gottes haben sie das Prinzip der Gerechtigkeit als Glaubensbekenntnis gewählt. Sich auf überlieferte und rationale Beweise verlassend, haben sie die Doktrinen der nicht vermittelbaren Wirkungen des göttlichen Schicksals und der Vorherbestimmung der menschlichen Handlungen als unvereinbar mit dem Prinzip der Gerechtigkeit zurückgewiesen und widerlegt.

Sie glauben, dass Gerechtigkeit die Basis für Gottes handeln ist, sowohl beim Ordnen des Universums als auch bei dem Etablieren von Gesetzen. So wie menschliche Taten an Kriterien wie gut oder schlecht gemessen werden können, so ist auch Gottes Handeln demselben Kriterium unterworfen. Der Verstand stellt folgerichtig fest, dass Gerechtigkeit im inhärenten Sinne lobenswert ist und Ungerechtigkeit im inhärenten Sinne verwerflich Daher wird ein Objekt der Anbetung, dessen Charakteristika unendliche Intelligenz und Geist beinhaltet, niemals etwas unternehmen, was die Vernunft für unzulässig halten würde.

Wenn wir sagen, Gott ist gerecht, so bedeutet dies, das Seine allwissende, kreative Essenz nichts tut, was sich gegenüber Weisheit und Nutzen konträr verhält. Das Konzept der Weisheit, auf den Schöpfer angewandt, bedeutet nicht, dass Er die besten Mittel wählt, um Seine Ziele zu erreichen oder Seine Mängel zu beheben, denn nur der Mensch ist einberufen sich vom Mangel hin zur Perfektion zu bewegen. Gottes Anliegen ist es, Existenzformen aus dem Mangel hervorzubringen und sie zur Perfektion zu bringen und zu den Zielen, die in ihren Essenzen inhärent sind. Gottes Weisheit besteht daraus, dass Er erst eine Form nach Seinem Gefallen in jedes Phänomen implantiert und dann, nachdem Er ihm Sein erwiesen hat, bringt Er sie dazu, sich bis zur Perfektion seiner Kapazitäten zu vollenden, und auch dies geschieht nur durch das weitere Ausüben Seiner Großzügigkeit.

Gerechtigkeit hat dann eine sehr weitreichende Bedeutung, die natürlich die Vermeidung von

Unterdrückung und aller törichter Handlungen mit einschließt. Imam Jaafar Sadiq (Friede sei mit ihm) sagt in seiner Erläuterung von Gottes Gerechtigkeit: „Gerechtigkeit in Bezug auf Gott selbst bedeutet, dass du Gott nichts zuschreibst. Tust du dies doch, so würde dies bewirken, dass du dafür verantwortlich gemacht wirst und dir dafür Vorwürfe gemacht werden."[37]

Die Unterdrückung Anderer, und alle Formen der korrupten Aktivitäten, in denen sich der Mensch verwickelt, kommen zweifelsohne von der Ignoranz und dem Mangel an Bewusstsein, und sie sind an dem Bedarf einer innewohnenden Niedrigkeit gekoppelt. Manchmal ist es auch der Widerschein von Hass und Feindschaft, die aus dem Innersten des Menschen hervorspringen wie ein Funke.

Es gibt zahlreiche Leute, die von ihrer eigenen Unterdrückung und Korruption angeekelt sind. Nichtsdestotrotz sind sie sich durch ihre Ignoranz über das Endergebnis ihrer Taten nicht im Klaren. So fahren sie fort, unrecht zu tun und verunreinigen sich selbst mit allerlei beschämenden und korrupten Werken.

Manchmal fühlt der Mensch, dass er irgendetwas braucht, wofür ihn aber die Ressourcen und das Können fehlen. Das ist die Wurzel von vielem Übel. Das Gefühl des Brauchens, des Hungers, der Gier, das vorherrschende Verlangen des Menschen zu dominieren und zu schaden – all dies sind Faktoren, die zu aggressivem Verhalten führen.

---

[37] „Kifayat Al-Muwahhidin", Band I

Unter deren Einfluss verliert der Mensch die Zügel der Selbstkontrolle. Er konzentriert all seine Bemühungen darauf, seine Wünsche zu erfüllen und verletzt dabei ethische Einschränkungen. Er beginnt die Kehlen der Unterdrückten zu quetschen.

Die einzigartige Essenz Gottes, das unendliche Sein, ist frei von all solchen Tendenzen und Einschränkungen, denn nichts ist vor Seinem schrankenlosen Wissen verborgen und es ist unvorstellbar, dass Er ohnmächtig gegenüber irgendetwas wäre. Er ist der Vor-Ewige, Einer, dessen ewige Strahlen allen Dingen Leben und Nahrung schenken und der ihre Bewegungen, ihre Vielfalt und ihre Entwicklung gewährleistet.

Eine zarte Essenz, die alle Grade der Perfektion erfasst, braucht selbst nichts, als dass die Abwesenheit eines Bedarfs, wenn sie einen Wunsch danach hat, Besorgnis in Ihr erregen könnte. Seine Macht und Seine Fähigkeit sind ohne jeden Zweifel grenzenlos und erleiden keine Ermangelung, als dass Er womöglich von Seinem Pfad der Gerechtigkeit abweichen könnte und gegenüber jemand eine Übertretung machen könnte oder Vergeltung üben könnte oder etwas Unangemessenes, Krankhaftes unternehmen könnte.

Keine der Motivationen für Ungerechtigkeit kann in Gott gefunden werden und tatsächlich, das ganze Konzept der Unterdrückung und der Ungerechtigkeit sind auf ein Sein nicht anwendbar, dessen Großzügigkeit und Barmherzigkeit alle Dinge umfasst und die Heiligkeit Seiner Essenz ist in der ganzen Schöpfung klar manifestiert.

Der Koran verneint im Zusammenhang mit Gott die Idee der Ungerechtigkeit mehrmals. Im Hinblick auf Seine Heiligkeit liegen Ihm alle unwürdigen Handlungen völlig fern. Er sagt: „Wahrlich, Gott fügt den Menschen kein Unrecht zu, die Menschen aber begehen Unrecht an ihren eigenen Seelen." (Vgl. Koran: Sure 10, Vers 44)

In diesem Vers distanziert sich Gott von der Vorstellung der Ungerechtigkeit - die auch dem Menschen zuwider ist - und führt sie auf den Menschen zurück.

Wie wäre es möglich, dass Gott den Menschen dazu aufruft Gerechtigkeit und Fairness zu etablieren, während Er selbst Seine Hände mit nicht rechtschaffenen Werken befleckt? Der Koran sagt: „Gott gebietet Gerechtigkeit und uneigennützig Gutes zu tun und zu spenden an den Verwandten; und Er verbietet das Schändliche, das offenbar Schlechte und die Übertretung. Er ermahnt euch, auf dass ihr es beherzigt." (Vgl. Koran: Sure 16, Vers 90)

Der Islam schätzt die Gerechtigkeit so sehr, dass wenn eine Gruppe von dem Pfad der Gerechtigkeit abweichen will und sich mit der Unterdrückung zu beschäftigen beginnt, es gilt, diese Gruppe zu bekämpfen, selbst wenn das einen Krieg mit sich bringen würde. Das ist der Befehl des Korans: „Wenn zwei Parteien der Gläubigen miteinander streiten, dann stiftet Frieden unter ihnen; wenn aber eine von ihnen sich gegen die andere vergeht, so bekämpft die Partei, die sich verging, bis sie zu Gottes Befehl zurückkehrt. Kehrt sie zurück, dann stiftet Frieden zwischen ihnen nach Gerechtigkeit, und handelt billig. Wahrlich, Gott liebt die billig Handelnden." (Vgl. Koran: Sure 49, Vers 9)

Ein interessanter Punkt, der in diesem Vers angesprochen wird, ist, dass der Vermittler streng unterwiesen wird bei der Aussöhnung sicher zu stellen, dass der Streit mit Gerechtigkeit beigelegt wird, ohne dabei dem Aggressor Nachsicht zu zeigen. Es kann in manchen Fällen passieren, dass ein Krieg mit aggressiver Absicht begonnen wurde und ein Vermittler versucht den Disput zu schlichten, indem er auf Nachsicht besteht und Fehler übersieht, was dazu führt, dass eine Partei zum Vorteil der anderen auf gewisse Forderungen verzichtet. Diese nachsichtige Herangehensweise, auch wenn sie an sich legitim ist, kann den aggressiven Geist derer, die durch den begonnenen Krieg Vorteile gewonnen haben, noch verstärken. Es ist in der Tat üblich, dem Aggressor in solchen Fällen entgegen zu kommen, indem man ihm Zugeständnisse macht.

Auch wenn der freiwillige Verzicht eines Anspruchs an sich eine wünschenswerte Tat ist, kann es unter solchen Umständen eine nicht wünschenswerte Wirkung auf die Mentalität des Aggressors haben. Das Ziel des Islams ist, Gewalt und Ungerechtigkeit aus der islamischen Gesellschaft zu entfernen und seinen Bürgern deutlich zu machen, dass durch Gewalt und Ungerechtigkeit nichts Gewonnen werden kann.

———

Wenn wir auf die Ordnung der Schöpfung schauen, so sehen wir, dass ein gewaltiges und umfassendes Gleichgewicht in allen physikalischen Phänomenen vorherrscht. Dies wird in der Regelmäßigkeit der Atome offensichtlich, der Schnelligkeit der Elektronen, der Rotationen der Planeten und der Bewegung aller Körper. Dies ist in den mineralischen und organischen Bereichen sichtbar, in den präzisen Beziehungen, die selbst unter den Organen der lebenden Existenzformen bestehen, in der Balance der einzelnen Komponenten des Atoms, und wird auch im Gleichgewicht der ausgedehnten himmlischen Körper und deren fein kalkulierten Anziehungskräften deutlich. All diese Formen der

Ausgewogenheit und des Gleichgewichts, zusammen mit den anderen präzisen Gesetzen, welche die Wissenschaft immer noch versucht zu entdecken, bezeugen die Existenz einer unleugbaren Ordnung im Universum, die durch mathematische Gleichungen belegt wird.

Unser wahrheitsliebender Prophet hat die universelle Gerechtigkeit und das umfassende Gleichgewicht – der Fakt, dass nichts Irregulär und fehl am Platz ist – in dieser präzisen und eloquenten Erklärung ausgedrückt: „Es ist wirkliches Gleichgewicht und Symmetrie, welche die Erde und die Himmel bewahren."

Der Koran führt folgende Worte auf Moses zurück (Friede sei mit ihm und unserem Propheten): „Er (Moses) sprach: Unser Herr ist der, der jedem Ding seine Gestalt gab (und es) dann leitete." (Vgl. Koran: Sure 20, Vers 50)

In diesem kurzen Satz legt Moses dem Pharao die Art und Weise dar, wie die Welt mit ihrer Ordnung und Schönheit geschaffen wurde, die auch zu den Zeichen Gottes zählen. Moses Ziel war es, Pharao vor fehlerhaften Gedanken zu retten und ihm zu helfen, die gerechte und göttliche Ordnung im Universum wahrzunehmen.

Eine der Normen, die unausweichlich über die Natur regieren ist daher die Ordnung und die Gerechtigkeit. Und alle Dinge, die diesen Normen und Gesetzen untergeordnet sind, befinden sich im Prozess der Evolution hin zur Perfektion, jedes auf seine spezifische Art und Weise. Jede Abweichung von diesem universellen Muster der Ordnung und die Beziehungen, die darauf gründen, würden zu einem Chaos und einer Verwirrung führen.

Wenn eine Ungleichmäßigkeit in der Natur auftaucht, so reagieren die Phänomene selbst, und innere oder äußere Faktoren kommen hervor, die gebraucht werden, um auf dem Pfad der Vollendung weiter machen zu können und um die Barrieren der Entwicklung zu beseitigen und erneut die Ordnung zu etablieren.

Wenn der Körper durch Mikroben und andere Faktoren der Krankheit attackiert wird, beginnen die weißen Blutkörperchen diese zu neutralisieren in Übereinstimmung mit der unausweichlichen Norm. Welche Medizin auch verschrieben wird, sie ist ein externer Faktor, der den weißen Blutkörperchen bei ihrer Aufgabe der Neutralisierung und Wiederherstellung des Gleichgewichts im Körper versucht zu unterstützen.

Es ist letztlich unmöglich, dass ein Gott, dessen Liebe unbegrenzt ist, und der Seinen Dienern uneingeschränkt Sein Wohlwollen gewährt, auch nur die geringste ungerechte und unangebrachte Tat ausführen würde. Der Koran erklärt: „Gott ist es, der die Erde für euch zu einer Ruhestätte geschaffen hat und den Himmel zu einem Zeltdach (gemacht hat) und der euch Gestalt gegeben und eure Gestalten vollkommen gemacht hat und euch mit guten Dingen versorgt hat. Das ist Gott, euer Herr. Segensreich ist drum Gott, der Herr der Welten." (Vgl. Koran: Sure 40, Vers 64)

L15 – Eine Analyse von Pech und Not

Die Frage von Gottes Gerechtigkeit betrifft bestimmte Probleme, wie die Existenz von Katastrophen, Verluste und Übel in der natürlichen Ordnung und Ungleichheiten in der sozialen Ordnung. Diese Frage löst faktisch gleich einen ganzen Sturm von Einwänden in den Köpfen von vielen Menschen aus. Die Probleme, mit denen sie konfrontiert werden, sind so fundamental, dass das, was mit Zweifeln und Zurückhaltung beginnt, letztlich in einem unlösbaren Komplex endet.

Solche Leute fragen sich, wie es in einer Welt, die auf der Basis von Intelligenz und Weisheit erschaffen wurde, möglich ist, dass so viel Leid, Schmerz und Übel vorherrschen, dass diese Welt ständig aufeinanderfolgenden Härten und Krisen unterworfen ist, verbunden mit Verlusten und Mängeln aller Art.

Warum ist es so, dass in verschiedenen Teilen der Erde fürchterliche und überwältigende Ereignisse die Menschheit ergreifen, was zu unsagbaren Katastrophen und Zerstörungen führt? Warum ist die eine Person hässlich und die andere schön, die eine gesund und die andere krank? Warum sind nicht alle Menschen gleich geschaffen und deutet nicht ihre Ungleichheit auf eine Abwesenheit der Gerechtigkeit im Universum hin?

Gerechtigkeit in der Ordnung der Dinge hängt von dem Frei-Sein von Unterdrückung, Diskriminierung und Katastrophen ab oder zeigt sich in der Abwesenheit von Defekten, Krankheiten und Armut. Dies allein würde in Perfektion und Gerechtigkeit resultieren.

———

Wir müssen beginnen zu verstehen, dass unsere Bewertung der Angelegenheiten des Universums uns nicht erlauben in die ultimativen Tiefen der Phänomene vorzudringen. Sie ist inadäquat für die Analyse des Sinns der Dinge.

Unser erstes Verständnis der unangenehmen Ereignisse und Katastrophen ist oberflächlich. Wir sind nicht bereit irgendeine Wahrheit anzuerkennen, die über diesem ersten Eindruck hinaus geht. Wir können nicht, am Beginn die endgültigen Ziele dieser Ereignisse sehen, und wir erachten diese daher als Zeichen der Ungerechtigkeit. Unsere Gefühle werden erregt und führen uns zu unlogischen Analysen.

Aber wenn wir tiefgründiger reflektieren, sehen wir, dass diese einseitige Evaluation der Ereignisse, die wir als ungerecht abstempeln von unserem Interesse stammt oder von Menschen, zu denen wir direkt oder indirekt in Beziehung stehen: Das sind unsere Kriterien und unserer Maßstab. Was unsere Interessen sichert ist gut und was immer uns verletzt ist schlecht. Mit anderen Worten, unser Urteil von gut und schlecht basiert auf einer kurzsichtigen Wahrnehmung, einem beschränkten Gedankenhorizont und was die Normen der Schöpfung anbelangt, einem Mangel an präzisem Wissen.

Ist unsere Existenz die einzige Angelegenheit, die in jedem Vorkommnis verwickelt ist? Können wir unseren Gewinn oder Verlust zu einem Kriterium für Gut und Böse machen? Unsere materielle Welt ist ständig beschäftigt Veränderungen zu produzieren. Ereignisse, die heute nicht existiert haben, werden morgen auftreten. Manche Dinge werden verschwinden andere werden ihren Platz einnehmen.

Es ist offensichtlich, dass jenes, was heute für einige Leute von Vorteil ist, morgen nicht mehr existieren wird. Aber für uns, die wir Menschen sind und an unserer Existenz hängen und an den Dingen der Welt, ist die Anschaffung von Dingen gut und das Verlieren dieser schlecht. Aber trotz des Festhaltens des Menschen, bringt die sich verändernde Natur der Welt ständig neue Phänomene hervor. Wenn die Welt die Möglichkeit der Veränderung nicht haben würde, Phänomene würden nicht existieren, und dann käme es nicht mehr zu der Frage von gut und böse.

In solch einer hypothetischen, unveränderlichen Welt gäbe es weder Verlust und Mangel noch Wachstum und Entwicklung, keinen Kontrast oder Differenzierung, keine Abwechslung oder Vielfalt, keine Zusammenschlüsse oder Bewegung. In einer Welt ohne Mangel oder Verlust, gäbe es auch keine menschlichen, moralischen oder sozialen Kriterien, Grenzen oder Gesetze. Entwicklung und Veränderung sind das Ergebnis der Bewegung und der Rotation der Planten. Wenn sie aufhören würden zu sein, gäbe es keine Erde mehr, keinen Mond und keine Sonne, keinen Tag, keinen Monat und kein Jahr.

———

Eine einigermaßen ausführliche Sicht der Welt würde uns erlauben zu verstehen, dass all das, was heute oder in der Zukunft für uns schädlich sein könnte, von Vorteil für andere ist. Die Welt bewegt sich als Ganzes in die Richtung, die ihr ein allgemeiner Zweck des Seins diktiert und zwar zu ihrem eigenen Vorteil. Individuen können durch diesen Prozess Schaden nehmen und es kann sogar sein, dass selbst ein großer Teil der Menschheit davon keinen Nutzen hat.

Wäre es uns möglich, tief genug in den Ozean des Wissens einzutauchen und die Seiten jenes Buches, welches reich an Mysterien ist, mit unseren Fingern des Verständnisses zu durchblättern, der endgültige Zweck und das Ergebnis all dieser Ereignisse und Phänomene würde uns offenbart werden. Unsere Kraft zu urteilen ist jedoch nicht ausreichend und von umfassender Natur, um mit dem komplexen Netz umzugehen, mit welchem wir konfrontiert sind. Wir kennen weder die Kette der vorangegangenen Ursachen, die vorhandene Phänomene produziert haben, noch kennen wir die Kette der zukünftigen Wirkungen, die diese Phänomene produzieren werden.

Wäre es uns möglich, von einer weiten Ebene auf die Welt hinab zu schauen, in solch einer Weise, dass wir alle positiven und negativen Aspekte in Allem erkennen könnten, all die Mysterien, die in der Welt geschehen, wäre es uns möglich die Wirkungen und Ergebnisse jedes Ereignisses der Geschichte zu evaluieren, ob in der Vergangenheit, Gegenwart oder in der Zukunft liegend und alles was zwischen der Vor-Ewigkeit und der Post-Ewigkeit geschieht und geschehen wird, wenn uns all dies möglich wäre, wir wären vielleicht in der Lage zu sagen, dass der Schaden, der durch ein bestimmtes Ereignis passierte, seinen Nutzen überwiegte, und wir könnten ihn darum als Übel kennzeichnen.

Aber hat der Mensch denn so ein umfassendes Bewusstsein von den horizontalen und vertikalen Ketten der Kausalität? Kann er sich denn an die bewegte Achse der Welt begeben?

Da wir über so eine Fähigkeit nicht verfügen, weil wir nie in der Lage sein werden, eine solch unendliche Distanz zu überqueren, egal wie lange wir dahin schreiten, da wir nie den Schleier von all den Komplexitäten heben werden, ist es besser, wir nehmen vor einseitigen und voreiligen Urteilen Abstand, die auf unserer Kurzsichtigkeit basieren. Wir sollten erkennen, dass wir nicht unseren eigenen Vorteil zum einzigen Kriterium nehmen, um das gewaltige Universum zu beurteilen. Die relativen Beobachtungen, die wir im Rahmen unserer limitierten Daten machen, welche uns zur Verfügung stehen und die spezifischen Konditionen, denen wir unterworfen sind, können niemals ein Kriterium für ein sicheres Urteil sein.

Die Natur mag oft auf die Erfüllung eines bestimmten Ziels hinarbeiten, welches für den Menschen unvorstellbar ist, wenn man seine konventionellen Umstände bedenkt. Warum ist es nicht annehmbar, dass unangenehme Vorkommnisse das Ergebnis von Bemühungen sind, die darauf abzielen den Boden für neue Phänomene zu bereiten, die wiederum ein Instrument des Willens Gottes auf Erden sind? Es kann sein, dass die Umstände und die Konditionen einer Zeit solche Prozesse notwendig machen.

Wenn all die Veränderungen und Umbrüche, die uns Angst machen, nicht im gegebenen Plan und zu einem bestimmten Zeck stattfinden würden, würde sie sich über die Zeit ausbreiten, ohne positive oder konstruktive Ergebnisse zu erzeugen, es gäbe auf der Erde keine Spur von einem lebendigen Lebewesen, den Menschen eingeschlossen.

Warum sollten wir die Welt der Ungerechtigkeit anklagen, ihr Chaos und Instabilität nachsagend, bloß aufgrund einiger außergewöhnlicher Vorkommnisse und Phänomene in der Natur? Sollten wir eine ablehnende Haltung einnehmen, bloß wegen der vielen oder wenigen unangenehmen Seiten, die ganzen Manifestationen von Präzision und Weisheit vergessend, all die Wunder, die wir in der Welt und seinen Lebensformen sehen, die den Willen und die Intelligenz der gehobenen Existenz bezeugen?

Da der Mensch überall im Universum so viele Belege der vorausschauenden Planung hat, muss er zugeben, dass die Welt ein gezieltes Ganzes ist, ein Prozess, der sich in Richtung Vollendung bewegt. Jedes Phänomen in ihm ist seinem eigenen spezifischen Kriterium unterworfen und wenn ein Phänomen als unerklärlich oder als nicht gerechtfertigt erscheint, so ist die Kurzsichtigkeit des Menschen der Grund dafür. Der Mensch muss erkennen, dass er in seiner Endlichkeit die Fähigkeit nicht hat, die Ziele aller Phänomene und deren Inhalte zu verstehen. Es ist nicht die Schöpfung, die mit Defekten behaftet ist.

Unsere Einstellung zu den bitteren und unangenehmen Vorkommnissen dieser Welt ähnelt dem Urteil eines Wüstenbewohners, wenn er in eine Stadt kommt und große Bulldozer sieht, die alte Bauten niederreißen. Er hält das Niederreißen der Gebäude für eine törichte Tat der Zerstörung, aber ist es logisch, wenn er denkt, das Niederreißen sei ungeplant und zwecklos? Natürlich nicht, denn er sieht ja nur den Prozess der Zerstörung, nicht aber die Kalkulationen und die Pläne der Architekten und all der anderen, die involviert sind.

Wie ein bestimmter Wissenschaftler einmal sagte: „Unser Zustand ist gleich den Kindern, die einem Zirkus beim Zusammenpacken und Weiterfahren beobachten. Es ist notwendig für den Zirkus weiter zu ziehen und das Leben der Aufregung anderorts fortzusetzen. Doch diese kurzsichtigen Kinder sehen in dem Zusammenfalten der Zelte und dem Kommen und Gehen der Menschen samt ihren Tieren nichts anderes als die Auflösung und Beendigung des Zirkus."

218

Wenn wir etwas tiefer schauen und fantasievoll auf das Pech und die Katastrophen blicken, die den Menschen plagen und dies korrekt interpretieren, so werden wir anerkennen müssen, dass diese in Wirklichkeit ein Segen ist und kein Unglück. Ein Segen als Segen und ein Unglück als Unglück zu erkennen, hängt von der Reaktion des Menschen dem Geschehenen gegenüber ab. Ein einziges Ereignis kann von zwei verschiedenen Personen völlig verschieden erfahren werden.

Schicksalsschläge und Schmerz sind gleich einem Alarm, durch die der Mensch gewarnt wird seine Mängel und Fehler zu beheben, sie sind wie ein natürliches Immunsystem oder eine Art Regulationsmechanismus, der im Menschen inhärent ist.

Wenn Reichtum zu Genusssucht und Hemmungslosigkeit führt, so ist es ein Unglück und eine Katastrophe und wenn Armut und Entbehrung zu einer Verfeinerung und Entwicklung der menschlichen Seele führt, so sind sie ein Segen. Daher kann man Reichtum nicht im absoluten Sinne als Glückszustand bezeichnen noch Armut im absoluten Sinne als Unglück. Eine ähnliche Regel gilt für die natürlichen Begabungen, die der Mensch besitzt.

Nationen, die sich mit mancherlei feindlichen Kräften konfrontiert sehen und gezwungen sind für ihr Überleben zu kämpfen, werden dadurch gestärkt. Wenn wir Bemühung und Kampf als positives und konstruktives Bestreben halten, können wir die durch Not verursachte Entwicklung der inneren Ressourcen des Menschen nicht übersehen und wie er dadurch dazu gebracht wird, Fortschritte zu machen.

Leute, die nicht verpflichtet sind zu kämpfen und die in einer Umgebung leben, die frei von jeglichem Widerspruch ist, tauchen leichter in materiellen Wohlstand, Vergnügungen und in Begierden ein.

Wie oft passiert es, dass jemand absichtlich Schweren und Schmerz duldet, weil er ein höheres Ziel vor Augen hat! Wäre es nur der Schmerz und die Entbehrungen, das Ziel wäre womöglich nicht mehr so anstrebenswert. Ein gerader Weg, den man blind und mechanisch beschreitet ist nicht der Entwicklung und dem Wachstum dienlich. Und eine menschliche Bemühung, der man den bewussten Willen nahm, kann im Menschen keine fundamentale Veränderung produzieren.

Kampf und Widersprüche sind wie eine Geißel, die den Menschen vorwärts zwingen. Feste Objekte werden durch den Druck von wiederholten Schlägen zertrümmert, doch Menschen werden durch Schwernisse, die sie erdulden, geformt und gehärtet. Sie werfen sich selbst in den Ozean, um schwimmen zu lernen. Im Schmelzofen der Krise, tritt das Genie hervor.

Ungehinderte Genusssucht, die Liebe zu dieser Welt, hemmungslose Vergnügungen, Rücksichtslosigkeit gegenüber höheren Zielen – all dies sind Indikatoren der Irreleitung und des Mangels an Bewusstsein. Tatsächlich sind oft jene die fürchterlichsten Menschen, die inmitten von Luxus und Komfort aufgewachsen sind, die nie die Schweren des Lebens gespürt haben und die keine bitteren Tage neben den süßen erlebt haben: Ihre Sonne des Lebens geht im Wohlstand auf und auch darin wieder unter, unbemerkt von irgendeinem anderen.

Wenn man seinen Inklinationen folgt und an seinen eigenen Wünschen festhält, so ist das unvereinbar mit der Festigkeit und der Erhabenheit des Geistes nach

Sinnvollem zu streben und sich zu bemühen. Einerseits vergnügungssüchtig und korrupt zu sein und andererseits Willensstärke zu zeigen und zielgerichtet zu sein, repräsentieren im Menschen zwei widersprüchliche Inklinationen. Da keine Inklination unter Ausschluss der anderen verneint oder bejaht werden kann, muss man ständig den Wunsch nach Vergnügen reduzieren und die gegensätzliche Kraft in sich stärken.

Die in Luxus aufgewachsen sind und nie die bitteren und süßen Tage der Welt geschmeckt haben, die immer Wohlstand und nie Hunger erfahren haben – diese Menschen können den Geschmack guten Essens nicht so wertschätzen noch den Genuss am Leben als Solches. Und sie sind nicht in der Lage, das Gute zu schätzen. Die Vergnügungen des Lebens sind nur von denen wirklich genießbar, die Entbehrungen durchgemacht haben und Fehlschläge erlitten haben, welche die Eigenschaft besitzen, schwere Krisen zu meistern und Not zu ertragen, die bei jedem Schritt auf dem Weg eines jeden Menschen liegen.

Materielle und spirituelle Leichtigkeit werden dem Menschen wertvoll, nachdem er die Höhen und Tiefen und auch den Druck der unangenehmen Vorfälle durchlebt hat.

Ist der Mensch erst einmal mit dem materiellen Leben beschäftigt, sind alle Dimensionen seiner Existenz in Ketten gelegt und es verlieren sich seine Ziele und er wird träge. Unweigerlich wird er auch sein ewiges Leben vernachlässigen und seine innere Reinigung. Solange die Begierde ihren Schatten auf seine Existenz wirft und seine Seele in der Dunkelheit gefangen ist, wird er gleich einem Fleck sein, der von den Wellen der Materie umher geschleudert wird. Er wird überall Zuflucht suchen nur nicht bei Gott. Er braucht daher etwas, was ihn aufrüttelt und in seinen Gedanken eine Reife herbeiführt, ihn auf diese Weise an die Vergänglichkeit dieser flüchtigen Welt erinnernd. Er braucht jemand, der ihm dabei hilft, an das endgültige Ziel aller himmlischen Lehren zu gelangen: Das Frei-Sein der Seele von allen Hindernissen und Lasten, die den Menschen davon abhalten, hohe Perfektion zu erlangen.

Das Training und die Verfeinerung des Selbst sind nicht leicht zu erreichen, es bedarf der Entsagung von verschiedenen Vergnügungen und Genüssen und der Prozess sich von ihnen zu verabschieden, ist bitter und schwer.

Solche Anstrengungen dienen dazu, den Menschen innerlich zu reinigen und seine latenten Fähigkeiten zu erlauben, in Erscheinung zu treten. Geduldige Enthaltung von Sünden und Vergnügungen hat immer einen bitteren Geschmack, doch nur durch den hartnäckigen Wiederstand gegenüber der niedrigen Impulse kann der Mensch seine Mission erfüllen die Barrieren zu durchbrechen, welche vor ihm stehen und auf diese Weise in Bereiche von höherem Wert aufsteigen.

L16 – Leid, eine Ursache für das Erwachen

Jene, die von der Arroganz, der Macht und des Erfolges betrunken sind, und die aufgrund der Versuchung der Seele und der Sinne die menschliche Ethik völlig vergessen haben, werden manchmal in verschiedenen Ecken dieser Welt feststellen, dass das Auftreten von unangenehmen Ereignissen sie für fundamentale Veränderungen und Entwicklungen öffnet, ihnen die Schleier des Vergessens zerreißend. Sie können sogar auf einen Weg geführt werden, der sie zu einer gewissen moralischen Perfektion führt und zu einer Zukunft, die fruchtbarer ist als ihre Gegenwart. Sie sind Leute, in denen die Not eine tiefgreifende Transformation angeregt hat.

Wenn man die schädlichen Wirkungen der Nachlässigkeit, des Rausches und der Arroganz bedenkt, die zahlreichen moralischen Lektionen betrachtet, die schwere Krisen uns lehren und außerdem das Versagen und die Fehlschläge sieht, die insofern relativ sind, da sie großen Segen beinhalten, so tragen diese Wirkungen aktiv dazu bei, das Bewusstsein des Menschen und seinen Willen aufzubauen.

Schwernisse sind daher die Vorläufer von höheren, fortgeschrittenen Stadien des Seins. Sie bereiten den Menschen auf die Entschädigung vor, welche ihn erwartet und durch seine Antwort wird ihm klar, ob er die höheren Stufen der Hingabe und Aufrichtigkeit erreicht hat oder ob er in den Zerfall gesunken ist. Der Koran sagt: „Wahrlich, Wir haben den Menschen zu einem Stande des Kampfes erschaffen." (Vgl. Koran: Sure 90, Vers 4) Oder auch: „Wahrlich, Wir werden euch prüfen mit ein wenig Furcht und Hunger und Verlust an Gut und Leben und Früchten; doch gib frohe Botschaft den Geduldigen, die sagen, wenn ein Unglück sie trifft:

„Wahrlich, Gottes sind wir und zu Ihm kehren wir heim." Sie sind es, auf die Segen und Gnade fällt von ihrem Herrn und die rechtgeleitet sind." (Vgl. Koran: Sure 2, Vers 155-157)

Ohne Zweifel, Gott hätte die Welt auch ohne Entbehrungen, Schmerz und Leid erschaffen können, aber das hätte bedeutet, dass Er dem Menschen die Freiheit zu wählen nimmt. Der Mensch hätte dann einfach als willenlose Kreatur in der Welt gelebt, ohne die Macht der Entscheidung zu haben, so wie jedes andere Lebewesen, dem es an Wahrnehmung und Bewusstsein mangelt, von der Natur geformt und dieser völlig ergeben. Hätte der Mensch dann den Namen „Mensch" verdient?

Wenn er diesen hohen Preis bezahlt hätte, seine Potentiale und seine Freiheit verlierend – äußerst wertvolle Ressourcen – wäre er in die Richtung der Perfektion vorangeschritten, wäre er zerfallen oder womöglich zurückgefallen? Hätte nicht auch die Welt alles Gute und Schöne verloren, die ja nur durch ihr Gegenteil verständlich wird?

Es ist klar, dass die Macht zu unterscheiden und zu bevorzugen, die Existenz von Gut und Böse, von Schönem und Hässlichen, es möglich macht. Indem Gott dem Menschen der unschätzbare Segen der Freiheit und der Fähigkeit zu wählen gegeben hat, wünschte sich Gott, dessen Weisheit in der ganzen Schöpfung manifestiert ist, seine Fähigkeit zu Schaffen offenbar zu machen, auf dass sie Seine Weisheit und Macht bezeugt.

Er platzierte im Menschen die Möglichkeit, Gutes wie Schlechtes zu tun, und obwohl Er ihn zu keinem der beiden Dinge zwingt, erwartet Er gute Taten von ihm. Gott billigt das Üble nicht, es ist das rechtschaffene

Handeln, was Sein Wohlwollen hervorruft und für das Er reichlichen, unvorstellbaren Lohn bereitstellt. Gott warnt den Menschen den Pfad des Übels zu folgen und droht ihm mit Bestrafung und mit Qual, wenn er diesen dennoch wählt.

Durch die Benutzung der Entscheidungskraft, die Gott dem Menschen erwies, kann der Mensch so agieren, wie er es sollte, sich so Gottes Führung und seinem eigenen Gewissen anpassend.

Wenn aber zuweilen sein Fuß ausrutscht und er sich versündigt, bleibt der Weg mit Gottes Wohlgefallen und Vergebung offen, zur Reinheit und zum Licht umzukehren. Das ist an sich eine weitere Manifestation von Gottes Großzügigkeit und Seiner allumfassenden Gerechtigkeit, ein weiterer Segen, die Er Seinen Dienern erweist.

Würde Gott den Tugendhaften für ihr rechtschaffenes Verhalten und Handeln sofortigen Lohn geben, sie würden nicht in irgendeiner Weise besser sein, als die korrupten und sündhaften. Und wenn das Üble in den Gedanken und in den Handlungen immer mit einer augenblicklichen Bestrafung und Vergeltung verbunden wäre, das Tugendhafte und Reine hätte in dieser Welt keinen Vorzug gegenüber dem Laster und der Unreinheit.

———

Das Prinzip des Widerspruchs ist tatsächlich die Basis der geschaffenen Welt. Es ist das, was die Materie in die Lage versetzt, sich zu bewegen und sich zu entwickeln, so dass Gottes Gunst durch die Welt fließen kann. Würde die Materie als Ergebnis verschiedener Begegnungen mit verschiedenen Existenzen nicht unterschiedliche Formen annehmen und wäre das Sein nicht fähig neue Existenzformen unterzubringen, die Differenzierung und der Aufstieg wäre nicht möglich. Eine stabile und unveränderliche Welt würde stagnierendem Kapital gleichen, welches keinen Profit erbringt. Für die Schöpfung ist die Veränderung das Kapital, das den Profit bringt. Es ist natürlich möglich, dass die Investition einer bestimmten Summe des Kapitals Verluste mit sich bringt, aber die ständige Bewegung der Materie als Ganzes bringt definitiv Profit. Die Widersprüchlichkeiten, die in den Formen der Materie stattfinden, enden in der Höherentwicklung der Ordnung des Seins bis hin zur Perfektion.

Es gibt die Frage, ob denn das Böse im wortwörtlichen Sinne in der Welt existiert. Wenn wir es genau betrachten, so werden wir sehen, dass das Übel in Dingen nicht ein wirkliches Attribut ist, sondern vielmehr nur relativ existiert.

Schusswaffen in den Händen des Feindes mag vielleicht ein Übel für eine Person sein und Schusswaffen in den Händen dieser Person ist ein Übel für ihren Feind. Vergisst man den Feind und die Person, so sind Schusswaffen an sich weder gut noch böse.

Der Kurs der Natur kann man als mathematisch bezeichnen, da sein System in einer Weise etabliert wurde, dass es nicht alle unsere Wünsche erfüllt. Wir jedoch wünschen uns, dass all unsere unzählbaren Wünsche erfüllt werden und dass ohne auf das kleinste Hindernis zu stoßen. Die Kräfte der Natur antworten nicht den grenzenlosen Wünschen, denen wir uns hingeben, Wünsche, die aus der Sicht unserer wahren Natur in jederlei Weise wertlos sind. Die Natur zollt unseren Wünschen keine Beachtung und weigert sich diesen gerecht zu werden. Wenn wir etwas Unangenehmes in unserem Leben erleben, werden wir zu Unrecht bestürzt und wir bezeichnen die Ursachen für unsere Beschwerden als ein „Übel".

Wenn jemand seine Öllampe anzünden will, und sie kein Öl mehr hat, so wird er auch nicht seufzen und klagen oder das ganze Universum verfluchen!

Die Schöpfung ist ständig dabei durch unaufhörliches Bemühen und Streben ihrem klaren Ziel näher zu kommen. Spezifische Ursachen bestimmen jeden Schritt den sie macht und die Veränderungen und Entwicklungen die sie unterläuft sind nicht dazu entworfen, die Zustimmung des Menschen zu bekommen oder seine Wünsche zu befriedigen.

Es sollte akzeptiert werden, dass einige der Vorkommnisse dieser Welt nicht mit unseren Wünschen korrespondieren, und wir sollten daher nicht Dinge als ungerecht erachten, die für uns unerfreulich sind.

Ali (Friede sei mit ihm), der Führer der Gläubigen, beschreibt die Welt als einen Aufenthaltsort der Härte, aber als einen guten Ort für diejenigen, die diesen Platz gut kennen. Obwohl er in seinem Leben viel Leid und Unerfreuliches erfuhr, hat er doch ständig die Aufmerksamkeit des Menschen auf die absolute Gerechtigkeit Gottes gelenkt.[38]

Ein weiterer Punkt, der nicht übersehen werden darf, ist, dass Gut und Böse nicht zwei sich gegenseitig ausschließende Kategorien oder Serien in der Ordnung der Schöpfung sind. Das Gute ist identisch mit dem Sein und das Böse, Üble ist identisch mit dem Nicht-Sein. Wo

---

[38] „Nahj Al-Balaghah" (Ed. Subhi Salih)

immer Sein erscheint, wird Nicht-Existenz ebenso mit impliziert.

Wenn wir von Armut, Ignoranz oder Krankheit sprechen, sollten wir sie uns nicht als separate Realitäten vorstellen. Armut bedeutet einfach nur, keinen Reichtum zu besitzen, Ignoranz ist die Abwesenheit von Wissen und die Krankheit ist der Verlust der Gesundheit. Reichtum und Wissen sind Realitäten, aber Armut ist nichts anderes als die leere in der Hand und der Tasche. So haben Armut und Ignoranz keine fassbare Realität, sie werden definiert durch die Nicht-Existenz anderer Dinge.

Das Gleiche gilt für das Unglück und den Härten des Lebens, die wir für schlecht und für den Ursprung unseres Leidens halten. Auch sie sind eine Art des Verlustes oder eine Form des Nicht-Seins und sie sind in diesem Sinne übel, weil sie in Destruktion oder Nicht-Existenz von etwas Anderem resultieren. Abgesehen davon kann nichts, sofern es existiert, als böse oder hässlich bezeichnet werden.

Wenn Unglück nicht Krankheit und Tod mit sich bringen würde, so wäre der Verlust und der Untergang von bestimmten Lebensformen - was verhindert, dass sich deren Kapazitäten entfalten - nicht schlecht. Es ist der Verlust und der Ruin, der aus Fehlschlägen hervorkommt, der inhärent schlecht ist. Was immer in der Welt existiert, ist gut. Das Böse betrifft das Nicht-Sein und da Nicht-Sein keine Kategorie ist, die unabhängig vom Sein bestehen kann, wurde sie nicht geschaffen und existiert daher nicht.

Sein und Nicht-Sein sind wie die Sonne und ihr Schatten. Wenn man einen Körper zur Sonne dreht, fällt ein Schatten. Was ist ein Schatten? Der Schatten wurde durch nichts erschaffen, er besteht nur aus dem Bereich, wo die Sonnenstrahlen nicht hinfallen, weil ein Hindernis dazwischen steht. Es hat keine eigene Quelle.

Die Dinge haben eine wirkliche Existenz, weil sie ohne auf andere Dinge bezugnehmend erschaffen wurden, in diesem Sinne sind sie nicht böse. Denn in dem Weltbild, welches aus dem Glauben an Gott abgeleitet wird, ist die Welt äquivalent zum Guten. Alles ist gut und wenn etwas schlecht ist, dann nur im relativen Sinne, in Verbindung mit Dingen, die etwas anderes sind als sie selbst. Die Existenz von Allem ist unreal, außer der Existenz selbst und sie ist unberührt von der Schöpfung.

Der Moskito ist zum Beispiel an sich kein Übel. Wenn er als solches beschrieben wird, dann nur, weil er dem Menschen schaden kann und dieser durch ihn krank wird. Das, was da geschaffen ist, existiert als Sache in sich selbst und durch sich selbst, es ist wirkliches Sein. Spekulatives oder bedingtes Sein hat keinen Platz in der Ordnung der Existenzen und ist nicht real. Wir können daher nicht fragen, warum Gott das relative und bedingte geschaffen hat. Bedingte oder abstrakte Entitäten sind von den realen Entitäten untrennbar, die sie entstehen lassen, sie sind deren unvermeidliche Begleiterscheinungen und nehmen daher nicht an ihrem Sein teil. Man kann also bei bedingten Entitäten nicht vom Geschaffenen sprechen.

Das, was real ist, muss notwendigerweise seine Existenz vom Schöpfer bekommen. Nur jene Dinge und Attribute sind real, die außerhalb des Verstandes existieren. Relative Attribute werden von Verstand geschaffen und haben außerhalb von diesem keine Existenz, so dass wir hier nicht nach dem Schöpfer suchen brauchen.

Mehr noch, was ein Potential zur Existenz hat, repräsentiert in der Welt als Ganzes, mit allem was in ihr ist und mit allen Attributen, die untrennbar von ihr sind, eine unteilbare Einheit. Wenn man die Weisheit Gottes als Ausgangsstellung nimmt, muss entweder die Welt nach dem Muster, welche spezifisch für sie ist, existieren oder aber sie existiert gar nicht.

Eine Welt ohne Ordnung oder der es an Kausalität fehlt, eine Welt, in der das Gute und das Böse nicht voneinander getrennt sind, wäre eine Unmöglichkeit und eine Fantasie. Es ist nicht möglich anzunehmen, dass ein Teil der Welt existiert und ein anderer nicht. Schöpfung ist ein Ganzes, wie die Form und die Figur eines Menschen und dessen Einzelteile sind voneinander untrennbar.

Gott ist absolut frei von Bedarf. Eine Konsequenz daraus ist, dass Er nach belieben Existenz verleihen kann, so wie ein großzügiger Mensch für seine Freigebigkeit keinen Dank verlangt oder ein fähiger Künstler, der ständig damit beschäftigt ist, neue Formen zu schaffen. Solch eine reiche Großzügigkeit und Kreativität definiert die Essenz des Herrn, dessen Zeichen in jedem Phänomen evident und manifestiert sind.

L17 – Einige Aspekte der Ungleichheit

Nehmen wir einmal an, dass der Eigentümer einer Fabrik erfahrene und unerfahrene Arbeiter einstellt, um die Produktion am Laufen zu halten und das Geschehen zu verwalten. Wenn es an der Zeit ist, die Löhne auszuzahlen, bekommen die qualifizierten Mitarbeiter, deren Arbeitsplatz ein höheres Niveau hat, mehr Geld als die ungelernten Arbeiter. Ist jetzt der Unterschied im Gehalt gerecht oder ungerecht? Handelt der Besitzer der Fabrik fair oder unfair?

Ohne Zweifel gibt es hier einen Unterschied, aber wir können ihn nicht Diskriminierung nennen. Gerechtigkeit bedeutet nicht, dass der Fabrikbesitzer einem ungelernten das Gleiche geben muss wie einem gelernten Arbeiter. Es bedeutet vielmehr, dass er jeder Gruppe gibt, was ihr zusteht. Solch eine Regel wird den vergleichenden Wert jeder Arbeit klar darstellen und zu einem guten Arbeitsklima beitragen.

In solchen Fällen Unterscheidungen zu machen, ist eine eloquente und praktische Form von Gerechtigkeit. Dies nicht zu tun, käme einer Unterdrückung und einer Diskriminierung gleich und wäre ungerecht. Es wäre das Ergebnis einer inadäquaten Würdigung der unterschiedlichen Dinge, die relativen Wert besitzen. Wenn wir auf die Welt als Ganzes schauen und ihre zahlreichen Teile analysieren, sehen wir, dass jedes Teil seine eigene spezielle Position und Funktion hat und dass jedes Teil in den Qualitäten gekleidet ist, die dafür geeignet sind. In diesem Licht betrachtet, können wir die Notwendigkeit von Veränderung im menschlichen Leben verstehen, helle und dunkle Zeiten, Erfolg und Misserfolg, um das generelle Equilibrium der Welt aufrecht zu erhalten.

Wäre die Welt uniform, ohne Variation oder einem Unterschied, die reichhaltigen und multiplen Spezies des Seins würden nicht existieren. Es ist genau diese reiche Vielfalt, die existiert, welche uns die Pracht und die Großartigkeit dieser Welt sehen lassen. Unser Urteil der Dinge wäre logisch, korrekt und akzeptierbar, wenn wir das im Universum vorherrschende Gleichgewicht berücksichtigen würden, die zahlreichen Wechselbeziehungen und die miteinander nützlich verbundenen Teile betrachten würden – nicht aber, wenn wir nur ein Teil isoliert vom Ganzen prüfen.

Die Ordnung der Schöpfung basiert auf dem Equilibrium, der Lern- bzw. Aufnahmefähigkeit und den Kapazitäten. Was fest in der Schöpfung etabliert ist, ist die Differenzierung und nicht die Diskriminierung. Diese Beobachtung macht es uns möglich, die Angelegenheit noch objektiver und spezifischer zu untersuchen. Diskriminierung bedeutet zwischen zwei Objekten zu unterscheiden, welche die gleiche Aufnahmefähigkeit besitzen und welche unter den gleichen Umständen existieren. Differenzierung bedeutet einen Unterschied unter den Fähigkeiten, die nicht gleich sind und die nicht unter den gleichen Umständen unterworfen sind, zu machen.

Es wäre falsch, wenn wir sagen, dass es besser für jede Sache der Welt wäre, wenn sie uniform und undifferenziert wäre, denn alle Bewegung, Aktivität und jeglicher lebendiger Austausch, den wir in der Welt sehen können, ist durch die Differenzierung möglich.

Wenn erst einmal der Kontrast zwischen Schönem und Hässlichem vorhanden ist, hat der Mensch zahlreiche Wege, Schönheit zu erfahren und wahrzunehmen. Die Anziehung, die das Schöne auf uns ausübt, ist in gewisser Weise die Reflektion des Hässlichen und die Macht des Abstoßenden.

Wenn der Mensch nicht geprüft und versucht werden würde, Rechtschaffenheit und Tugend würden keine Bedeutung haben, und es gäbe keinen Grund seine Seele zu verfeinern und nichts, wovor wir unsere Wünsche zurückhalten müssten.

Wenn eine ganze Leinwand in einer uniformen Art bedeckt ist, können wir nicht von einem Bild sprechen, es ist die Variation der Farbe und das Detail, welche die Fertigkeit des Künstlers aufzeigen.

Um die Identität einer Sache zu kennen ist es notwendig, dass man es von anderen unterscheiden kann, denn das Maß, womit wir Dinge oder Personen erkennen, sind ihre inneren oder äußeren Unterschiede, die sie haben.

———

Ein Wunder der Schöpfung ist die Vielfalt der Eigenschaften und Gaben, mit denen Existenzformen versehen sind. Um das Fortbestehen des sozialen Lebens sicherzustellen, hat die Schöpfung jedem Individuum einen bestimmten Satz an Geschmack und Eigenschaften gegeben, deren Wechselspiel die Ordnung der Gesellschaft sicherstellt. Jedes Individuum erfüllt etwas in der Gesellschaft und trägt so dazu bei, ihre Probleme zu lösen.

Der natürliche Unterschied der Individuen angesichts ihrer Fähigkeiten bewirkt, dass sie sich gegenseitig brauchen. Jeder übernimmt je nach Geschmack und Fähigkeit einige Aufgaben der Gesellschaft, und dass auf diese Weise sichergestellte soziale Leben macht es dem Menschen möglich, voranzuschreiten und Fortschritte zu machen.

Ein Gebäude oder ein Flugzeug besteht, zum Beispiel, aus vielen separaten Teilen, komplexe und detailierte Komponenten, die sich stark voneinander in Form und Größe unterscheiden. Diese Unterschiede kommen durch die Verantwortung zustande, die jedes Einzelstück dem Ganzen gegenüber hat.

Würde dieser Unterschied nicht in der Struktur des Flugzeugs bestehen, es wäre kein Flugzeug mehr, sondern eine Ansammlung von gemischten Metallen. Wenn Differenzierung ein Zeichen von wirklicher Gerechtigkeit im Flugzeug ist, muss es auch eine Indikation für die göttliche Gerechtigkeit in allen Geschöpfen der Welt sein, den Menschen eingeschlossen.

Zusätzlich muss uns bewusst sein, dass die Differenzierung der Existenzformen auch Teil ihrer Essenz ist. Gott kreiert nicht alles mit der separaten und diskreten Ausübung Seines Willens, Sein Wille wird nicht individuell ausgeübt. Die ganze Welt vom Anfang bis zum Ende kam mit einer einzigen Bewegung Seines Willens ins die Existenz.

Es gibt daher ein bestimmte Gesetze und eine Ordnung, die alle Dimensionen der Schöpfung kontrolliert. Innerhalb des Rahmens der Kausalität weist es jedem einen bestimmten Rang und Position zu. Gottes Wille die Welt zu erschaffen und zu regulieren ist äquivalent zu dieser gewollten Ordnung, die Er etablierte.

Es gibt definitive, philosophische Beweise, welche diese Sache unterstützen, der Koran sagt: „Wir haben ein jegliches Ding nach Maß geschaffen. Und Unser Befehl wird (vollzogen) mit einem einzigen (Wort) gleich dem Blinzeln des Auges." (Vgl. Koran: Sure 54, Vers 49-50)

Es wäre falsch sich vorzustellen, die Differenzierung und Beziehung, die Gott in Seiner Schöpfung etabliert hat, sei von gleicher Art wie die konventionellen Beziehungen, die in der menschlichen Gesellschaft vorkommen. Gottes Verbindung mit Seinen Geschöpfen ist nicht bloß eine Konvention oder eine Frage der Wahrnehmung. Es ist eine Verbindung, die aus dem Akt der Schöpfung hervorkommt. Die Ordnung, die Er in alle Dinge gelegt hat, ist das Ergebnis, dass Er sie kreiert hat. Jedes Sein bekommt von Gott die Menge an Perfektion und Schönheit, die es in der Lage ist zu empfangen.

Gäbe es keine bestimmte Ordnung, welche die Welt regieren würde, jedes Sein würde im Lauf seiner Bewegungen neue Existenzformen erzeugen und die Ursachen und Wirkungen würden ihre Plätze tauschen. Doch es muss verstanden werden, dass die wesentlichen Wechselbeziehungen unter den Dingen fest und notwendig sind. Die Station und die Eigenschaft, die einer Sache erwiesen werden, haften untrennbar an dieser fest, ganz gleich, welchen Rang und auf welcher Stufe die Existenz auch stehen mag. Kein Phänomen kann über die ihm bestimmte Stufe hinaus gehen und den Grad besetzen, der für eine andere Existenz vorgesehen ist. Differenzierung ist eine Begleiterscheinung der verschiedenen Stufen des Seins, die dem Sein verschiedene Anteile an Schwächen und Stärken, Mangel und Perfektion zuweist.

Es wäre Diskriminierung, wenn zwei Phänomene die gleiche Kapazität hätten, um Perfektion zu erlangen, aber nur einem von ihnen würde sie gewährt werden und dem anderen nicht.

Die Ebenen der Existenzformen, die es in der Ordnung gibt, können nicht mit dem konventionellen Rang von menschlichen Gesellschaften verglichen werden. Sie sind nicht wirklich konventionell und nicht transferierbar. Zum Beispiel können Menschen und Tiere nicht im gleichen Sinne miteinander die Plätze tauschen wie es Individuen untereinander bei Positionen und Posten der Gesellschaft tun, die es zu besetzen gilt.

Die Beziehung, die jede Ursache mit einer Wirkung verbindet und jede Wirkung mit einer Ursache, kommt aus der Essenz der Ursache selbst hervor bzw. aus der Wirkung. Wenn etwas eine Ursache ist, dann, wegen einer Eigenschaft, die darin untrennbar vorhanden ist. Und wenn etwas eine Wirkung ist, so ist dies aufgrund einer Qualität so, welche darin inhärent ist, die nichts anderes als der Modus dieses Seins ist.

Es ist daher eine essenzielle und umfassende Ordnung, die alle Phänomene verbindet und der Grad eines jeden Phänomens innerhalb einer Ordnung ist identisch mit ihrer Essenz. Eine Differenzierung hängt insofern mit einem Mangel in der Essenz zusammen, es ist keine Diskriminierung, denn das Ergießen von Gottes Gaben reicht allein nicht aus, um ins Sein der Realität zu gelangen. Die Rezeptivität des Gefäßes, welches die Gabe erhalten soll, ist ebenso notwendig. Darum leiden bestimmte Existenzen am Entzug und schaffen es nicht höhere Stadien zu erreichen; es ist unmöglich, dass etwas die Kapazität für ein Sein oder eine andere Perfektion besitzt und Gott ihm diese nicht gewährt.

Bei den Zahlen ist es ebenso: Jede Zahl hat ihren eigenen festgelegten Platz. Die Zwei kommt nach der Eins und kann mit ihr nicht tauschen. Wenn wir den Platz der Zahlen wechseln, müssen wir gleichzeitig auch ihre Essenz verändern.

Es ist daher klar, dass alle Phänomene ihren festgelegten Rang und ihre Modalitäten besitzen und Serien von stabilen und unveränderlichen Gesetzen untergeordnet sind. Das göttliche Gesetz formt keine getrennt geschaffene Entität, sondern ist ein abstraktes Konzept, welches sich aus der Art und Weise erschließt, in der die Dinge als seiend betrachtet werden. Das was externe Existenz hat, besteht einerseits aus Ebenen und Graden des Seins und andererseits aus einem System von Ursachen und Wirkungen. Nichts geschieht außerhalb dieses Systems, welches nichts anderes ist als die göttliche Norm, die im Koran erwähnt wird: „Aber in Gottes Verfahren wirst du nie eine Änderung finden; und in Gottes Verfahren wirst du nie einen Wechsel finden." (Vgl. Koran: Sure 35, Vers 43)

Die Ordnung der Schöpfung basiert auf einer Serie von Gesetzen, die inhärent in ihrer Essenz sind. Der Platz eines jeden Phänomens ist klar definiert, und die Existenz ist eine notwendige Konsequenz der systematischen Natur der Schöpfung, die zwangsläufig einer Vielfalt und Differenzierung Raum gibt.

Vielfalt und Unterschiede haben sich nicht selbst erschaffen, sie sind die untrennbaren Attribute aller Phänomene. Jeder Partikel im Universum erhält, wofür er das Potential besitzt zu erhalten, keine Ungerechtigkeit oder Diskriminierung widerfährt ihm und die Perfektion des Universums – die in ihrer präzisen und unveränderlichen Ordnung einer Tabelle mit Multiplikationsaufgaben ähnelt – wird dadurch sicher gestellt.

Materialisten, welche die Existenz von Variation und Differenzierung in der natürlichen Ordnung als Beleg für die Unterdrückung und die Ungerechtigkeit sehen und sich vorstellen, dass die Welt nicht von Gerechtigkeit regiert wird, werden unweigerlich das Leben als schwer, unangenehm und ermüdend empfinden.

Das hastige Urteil der Materialisten, wenn sie mit Schwere und Not konfrontiert werden, gleicht dem Verdikt eines Kindes, das dem Gärtner beim Beschneiden von gesunden, grünen Ästen von Bäumen im Frühling zuschaut. Ihm sind die Gründe und die Wichtigkeit des Stutzens nicht bewusst. Das Kind wird den Gärtner für destruktiv und ignorant halten.

Wenn alle Gaben der Welt dem Materialisten zur Verfügung ständen, er wäre immer noch nicht zufrieden. Denn wenn man die Welt erst einmal für sinnlos hält und glaubt sie basiere auf Ungerechtigkeit, wird es für den Menschen bedeutungslos nach Gerechtigkeit zu suchen. In einer Welt, die kein Ziel hat, braucht der Mensch sich keine Ziele mehr setzen.

Wenn der Ursprung des Menschen und sein Schicksal all das wäre, was der Materialist beschreibt, gleich dem Gras, welches wächst und dann verschwindet, so müsste der Mensch das miserabelste Geschöpf sein. Denn er würde in einer Welt leben, zu der es ihm an Verbundenheit, Verträglichkeit und Harmonie fehlt. Gedanken, Gefühle und Emotionen würden in ihm Beunruhigung hervorrufen und er würde sich vorkommen wie ein grausamer Witz, den ihm die Natur gespielt hat, um seine Misere zu vergrößern und sein Leid zu erweitern.

Wäre ein Mann voller Initiative und Genialität und würde sich dem Dienst der Menschlichkeit verschreiben, was für einen Vorteil hätte er davon? Der Ruhm, die Gedenkfeiern und die Zeremonien, die an seinem Grab abgehalten werden, würden ihm nichts mehr nützen. Sie würden nur dazu dienen, dass er eine hohle Legende wird, denn die Person selbst ist in dem Falle nichts anderes als eine von der Natur zusammengefügte Form gewesen, die einige Tage zu ihrem Amüsement existierte und um dann wieder zu einer Handvoll Staub zu zerfallen.

Wenn wir uns das Schicksal der Mehrheit der Menschen anschauen, die ständig mit zahlreichen Sorgen, Trauer, Einsamkeit und Versagen zu kämpfen haben, wird das Bild noch freudloser. Das einzige Paradies, die der Materialismus dem Menschen mit so einer Sichtweise anbietet ist die Hölle des Terrors und des Schmerzes. Die materialistische Meinung, dass der Mensch keine Wahl und keine Freiheit hätte, macht aus diesem eine noch armseligere Kreatur.

Die monodimensionale Weltanschauung des Materialismus betrachtet den Menschen als eine Art Automat mit der Mechanik und Dynamik der Zellen, die von der Natur bedient werden. Kann die menschliche Intelligenz und sein Instinkt – nicht zu vergessen, die Realitäten des Seins – solch eine banale und kleinliche Interpretation des Menschen, seines Lebens und seines Schicksals akzeptieren?

Wäre diese Interpretation wahr, der Mensch wäre so unfähig Glück zu erfahren wie es die Puppe eines Kindes tut. In so einer Situation wäre der Mensch genötigt, sich seine eigenen Leidenschaften und Inklinationen zu schaffen, welche die Basis der Moralität und der Maßstab für Werte bilden würden. Alles würde am persönlichen Profit und Verlust gemessen. Er würde sein Bestes geben, um jegliches Hindernis aus seinem Weg zu räumen und die Einschränkungen seiner fleischlichen Begierden lockern. Würde er es nicht tun, wäre er altmodisch und ignorant.

Jeder, der nur ein wenig Einsicht besitzt und die Frage sogar mit Desinteresse und Leidenschaftslosigkeit beurteilt, wird diese kurzsichtige und irreale Vorstellung für unzulässig erklären, ganz gleich wie heraus geputzt die philosophische und wissenschaftliche Sophisterei auch wäre.

Ein Mensch mit einer religiösen Weltsicht, betrachtet die Welt als ein planmäßiges System, welches Bewusstsein, Wille, Wahrnehmung und Ziele besitzt. Die höchste, Gerechtigkeit verteilende Intelligenz Gottes herrscht über das Universum und jedem Partikel des Seins und überwacht alle Handlungen und Taten. Ein religiöser Mensch wird daher ein Verantwortungsgefühl gegenüber dem Bewusstsein haben, welches die Welt regiert, und wissen, dass eine Welt, die von Gott geschaffen und administriert wird, notwendigerweise auch eine Welt der Einheit, der Harmonie und des Guten ist. Er wird verstehen, dass die Widersprüche und das Üble nur eine epi-phänomenale Existenz sind und er wird versuchen, eine fundamentale Rolle beim Erreichen der Einheit und der Harmonie zu spielen.

Mehr noch, nach dieser Weltanschauung, die weite Horizonte für den Menschen vorsieht, ist die Welt nicht nur auf diese irdische eingeschränkt. Und selbst die irdische Welt ist nicht nur auf materielles Wohlergehen oder dem Frei-Sein von Anstrengung und Schmerz begrenzt. Der Gläubige sieht die Welt als einen Weg, der überquert werden muss, als einen Platz des Testes, als eine Arena des Einsatzes. In dieser Welt wird die Rechtschaffenheit der menschlichen Handlungen getestet. Zu Beginn des nächsten Lebens werden die guten und die schlechten Gedanken,

Glaubensgrundsätze und Taten des Menschen in höchst akkurater Weise gemessen. Gottes Gerechtigkeit wird in ihrer Wirklichkeit offenbart und was immer der Mensch in dieser Welt erleiden musste, ob materielle oder andersartige Benachteiligungen, es wird ihm wieder gutgeschrieben werden.

Im Licht des Schicksals, das den Menschen erwartet und aufgrund der essenziellen Nichtigkeit von Gütern der materiellen Welt, orientiert sich der Mensch ausschließlich an Gott. Sein Ziel ist es für Gott zu leben und zu sterben. Der Wandel dieser Welt beansprucht nicht mehr seine Aufmerksamkeit. Er sieht in flüchtigen Dingen das, was sie sind, und er lässt nichts zu, wodurch sein Herz verführt werden könnte. Denn er weiß, dass die Kräfte der Verführung seine Humanität verwelken lassen würden und ihn in den Strudel der materialistischen Verirrung hinab führen könnten.

———

Abschließend kann man hinzufügen, dass selbst trotz der Frage der Rezeptivität, die Existenz des Unterschieds in der Welt nicht die Ungerechtigkeit impliziert. Unterdrückung und Ungerechtigkeit bedeuten, dass jemand der Diskriminierung ausgesetzt ist, obwohl er Anspruch auf Gleichheit hat. Aber Existenzen haben keine „Ansprüche" an Gott noch hatten sie diese je gehabt, sodass die Erhöhung einiger Dinge vor anderen nicht als ungerecht bezeichnet werden kann.

Nichts ist wirklich von uns selbst: Jeder Atemzug, jedes Herzklopfen, jeder Gedanke und jede Idee, die uns durch den Kopf geht, sind von einem Vorrat, der nicht unser Eigentum ist, und wir haben nichts dazu beigetragen, dass sich dieser anhäufte. Dieser Vorrat ist ein Geschenk Gottes, welches Er uns zum Zeitpunkt unserer Geburt erwies.

Wenn wir erst einmal verstehen, dass alles, was wir haben, nichts außer Gottes Geschenk ist, wird es uns offensichtlich, dass die Unterschiede in den Geschenken, die Er dem Menschen macht, auf Seiner Weisheit basieren und nichts mit Gerechtigkeit oder Ungerechtigkeit zu tun haben, denn es steht außer Frage, dass wir einen Verdienst oder Anspruch darauf haben.

Dieses endliche und temporäre Leben ist für uns ein Geschenk Gottes. Er hat absolute Macht über die Quantitäten zu entscheiden und welche Art von Geschenk Er machen möchte. Wir dagegen haben keinen Anspruch darauf. Wir haben darum nicht das Recht, es abzulehnen, selbst wenn uns das umsonst Bekommene gering und belanglos erscheint.

L18 – Eine generelle Betrachtung des Problems

Was Denker immer beschäftigt hat, die sich mit der Natur des menschlichen Lebens auseinander gesetzt haben, und was immer ein kontroverses Thema war, ist die Frage, ob der Mensch seine Ziele frei wählen kann und seine Wünsche in all seinen Taten und Aktivitäten implementieren kann – in allen Bereichen seines Lebens, seien sie nun materiell oder anders geartet: Sind seine Wünsche, Inklinationen und sein Wille der einzige Faktor, der seine Entscheidungen beschließt oder sind ihm seine Taten und sein Verhalten auferlegt?

Ist er gezwungen hilflos bestimmte Handlungen zu machen und bestimmte Entscheidungen zu treffen? Ist er ein unfreiwilliges Werkzeug in den Händen von Faktoren, die außerhalb seiner selbst liegen?

Um die Wichtigkeit dieser Frage zu verstehen, muss man im Hinterkopf behalten, dass von der Lösung unsere Fähigkeit zu profitieren abhängen - in Bereichen wie der Wirtschaft, den Gesetzen, der Religion, aber auch der Psychologie und alle anderen Gebiete des Wissens, die den Menschen zum Thema haben. Bis wir mit wissenschaftlicher Genauigkeit herausgefunden haben, ob der Mensch einen freien Willen hat oder nicht, welches Gesetz auch immer auf das Dasein des Menschen eine Anwendung findet, bleibt uns vieles unbekannt. Es ist evident, dass so kein wünschenswertes Ergebnis erzielt werden kann.

Die Frage des freien Willens versus Determinismus ist nicht nur allein ein akademisches oder philosophisches Problem. Es ist auch für all jene relevant, welche Pflichten für den Menschen postulieren, die er verantwortlich erfüllen soll und zu denen er ermutigt wird.

Denn wenn sie nicht im Geringsten an den freien Willen glauben, gibt es keine Basis für das Belohnen von Leuten, die ihre Pflicht erfüllen und der Bestrafung jener, die es nicht tun.

Nach der Verbreitung des Islams haben sich auch Muslime sehr eingehend mit dieser Frage beschäftigt, weil die Weltanschauung des Islams bewirkt hat, dass man diese Frage umfassender und genauer untersucht als es bis dahin gemacht worden war, auf diese Weise alle dazugehörigen Unklarheiten klärend. Denn auf der einen Seite war die Frage mit der Einheit Gottes verbunden und auf der anderen mit Seinen Attributen der Gerechtigkeit und Macht.

Denker der Vergangenheit sowie der Gegenwart können in der Frage des freien Willens versus Determinismus in zwei Kategorien aufgeteilt werden. Die erste lehnt die Freiheit des Menschen in seinen Taten resolut ab und wenn seine Handlungen die Merkmale von freier Wahl haben, so meinen sie, ist diese nur auf die verfälschte und mangelhafte menschliche Wahrnehmung zurück zu führen.

Die zweite Kategorie glaubt an den freien Willen und sagt, dass der Mensch auf der Ebene des Willens völlige Handlungsfreiheit genießt. Seine Fähigkeit zu denken und zu entscheiden hat weitreichende Wirkungen und ist unabhängig von allen externen Faktoren um ihn herum.

Natürlich erfährt der Mensch die Wirkung des Zwangs zum Zeitpunkt seiner Geburt, als auch durch zahlreiche andere Faktoren, die ihn umgeben und bei Ereignissen, die er in seinem Leben erlebt. Das Ergebnis könnte sein, dass er am Ende anfängt zu glauben, es gäbe so etwas wie einen freien Willen nicht. Er betritt die Welt unfreiwillig und scheint danach völlig vom Schicksal kontrolliert zu werden, herumgewirbelt wie ein Stück Papier bis er letztlich diese Welt verlässt.

Gleichzeitig erkennt der Mensch auch ganz klar, dass er frei und in vielerlei Hinsicht unabhängig ist, ohne jegliche Form des Zwanges. Er hat die Fähigkeit und die Kapazität, effektiv gegen Hindernisse zu kämpfen und seine Kontrolle über die Natur zu erweitern, indem er sich auf vorausgegangene Erfahrungen und vorhandenes Wissen verlässt. Eine nicht zu verneinende praktische Realität ist, dass es einen tiefgründigen und prinzipiellen Unterschied zwischen den gewollten Bewegungen seiner Hände und Füße und dem Funktionieren seines Herzens, seiner Leber und seiner Lunge gibt.

Aufgrund seines Willens, seines Bewusstseins und seiner Fähigkeit zu wählen, die ein Kennzeichen seiner Menschlichkeit sind und die Quelle seiner Verantwortlichkeit, weiß der Mensch, was er tut. Er hat bei einer Serie von Dingen die Freiheit zu entscheiden, wo keine Barrieren ihn daran hindern, seinen Willen zu implementieren oder seine Ansichten zu formen. Aber in anderer Hinsicht sind seine Hände gebunden und er hat keine Macht zu wählen: Angelegenheiten, die von materiellen oder instinktiven Zwängen bestimmt werden, die einen beträchtlichen Teil in seinem Leben ausmachen und andere Faktoren, die ihm extern auferlegt werden.

Determinismus

Die Befürworter des Determinismus glauben nicht, dass der Mensch in den Handlungen, die er in dieser Welt tut, frei ist. Theologische Deterministen wie die muslimisch theologische Schule der Ash´ariten beziehen sich auf die äußere Bedeutung mancher Verse des Koran und halten nicht an, um tiefergehend darüber nachzudenken, was denn die wirkliche Bedeutung all der relevanten Verse sein könnte, noch reflektieren sie über die Natur der Vorherbestimmung durch die Macht Gottes. Sie schlussfolgern schlicht, dass der Mensch überhaupt keine Freiheit hat.

Sie lehnen es ab, dass Dinge Wirkungen verursachen und erkennen auch nicht an, dass Ursachen eine Rolle in der Schöpfung und in der Entstehung von natürlichen Phänomenen spielen. Sie halten alles für eine direkte und unmittelbare Wirkung des göttlichen Willens, und sie sagen, dass der Mensch trotz einer gewissen Willensfreiheit und geringer Macht doch keine Wirkung auf seine Taten habe. Die Handlungen des Menschen werden, ihrer Meinung nach, nicht durch ihren Willen und ihrer Handlungskraft bewirkt, sondern durch den Willen Gottes, der alle Wirkungen allein verursacht. Der Mensch kann also seinen Taten mit einem Ziel und einer Intention nur eine bestimmte Färbung geben, und die Färbung dieser Handlungen resultiert in der Qualifizierung von Gut und Böse. Abgesehen davon ist der Mensch nichts anderes als der Ort für die Implementierung von Gottes Willen und Macht.

Sie sagen außerdem, dass der Mensch, wenn er einen freien Willen besäße, damit die Macht und Befehlsgewalt Gottes verengen würde. Gottes absolute Kreativität verlangt, dass kein Mensch Ihm gegenüber als Schöpfer besteht. Ebenso verhält es sich mit der Doktrin des einzigen, alleinigen Gottes. Bedenkt man die absolute Souveränität, die wir Ihm zuschreiben, so bedeutet das zwangsläufig, dass alle geschaffenen Phänomene, die Handlungen des Menschen eingeschlossen, in der Sphäre des göttlichen Willens enthalten sind.

Wenn wir akzeptieren, dass der Mensch eigenmündig seine eigenen Handlungen ausführt, leugnen wir Gottes Souveränität über Seine gesamte Schöpfung, was sich nicht vereinbaren lässt mit dem Attribut des schaffenden Gottes, denn dann würden wir komplette Souveränität in unseren Handlungen genießen und für Gott wäre kein Aufgabenbereich mehr übrig. Somit führt der Glaube an den freien Willen, nach ihrer Ansicht, unweigerlich zu Polytheismus und Dualismus.

Zusätzlich dazu machen manche Personen das Prinzip des Determinismus – ob bewusst oder unbewusst – zu einer Entschuldigung für Taten, die nicht mit ihrer Religion und ihrer Moral vereinbar sind, damit das Tor zu allen möglichen Abweichungen in den Sphären des Glaubens und der Handlungen öffnend. Bestimmte hedonistische Poeten gehören zu dieser Gruppe, Sie stellen sich vor, dass die Vorherbestimmung als Entschuldigung für ihre Sünden und Hoffnungen ausreicht. Auf diese Weise versuchen sie, der Last des Gewissens und des schlechten Rufes zu entkommen.

—————

Diese deterministische Betrachtungsweise verhält sich konträr zum Prinzip der Gerechtigkeit Gottes als auch zur menschlichen Gesellschaft. Wir sehen in der gesamten Schöpfung die göttliche Gerechtigkeit in allen Dimensionen ganz klar manifestiert und wir preisen Sein erhabenes Wesen für dieses Attribut. Der Koran sagt: „Gott bezeugt, in Wahrung der Gerechtigkeit, dass es keinen Gott gibt außer Ihm - ebenso die Engel und jene, die Wissen besitzen; es gibt keinen Gott außer Ihm, dem Allmächtigen, dem Allweisen." (Vgl. Koran: Sure 3, Vers 18)

Gott beschreibt außerdem die Etablierung von Gerechtigkeit in der menschlichen Gesellschaft als einen der Gründe, warum Er die Propheten gesandt hat und bekundet den Wunsch, dass Seine Diener sich gerecht verhalten sollen: „Wahrlich, Wir schickten Unsere Gesandten mit klaren Beweisen und sandten mit ihnen das Buch und das Maß herab, auf dass die Menschen Gerechtigkeit üben möchten. (...)" (Vgl. Koran: Sure 57, Vers 25)

Am Tag der Auferstehung wird Gott Seine Diener mit Gerechtigkeit behandeln und niemand wird auch nur der geringsten Ungerechtigkeit unterworfen sein. Der Koran sagt: „Und Wir werden (genaue) Waagen der Gerechtigkeit aufstellen für den Tag der Auferstehung, so dass keine Seele in irgend etwas Unrecht erleiden wird. Und wäre es das Gewicht eines Senfkorns, Wir wollen es hervorbringen. Und Wir genügen als Rechner." (Vgl. Koran: Sure 21, Vers 47)

Wäre es denn gerecht, wenn man einen Menschen zwingt etwas Schlechtes zu tut und ihn dann dafür bestraft? Würde ein Gericht unter solchen Umständen eine Bestrafung vorsehen? Es wäre sicherlich ungerecht.

Wenn wir das Prinzip der Freiheit leugnen und der Rolle des Menschen nichts Positives abgewinnen können, wird kein Unterschied mehr zwischen dem Menschen und dem Rest der Schöpfung bestehen. Nach Meinung der Deterministen, hat das Verhalten des Menschen Ähnlichkeit mit dem Verhalten von anderen Kreaturen, denn ihr Verhalten ist durch verschiedene Faktoren, die nicht in ihrer Kontrolle sind, bestimmt. Unser Wille ist, ihrer Ansicht nach, nicht durch sich selbst in der Lage eine Wirkung zu erzielen.

Wenn aber Gott das willentliche Handeln des Menschen schafft, wenn Er der Schöpfer der Ungerechtigkeit und der Sünde ist, selbst das Beigesellen eines Partners neben Gott, wie können wir so ein Verhalten von einem derart perfekten und erhabenen Sein, wie Er es ist, rechtfertigen?

Der Glaube an den Determinismus annulliert das Prinzip des Prophetentums und der Offenbarung, das Konzept der göttlichen Botschaft, welches dem Menschen als Quelle der Bewusstseinserweiterung dient. Die Idee der Gebote und Verbote, die religiösen Kriterien und Verordnungen, die Gesetze und Glaubensbekenntnisse und die Doktrin für die Vergeltung von Handlungen, die man tätigte, all dies wird damit verworfen. Denn wenn wir erst einmal glauben, dass alle menschlichen Handlungen mechanisch vollbracht werden, ohne den Willen und der Wahl des Menschen, spielt die herab gesandte Botschaft eines Propheten keine Rolle mehr, den Menschen bei seinen Bestrebungen zu assistieren.

Wenn die Pflichten, die dem Menschen auferlegt worden sind und die Instruktionen, die ihn ansprechen sollen nichts mit seinem freien Willen zu tun haben und mit seiner Fähigkeit zu gehorchen und zu erwidern, was für einen Nutzen haben sie dann noch?

Wenn der spirituelle Stand des Menschen und seiner Taten mechanisch determiniert ist, werden alle Bemühungen und moralischen Belehrungen, um die menschliche Gesellschaft gesund zu erhalten und sie in die Richtung der Kreativität und zu höheren Werten zu leiten, völlig ineffektiv.

Ihr Bemühen würde keinen Zweck erfüllen, es ist nutzlos von solch einer Existenz etwas zu erwarten, wo doch all ihr Handeln durch Veränderung determiniert ist. Doch der Mensch ist für seine Errettung oder Zerstörung, als auch für die anderer selbst verantwortlich. Seine Entscheidungen gestalten sein Schicksal. Und wenn er erst einmal weiß, dass jede Handlung, die er begeht, Konsequenzen hat, wird er seine Entscheidungen mit größerer Sorgfalt treffen. Sein Vertrauen auf Gottes Liebe und Seiner Gunst bewirken, dass sich ihm Fenster der Macht öffnen werden.

Man mag beanstanden, dass der Glaube an das allumfassende Wissen Gottes bedingt, dass Gott notwendigerweise auch von all den Verfehlungen, schrecklichen Taten und Sünden, die der Mensch begeht, im voraus Kenntnis besitzen muss. Da sie dennoch geschehen, ist der Mensch ganz eindeutig nicht in der Lage, sich von solchem Handeln fernzuhalten.

Wir können darauf antworten, indem wir sagen, dass es wahr ist, dass Gott alle Phänomene kennt, die kleineren als auch die großen, aber dieses Wissen bedeutet nicht, dass der Mensch in allem, was er tut, gezwungen ist. Gottes Wissen basiert auf dem Prinzip der Kausalität, es gilt nicht für Phänomene oder menschliche Handlungen, die außerhalb dieses Rahmens liegen, denn ein Wissen, dass durch Ursache und Wirkung operiert, involviert keinen Zwang.

Gott war sich der Ereignisse der Zukunft in der Welt bewusst, und Er wusste, dass der Mensch bestimmte Handlungen aufgrund seines freien Willens tun würde. Das Ausüben des freien Willens ist Teil der Kausalitätskette, die zu bestimmten Taten führt. Und es sind die Menschen selber, die entscheiden Gutes oder Schlechtes zu tun. Im letzteren Fall, verursachen sie durch den Missbrauch des freien Willens, Ruin und Korruption. Wenn also Übel und Unterdrückung in einer gegebenen Gesellschaft existieren, so ist dies das

Ergebnis der Werke der Menschen. Diese Dinge sind nicht von Gott geschaffen. Gottes Wissen darüber hat keinen Einfluss auf die Wahl des Menschen für Gutes oder Böses.

Es ist wahr, dass innerhalb der Sphären der menschlichen Freiheit und Macht bestimmte Faktoren existieren, die bei der Entscheidungsfindung des Menschen eine Rolle spielen – wie umweltbedingte Faktoren, die innere Natur des Menschen und göttliche Führung. Doch diese Rolle ist auf das Anregen der Inklination beschränkt, sie dient dem Willen des Menschen als Ermutigung. Sie nötigt den Menschen nicht dazu, die Wahl in eine bestimmte Richtung zu machen. Die Existenz dieser Faktoren bedeutet nicht, dass der Mensch in ihnen gefangen ist, ganz im Gegenteil, er ist vollständig in der Lage, den durch äußere Faktoren geschaffenen Inklinationen zu gehorchen oder ihnen zu widerstehen, in dem er sie einschränkt oder ihren Kurs verändert. Ein Individuum kann von der Leitung, die ihm zur Verfügung steht durch Einsicht und aufgrund klarer Betrachtung profitieren und so seinen Inklinationen Gestalt geben, sie modifizieren und kontrollieren. Die reichen, instinktiven Antriebe, die der Mensch in sich trägt, können nie völlig eliminiert werden, aber es ist wichtig, sie zu zügeln und ihnen die Möglichkeit zu nehmen, wild umherzuirren.

————

Nehmen wir an, ein Experte der Mechanik inspiziert unser Auto bevor es eine große Fahrt beginnt, und sieht voraus, dass dieses Auto nicht mehr als einige Kilometer zurück legen wird, um dann aufgrund eines technischen Defektes stehenzubleiben. Wenn nun das Auto nach einigen Kilometern kaputt geht, wie es der Mechaniker bereits voraus gesagt hat, kann man ihn als Verursacher des kaputt gegangenen Autos darstellen, nur weil er es voraus gesehen hatte?

Natürlich nicht, denn der schlechte Zustand des Autos war der Grund für das Stehenbleiben und nicht das Wissen des Experten, noch seine Vorhersage. Keine rationale Person kann das Wissen des Mechanikers als Ursache für das Kaputtgehen annehmen.

Ein weiteres Beispiel: Ein Lehrer kennt den Fortschritt, den seine Schüler machen und weiß, dass einer seiner Schüler in der Abschlussprüfung aufgrund seiner Faulheit und der Weigerung zu arbeiten durchfallen wird. Wenn die Noten des Tests verlesen werden, wird klar, dass der nachlässige Schüler tatsächlich durchgefallen ist. Ist jetzt die Ursache für solch ein Ergebnis das Wissen des Lehrers oder die Faulheit des Schülers? Natürlich ist es das Letztere.

Diese Beispiele helfen uns bis zu einem gewissen Grad zu verstehen, warum Gottes Wissen nicht die Ursache für die Taten Seiner Diener sein kann.

———

Eine der schädlichen Wirkungen des Determinismus auf die Gesellschaft ist, dass er es arroganten Unterdrückern leichter macht, die Unterdrückten zu ersticken und zu unterwerfen. Den Unterdrückten wiederum macht er es schwerer, sich zu verteidigen.

Determinismus als Entschuldigung nehmend, leugnet der Unterdrückende jegliche Verantwortung für sein gewaltsames und erbarmungsloses Handeln. Er sagt sein Handeln sei das Handeln Gottes und führt seine Verstöße auf Gott zurück – jener Gott, der über allen Vorwurf und jeglichen Einwand erhaben ist. Die

Unterdrückten sind dann verpflichtet all das, was der Unterdrücker mit ihnen macht, zu ertragen, denn gegen seine Ungerechtigkeit zu kämpfen wäre umsonst und Bemühungen, eine Veränderung herbei zu führen, würden scheitern.

Die Imperialisten und andere wichtige Kriminelle der Geschichte haben manchmal den Determinismus benutzt, um ihre Brutalität und Unterdrückung aufrecht zu erhalten.

Als die Familie des Märtyrers Husayn, Sohn Alis (Friede sei mit ihnen) in die Gegenwart Ibn Ziyads kam, sagte dieser furchtbare Kriminelle zu Zaynab-i-Kubra, der Schwester Husayns (Friede sei mit ihnen), „hast du gesehen, was Gott deinem Bruder und eurer Familie angetan hat?"

Sie antwortete: „Von Gott habe ich nichts als Güte und Gutes gesehen. Sie (Zaynabs Familie) haben getan, was Gott von ihnen wollte, um ihren Stand zu erhöhen. Und sie haben ihre Pflicht erfüllt, die ihnen anvertraut wurde. Bald werdet ihr allein vor der Gegenwart eures Herrn versammelt werden und ihr werdet verantwortlich gemacht werden. Dann erst wirst du verstehen, wer triumphierte und wer errettet wurde."[39]

Bezüglich der Frage des freien Willens und des Determinismus, sind die Materialisten im Widerspruch gefangen. Sie sehen im Menschen eine materielle Existenz. Wie der Rest der Welt ist sie der dialektischen Veränderung unterworfen und unfähig selbst eine Wirkung hervorzurufen. Konfrontiert mit

---

[39] „Muntaha Al-Amal"

umweltbedingten Faktoren, historischer Unvermeidlichkeit und vorherbestimmten Umständen, fehlt es ihr an freien Willen. Indem der Mensch seinen Weg der Entwicklung wählt, sind seine Ideen und seine Handlungen ganz der Gnade der Natur unterworfen. Jede Revolution oder soziale Entwicklung ist allein das materielle Ergebnis von bestimmten Umständen und der Mensch hat dabei keine Rolle zu spielen.

Nach der entscheidenden Beziehung zwischen Ursache und Wirkung, geschieht nichts ohne eine vorausgegangene Ursache und der Wille des Menschen ist auch – wenn er mit materiellen und wirtschaftlichen Umständen seiner Umwelt und mentalen Faktoren konfrontiert wird – unflexiblen Gesetzen unterworfen, dabei ist er faktisch selbst etwas mehr als die „Wirkung", die er produziert. Der Mensch ist durch die Anforderungen seiner Umgebung und ihrer intellektuellen Inhalte genötigt, den Weg zu wählen, der ihm auferlegt wurde. Es gibt hier keinen Platz für den unabhängigen Willen und der Entscheidungsfreiheit des Menschen, um sich auszudrücken und keine Rolle für einen Sinn, für moralische Verantwortung und Diskriminierung.

Aber zur gleichen Zeit erachten die Materialisten den Menschen für fähig die Gesellschaft und die Welt zu beeinflussen und sie legen mehr als andere Denkschulen Wert auf die Propagierung und die ideologische Disziplin innerhalb einer organisierten Partei. Sie rufen die Massen auf, die vom Imperialismus schikaniert wurden, sich zur gewaltsamen Revolution zu erheben und zu versuchen, dass der Mensch seine Ansichten ändert und andere Rollen in der Gesellschaft übernimmt, als er es bisher getan hat – all dies hängt von der Macht der freien Wahl ab. Diese Beschreibung der Rolle des Menschen widerspricht dem ganzen

Programm von dialektischem Materialismus, da es erklärt, dass der freie Wille doch existiert.

Wenn die Materialisten die Aufrüttelung der unterdrückten Massen und die Stärkung der revolutionären Bewegung für sich beanspruchen, so beschleunigt dies die Geburt einer neuen Ordnung aus dem Schoß der alten. Das wäre unlogisch, denn keine Revolution oder qualitative Veränderung kann stattfinden, wenn die Zeit nicht reif dafür ist. Nach der dialektischen Methode vollbringt die Natur ihre eigene Aufgabe besser als alle anderen. Sich für Propaganda einzusetzen und die Meinung der Massen versuchen zu mobilisieren, ist eine ungerechtfertigte Einmischung in das Werk der Natur.

Es muss von den Materialisten ebenfalls erkannt werden, dass die Freiheit aus der Kenntnis der Gesetze der Natur besteht, um in der Lage zu sein, sie zu benutzen, damit bestimmte Ziele verfolgt werden können. Sie besteht nicht aus etwas Unabhängigen gegenüber den Gesetzen der Natur. Aber auch hier scheitert die Problemlösung: Selbst wenn man sich nach dem Erlernen der Gesetze prinzipiell dazu entschließt, sie für bestimmte Zwecke zu gebrauchen, bleibt die Frage bestehen, ob es die Natur und die Materie ist, welche diese Dinge determiniert und sie dem Menschen auferlegt oder ob der Mensch sie selbst frei wählt.

Wenn der Mensch in der Lage ist zu wählen, sind seine Reflektionen die Wünsche und Konditionen der Natur oder können seine Überlegungen gegen die Natur verlaufen?

Die Materialisten halten den Menschen für ein monodimensionales Geschöpf, so dass sogar seine Überzeugungen und Ideen als Ergebnis von ökonomischen und materiellen Entwicklungen gesehen werden und dem Klassendenken und Produktionsbeziehungen innerhalb einer Gesellschaft unterworfen sind – kurz, sie spiegeln die besonderen Umstände wider, die sich aus den materiellen Bedürfnissen der Menschen ergeben.

Es ist natürlich wahr, dass der Mensch eine materielle Existenz besitzt und dass die materiellen Beziehungen der Gesellschaft und der physikalischen und geografischen Konditionen alle eine Wirkung auf ihn haben. Aber andere Faktoren, die aus seiner essenziellen Natur und seinem inneren Selbst entstehen, haben ebenfalls das Schicksal in der Geschichte des Menschen beeinflusst. Und es ist nicht möglich, das intellektuelle Leben des Menschen allein auf die Inspirationen durch die Materie und den Beziehungen der Herstellung zurückzuführen. Man kann nie die wichtige Rolle übersehen, die religiöse Faktoren und Ideale gespielt haben, noch die spirituellen Impulse vergessen, die dem Menschen, bei der Wahl bestimmte Pfade zu beschreiten, halfen. Der Wille des Menschen ist sicherlich ein Verbindungsstück in der kausalen Kette, die dazu führt, dass er gewisse Handlungen durchführt und andere nicht.

Niemand bezweifelt, dass der Mensch dem Einfluss von natürlichen Aktionen und Reaktionen unterworfen ist und dass die Kraft der Geschichte und die ökonomische Faktoren die Wegbereiter für das Auftauchen bestimmter Ereignisse sind. Aber sie sind nicht die einzigen ausschlaggebenden Faktoren und sie spielen nicht die fundamentale Rolle, die das Schicksal des Menschen entscheidet. Sie können dem Menschen seine Freiheit und Macht zu entscheiden nicht nehmen, weil er zu einem Punkt vorangeschritten ist, dass er einen wert hat, der über die Natur hinausgeht und ihn in die Lage versetzt, Bewusstsein zu erlangen und einen Sinn für Verantwortung aufrechtzuerhalten.

Der Mensch ist nicht nur kein Gefangener der Materie und den Beziehungen der Erzeugung, er hat Macht und verfügt über Souveränität über die Natur und er hat die Fähigkeit, die Beziehungen der Materie zu verändern.

So wie Veränderungen der materiellen Phänomene externen Ursachen und Faktoren unterworfen sind, existieren in der menschlichen Gesellschaft bestimmte Gesetze und Normen, die den Grad des Wohlstands und der Stärke einer Nation oder aber ihren Fall und ihren Rückstand bestimmen. Historische Ereignisse sind weder blindem Determinismus unterworfen noch zufällig. Sie korrespondieren mit den Normen und Entwürfen der Schöpfung, in welcher der Wille des Menschen einen wichtigen Platz einnimmt.

In zahlreichen Versen des glorreichen Korans sind es Unterdrückung, Ungerechtigkeit, Sünde und Korruption, die den Lauf der Geschichte eines Volkes verändern. Dies ist eine observierbare Norm in allen menschlichen Gesellschaften. „Wenn Wir eine Stadt zu zerstören beabsichtigen, lassen Wir Unser Gebot an ihre Reichen ergehen; sie freveln darin, so wird der Richtspruch fällig gegen sie, und Wir zerstören sie bis auf den Grund." (Vgl. Koran: Sure 17, Vers 16)

„Hast du nicht gesehen, wie dein Herr mit den Ad verfuhr, Dem Volk von Iram, Besitzer von hohen Burgen, Dergleichen nicht erschaffen ward in (anderen) Städten, Und den Thamud, die die Felsen aushieben im Tal, Und Pharao, dem Herrn von gewaltigen Zelten? Die frevelten in den Städten, Und viel Verderbnis darin stifteten. Drum ließ dein Herr die Peitsche der Strafe auf sie fallen.

Wahrlich, dein Herr ist auf der Wacht." (Vgl. Koran: Sure 89, Vers 6-14)

Der Koran erinnert uns auch daran, dass die Menschen, die ihre Wünsche anbeten und ihren abschweifenden Inklinationen gehorchen, viel Leid in der Geschichte verursachen: „Siehe, Pharao betrug sich hoffärtig im Land und teilte das Volk darin in Gruppen: Einen Teil von ihnen versuchte er zu schwächen, indem er ihre Söhne erschlug und ihre Frauen leben ließ. Fürwahr, er war einer der Unheilstifter!" (Vgl. Koran: Sure 28, Vers 4), „So verleitete er (Pharao) sein Volk zur Narrheit, und sie gehorchten ihm. Sie waren ein sündiges Volk." (Vgl. Koran: Sure 43, Vers 54)

Wie viel Blutvergießen, Krieg, Ruin und Unordnung wurde durch die Anbetung der leidenschaftlichen Wünsche verursacht und durch den Hunger nach Macht! Menschen, welche das Bauelement der Gesellschaft sind, besitzen Intelligenz und den inneren Willen in ihrem Selbst, noch bevor sie ein Teil der Gesellschaft werden. Der individuelle Geist ist nicht machtlos gegenüber dem Geist der Gesamtheit.

Jene, die beanspruchen, dass das Individuum in seinen Handlungen durch seine soziale Umgebung völlig determiniert sei, stellen sich vor, dass alle wirklichen Zusammenschlüsse notwendigerweise die Auflösung der Teile des Ganzen involvieren, damit eine neue Realität hervorkommen kann. Die einzige Alternative dazu wäre, so glauben sie, entweder das Leugnen der objektiven Realität der Gesellschaft, die aus Zusammenschlüssen von Individuen besteht, und das Anerkennen der Unabhängigkeit und der Freiheit eines Individuums oder die Realität der Gesellschaft als Zusammengesetztes zu akzeptieren und die Unabhängigkeit und die Freiheit aufzugeben. Es ist nicht möglich, dass beide

Möglichkeiten kombiniert aufrecht erhalten bleiben können.

Obwohl die Gesellschaft heute mehr Macht als das Individuum besitzt, bedeutet das nicht, dass das Individuum zu allen sozialen Aktivitäten und Unternehmungen gezwungen ist. Der Vorrang der essenziellen Natur im Menschen – das Ergebnis seiner Entwicklung auf der natürlichen Ebene – gibt ihm die Möglichkeit, frei zu handeln und gegen die Zumutungen der Gesellschaft zu rebellieren.

Obwohl der Islam Persönlichkeit und Macht für die Gesellschaft postuliert, und das Geben und nehmen von Leben als Gottessache betrachtet, hält er doch den Menschen für fähig, sich bei existierender Korruption zu wehren und gegen sie anzukämpfen. Der Koran sieht nicht in den hierarchischen Bedingungen determinierende Faktoren, die zum Auftauchen von gleichförmigen Ansichten führen, denen dann die Menschen unterworfen sind.

Die Pflicht das Gute zu gebieten und das Üble zu verwehren, ist an sich schon ein Befehl, welcher gegen die Ordnung einer sozialen Umgebung rebelliert, wenn diese Sünde und Korruption involviert. Der Koran sagt: „So ist es wahrscheinlicher, dass sie wahres Zeugnis ablegen oder dass sie fürchten, es möchten andere Eide gefordert werden nach ihren Eiden. Und fürchtet Gott und höret! Denn Gott weist nicht dem ungehorsamen Volk den Weg." (Vgl. Koran: Sure 5, Vers 108), „Zu jenen, die - Unrecht gegen sich selbst tuend - von Engeln dahingerafft werden, werden diese sprechen: Wonach strebtet ihr? Sie werden antworten: Wir wurden als Schwache im Lande behandelt. Da sprechen jene: War Gottes Erde nicht weit genug für euch, dass ihr darin hättet auswandern können? (...)" (Vgl. Koran: Sure 4, Vers 97)

In diesem Vers werden jene, die sich genötigt sehen konform mit der Gesellschaft zu sein, dafür streng verurteilt und ihre Entschuldigungen für ihr Scheitern Verantwortung zu übernehmen, wird abgelehnt.

Um moralisch und spirituell voran zu kommen, ist die Existenz eines freien Willens unentbehrlich. Der Mensch ist wertvoll und Werte werden von ihm erwartet, allerdings nur, wenn er frei ist. Wir erwerben Unabhängigkeit und Wert allein, indem wir einen Weg wählen, der mit der Wahrheit konform ist und der die schlechten Tendenzen in uns und in unserer Umwelt durch Bemühung widersteht. Wenn wir nur unserer natürlichen Entwicklung nach Handeln oder unserer dialektischen Determinierung folgten, würden wir all unsere Persönlichkeit und unseren Wert verlieren.

Kein Faktor zwingt daher den Menschen einen bestimmten Weg zu gehen, noch ist er eine Kraft, die ihn bindend dazu bringen könnte, etwas zu unterlassen. Der Mensch mag in Anspruch nehmen sich selbst zu schaffen, jedoch nur wenn er selbst wählt, sich entscheidet und in seine eigenen Bemühungen investiert, nicht aber, wenn er sich nach zufälligen Gesetzen und Zielen, die in einer Gesellschaft vorherrschen, formt.

L19 – Der freie Wille

Die Befürworter dieser Schule sagen, dass der Mensch sich automatisch bewusst ist, dass er die Handlungsfreiheit besitzt. Er kann entscheiden, was er will und sein eigenes Schicksal entwerfen, wie er möchte und wie es zu seinen Inklinationen passt. Die Existenz, die dem Menschen Verantwortung auferlegt, das Bedauern, welches der Mensch empfindet, nachdem er bestimmte Dinge getan hat, die Bestrafung, die das Gesetz für Kriminelle vorsieht, die Werke, die der Mensch vollbringt, um den Lauf der Geschichte zu ändern, die Grundlagen für Wissenschaft und Technologie – all dies beweist, dass der Mensch in seinem Handeln frei ist.

Ebenso verhält es sich mit der Frage der religiösen Verantwortlichkeit des Menschen, das Senden von Propheten, die Proklamation der göttlichen Botschaft und das Prinzip der Wiederauferstehung und das Gericht – all dies beruht auf den freien Willen des Menschen, seiner Fähigkeit, seine Handlungen zu wählen.

Es wäre völlig bedeutungslos, wenn Gott auf der einen Seite den Menschen zwingen würde, bestimmte Dinge zu tun, und ihn auf der anderen Seite dafür bestrafen oder belohnen wollte. Es wäre sicherlich ungerecht, wenn Gott, der Schöpfer der Welt, uns auf Wege setzt, die Er, aufgrund Seiner Macht und Seines Willens, wählt, und uns dann für diese Handlungen bestraft, die wir begangen haben, ohne dass wir eine Wahl gehabt hätten.

Wenn die Taten des Menschen eigentlich die Werke Gottes sind, alle Korruption, alles Üble, jegliche Grausamkeit müsste als Seine Arbeit angesehen werden, wo doch Seine göttliche Existenz frei von Korruption und Ungerechtigkeit ist.

Hätte der Mensch keine freie Wahl, das ganze Konzept der religiösen Verantwortung des Menschen wäre ungerecht. Den unterdrückenden Tyrannen träfe keine Schuld und die Gerechten verdienten kein Lob, denn die Verantwortung hat nur innerhalb der Sphäre des Möglichen Bedeutung und im Rahmen dessen, was der Mensch erreichen kann.

Der Mensch verdient schuldig gesprochen zu werden oder gelobt zu werden, wenn er in der Lage ist, selbst zu entscheiden und frei zu handeln, ansonsten gibt es keine Frage von Schuld oder Lob.

Jene, die an der eben beschriebenen Position festhalten, gehen in ihrer Behauptung von menschlicher Freiheit soweit, dass sie im Menschen den Besitzer des absolut freien Willens sehen und zwar in all seinen willensmäßigen Handlungen. Sie stellen sich vor, dass Gott nicht über den Willen und den Wünschen des Menschen herrschen kann und dass die gewollten Taten des Menschen von Seinem Machtbereich ausgenommen sind. Das ist kurzgesagt, die Position der Befürworter des absolut freien Willens.

———

Jene, die sagen, dass es die natürlichen Normen und der Wille des Menschen ist, der die Welt der Phänomene kreiert und dass weder die Rotation der Welt noch die Handlungen des Menschen irgendeine Verbindung zu Gott aufweisen, schreiben alle Wirkungen dem Pol zu, der sich Gott entgegenstellt. Letztendlich machen sie geschaffene Dinge zu Partner Gottes in Seiner Schöpfung oder sie zu Gott, dem Schöpfer schaffen einen weiteren Schöpfer. Sie halten unbewusst die Essenz der geschaffenen Dinge für unabhängig von der göttlichen Essenz.

Die Unabhängigkeit eines Lebewesens – sei dieses nun menschlich oder nicht – bringt den Glauben mit sich, dass dieses Lebewesen zum Partner Gottes in seinen Handlungen und seiner Unabhängigkeit wird, dabei ganz klar in einer Form des Dualismus resultierend. Der Mensch wird so von dem hohen Prinzip der göttlichen Einheit hinweg geführt und in die gefährliche Falle des Polytheismus geworfen. Die Idee der absoluten menschlichen Freiheit würde bedeuten, in bestimmten Bereichen von der Souveränität Gottes Abstand zu nehmen, wo Er doch alles Sein umfasst. Wir würden so dem Menschen uneingeschränkte und unumstrittene Souveränität auf der Eben seiner gewollten Handlungen geben. Kein wirklicher Gläubiger, der an die Einheit Gottes glaubt, kann die Existenz einer Kreativität getrennt von Gott akzeptieren, nicht einmal in dem limitierten Bereich der menschlichen Taten.

Während wir die Validität der natürlichen Ursachen und Faktoren anerkennen, müssen wir Gott als wahre Ursache für alle Ereignisse und Phänomene betrachten und erkennen, dass Gott, wenn Er es wollte, selbst in limitierten Sphären die Ursachen und Faktoren neutralisieren und sie damit unwirksam machen könnte.

So wie es allen Geschöpfen dieser Welt in ihrer Essenz an Unabhängigkeit mangelt, so sind alle Existenzformen von Gott abhängig. Es fehlt ihnen auch an der Verursachung und der Erzeugung von Wirkungen. Daher haben wir die Doktrin der Einheit der Handlungen, die bedeutet, dass die Wahrnehmung der Fakten des gesamten System des Seins mit seinen Ursachen und Wirkungen, seinen Gesetzen und Normen, das Werk

Gottes sind, dass sie durch Seinen Willen in die Existenz gelangen. Auf diese Weise schuldet jeder Faktor und jede Ursache Ihm nicht nur die Essenz seiner Existenz, sondern auch die Fähigkeit zu handeln und Wirkungen zu erzeugen.

Die Einheit der Handlungen fordert von uns nicht, das Prinzip der Ursachen und Wirkungen zu leugnen und der Rolle, die sie in der Welt spielen oder alles als direktes und unmittelbares Produkt des göttlichen Willens zu betrachten. Dies, weil die Existenz oder Nicht-Existenz der verursachenden Faktoren keinen Unterschied darstellen. Aber wir sollten diesen Faktoren keine unabhängige Verursachung zuschreiben oder glauben, dass die Beziehung Gottes zu der Welt dem Künstler und seinem Werk gleiche – wie zum Beispiel die des Malers zu seinem Gemälde. Das Kunstwerk ist in seiner Entstehung vom Künstler abhängig. Doch wenn der Künstler seine Arbeit erst einmal getan hat, bestehen der Charme und die Attraktivität des Bildes auch ohne den Künstler weiter. Wenn der Künstler von dieser Welt geht, bleibt sein brillantes Werk erhalten.

Zu glauben, die Beziehung Gottes mit der Welt sei von der gleichen Art, ist eine Form des Polytheismus. Wer immer Gottes Rolle in den Phänomenen und in den Handlungen des Menschen leugnet, nimmt dabei an, dass Gottes Macht kurz vor den Grenzen der Natur und dem freien Willen stoppt. So eine Sichtweise ist rational nicht akzeptierbar, da es beides impliziert, eine Absage an die Allmacht Gottes und eine Einschränkung Seiner uneingeschränkten und grenzenlosen Essenz.

Wer solch eine Meinung vertritt, wird sich selbst freisprechen, Gott in irgendeiner Weise zu brauchen, was bewirken wird, dass er gegen Ihn rebelliert und sich mit moralischer Korruption beschäftigt. Dagegen haben das Gefühl der Abhängigkeit von Gott, das Gottvertrauen und die Gotteshingabe eine positive Wirkung auf die Persönlichkeit, den Charakter und das Verhalten des Menschen. Keine Befehlsgewalt als die Gottes anzuerkennen, seien sie von innerer oder äußerer Natur, heißt leidenschaftliche Wünsche und Inklinationen werden unfähig den Menschen diesen oder jenen Weg entlang zu ziehen und so wird kein anderer Mensch in der Lage sein, den Menschen zu versklaven.

Der noble Koran spricht dem Menschen jegliche Teilhaberschaft in den Angelegenheiten Gottes in dieser Welt ab: „Sprich: Aller Preis gebührt Gott, Der Sich keinen Sohn zugesellt hat und niemanden neben Sich hat in der Herrschaft noch sonst einen Gehilfen aus Schwäche. Und preise Seine Herrlichkeit mit aller Verherrlichung." (Vgl. Koran: Sure 17, Vers 111)

Zahlreiche Verse proklamieren eindeutig die absolute Macht Gottes. Zum Beispiel: „Gottes ist das Königreich der Himmel und der Erde und was zwischen ihnen ist; und Er hat die Macht über all Dinge." (Vgl. Koran: Sure 5, Vers 120), „(...) Und nichts vermöchte Gott in den Himmeln oder auf Erden zu hemmen, denn Er ist allwissend, allmächtig." (Vgl. Koran: Sure 35, Vers 44)

Die Existenzformen dieser Welt brauchen Gott für ihr Überleben und ihr Bestehen genauso sehr wie sie ihn für ihre Entstehung brauchen. Die gesamte Schöpfung bekommt das Geschenk der Existenz jeden Augenblick aufs Neue, wäre dem nicht so, das ganze Universum würde zusammenfallen. Die Kreativität aller Kräfte der Welt ist identisch mit der Kreativität Gottes und ist eine Erweiterung Seiner Aktivität. Ein Sein, welches in seiner Essenz vom göttlichen Willen abhängig ist, kann nicht allein bestehen.

So wie eine elektrische Lampe ihre Energie vom Kraftwerk bekommt, sobald man sie anschaltet, genauso müssen sie ständig ihre Kraft von der Quelle beziehen, um zu brennen.

Der glorreiche Koran erklärt klar und emphatisch: „O ihr Menschen, ihr seid Gottes bedürftig, Gottes aber ist der Sich Selbst Genügende, der Preiswürdige." (Vgl. Koran: Sure 35, Vers 15)

Alle Essenzen bekommen von Seinem Willen und sind von Ihm abhängig, alle Phänomene dauern kontinuierlich durch Ihn an. Die mächtige und ausgezeichnete Ordnung des Universums ist auf einem Pol orientiert und dreht sich um eine Achse.

Imam Jaafar as-Sadiq (Friede sei mit ihm) sagte: „Die Kraft und Macht Gottes sind so erhaben, als das etwas im Universum auftreten könnte, was gegen Seinen Willen wäre."[40]

Hätte Gott uns nicht das Prinzip des freien Willens erwiesen und würde Er uns nicht jedem Moment Leben, Ressourcen und Energie gewähren, wir wären nie in der Lage, irgendetwas zu tun. Denn es ist Sein unabänderlicher Wille, der festgelegt hat, dass wir gewollte Handlungen vollbringen, dabei die Rolle erfüllend, die Er uns zugedacht hat. Er hat gewollt, dass der Mensch seine eigene Zukunft gestaltet, sei sie nun gut oder schlecht, leuchtend oder dunkel, ganz nach seinem eigenen kritischen Gespür und Wünschen.

---

[40] „Al-Kafi"

Unsere gewollten Handlungen sind mit uns selbst und mit Gott verbunden. Wir können die Ressourcen, die Gott uns zur Verfügung gestellt hat mit vollem Bewusstsein benutzen, um uns zu verbessern in Übereinstimmung mit einer korrekten Wahl oder wir können in Korruption, Sünde und Genusssucht eintauchen. Es ist natürlich wahr, dass die Reichweite unserer gewollten Handlungen innerhalb eines festgelegten Rahmens bleibt. Die Kraft ist Gottes und doch sind wir es, die sie benutzen.

Nehmen wir an, jemand hätte ein künstliches Herz, dass mit einer Batterie betrieben wird, welche man in einem Kontrollraum an- und ausschalten kann. Wann immer wir wollten, könnten wir dieses Herz ausschalten und seine Funktion zum Erliegen bringen. Das, was in unserer Macht steht ist Strom, der von der Batterie zum Herzen führt, jeden Moment können wir diesen stoppen. Aber solange wir der Batterie erlauben zu funktionieren, kann die Person, in deren Körper das Herz implantiert ist, sich frei bewegen und handeln, wie sie es möchte. Wenn sie etwas Gutes oder Schlechtes tut, handelt sie im Einvernehmen mit sich selbst. Die Art wie sie ihre Macht gebraucht, die wir ihr zur Verfügung gestellt haben, hängt völlig von ihr ab und hat nichts mit uns zu tun.

So ähnlich ist es auch mit der Macht, die uns Gott gegeben hat und die Er jeden Moment wieder zurück ziehen kann. Die Art und Weise, wie wir die gegebene Macht nutzen, hat Er uns völlig selbst überlassen.

Die mittlere Schule

Alle Dinge der Welt genießen eine Form der Führung, die dem Entwicklungszustand, den sie erreicht haben, entspricht. Ihre spezifische Form der Führung korrespondiert mit ihren verschiedenen Graden der Existenz.

Es ist uns möglich, unsere eigene Position zu klären und diese von den anderen Existenzformen dieser Welt zu unterscheiden. Wir wissen, dass Pflanzen Gefangene in den Händen der determinierenden Kräfte der Natur sind, obwohl sie gleichzeitig bestimmte leichte entwicklungsbedingte Reaktionen gegenüber den Veränderungen ihrer Umwelt aufweisen.

Wenn wir die Eigenschaften der Tiere analysieren, fühlen wir, dass sie Attribute besitzen, die sich von Pflanzen unterscheiden. Um ihre Nahrung zu erhalten, müssen sich Tiere mit diversen Aktivitäten beschäftigen, da die Natur sie nicht zu einem Festessen einlädt, wo ihnen ihre Nahrung serviert wird. Tiere brauchen bei ihren Bemühungen bestimmte Werkzeuge und Instrumente, um an Futter zu kommen und diese werden von der Natur mitgeliefert.

Wissenschaftler sind der Meinung, dass Tiere, die in bezug auf ihren Körperbau und ihre Organe schwächer sind sich bezüglich ihrer Instinkte stärker hervortun und genießen dabei umso mehr die direkte Hilfe und den Schutz der Natur. Andersherum aber, wenn sie sensorisch sehr gut ausgestattet und über konzeptioneller Kraft verfügen und je größer ihr Grad der Unabhängigkeit, umso weniger werden sie von ihren Instinkten gelenkt. In der ersten Zeit seines Lebens, ist das Kind direkt durch die ausführliche Fürsorge seiner Mutter und seines Vaters geschützt. Wenn es dann älter wird, löst er sich graduell von ihrer allumfassenden Beaufsichtigung.

Der Mensch, der die höchste Stufe der Entwicklung erreicht hat, da er das einzige Sein ist, welches das

Vermögen besitzt, freiheitlich zu entscheiden und wahrzunehmen, hat er ein relativ geringes Gespür für Instinkte. Da er seine Freiheit schrittweise erlangt, wird er in seinen sensorischen Kapazitäten zunehmend schwächer.

Die Natur stellt in vielerlei Hinsicht die verschiedenen Bedürfnisse, die Pflanzen haben, zufrieden. In der tierischen Welt muss das Muttertier zwar bestimmte Bemühungen ausüben, um ihre Jungen zu ernähren und zu beschützen, dennoch kommen bei diesen relativ rasch Instinkte zum Vorschein und das Muttertier muss sich nicht mehr damit beschäftigen ihre Jungen diesbezüglich zu trainieren und zu erziehen. Beim Menschen sehen wir aber, dass er keine mächtigen natürlichen Instinkte besitzt und seine Fähigkeit nachteilige und feindliche umgebungsabhängige Faktoren zu begegnen ist wesentlich weniger ausgeprägt als bei Tieren. So bleibt seine Abhängigkeit von seinen Eltern über Jahre bestehen bis er die Unabhängigkeit erreicht, eine Selbstversorgung möglich wird und er endlich auf seinen eigenen Füßen stehen kann.

Der noble Koran spricht klar von der Schwäche des Menschen und von seiner Ohnmacht: „Gott will eure Bürde erleichtern, denn der Mensch ward schwach erschaffen." (Vgl. Koran: Sure 4, Vers 28) Die Natur hat den Menschen viel stärker als bei den Tieren sich selbst überlassen. Wir sehen im Menschen einerseits eine sich entfaltende Freiheit und das Auftauchen der Fähigkeit zu wachsen und Bewusstsein zu entwickeln und andererseits ist bei ihm eine Zunahme an Abhängigkeit und Bedürftigkeit zu verzeichnen. Während er relative

Freiheit genießt, wird er stärker und stärker Sklave von Bedürfnissen.

Diese veränderlichen Situationen von verschiedenen Ordnungen der Schöpfung, bilden, nach Ansicht bestimmter Denker, Faktoren, die Wachstum und Entwicklung erzwingen. Je weiter eine Existenz auf der Leiter der Entwicklung voranschreitet, umso näher kommt sie der Freiheit. Es ist genau die Bedürftigkeit und das Fehlen des inneren Gleichgewichts, was möglich macht, dass Wachstum und Fortschritt stattfinden können.

Denn der freie Wille und die Wahl sich auszudrücken muss existieren - ein Faktor, der sich dem natürlichen Instinkt gegenüber entgegengesetzt verhält. Der Mensch ist dann in zwei sich entgegen gesetzt wirkenden Anziehungskräften gefangen, jede der beiden versucht seinen Gehorsam zu gewinnen, so dass er gezwungen ist, den Weg zu gehen, den er sich wünscht, frei und bewusst, sich auf seine eigenen Bemühungen verlassend. Frei von allen determinierenden Faktoren und mental vorgefassten Meinungen beginnt er auf der Basis spezifischer Kriterien und Prinzipien die Arbeit, sich selbst zu erschaffen und zu entwickeln.

Sobald man mit den Elementen des Widerspruchs konfrontiert wird, kann der Mensch nicht das Gleichgewicht erlangen oder einen korrekten Weg für sich selbst wählen, indem er wie ein Automat agiert oder jegliche Bemühung unterlässt. Die Last des göttlichen Vertrauens ertragend - dieses große Geschenk, für das die Himmel und die Erde nicht geeignet waren, nur der Mensch erkannte es als lohnenswert, sie zu akzeptieren - sieht sich der Mensch nur mit zwei Wahlmöglichkeiten in seinem Konflikt und Kampf konfrontiert: Entweder er wird zu einem Gefangenen der Tyrannei des Instinktes und der ungezügelten Wünsche, dabei sich selbst herabsetzend und sich degradierend oder aber er greift auf die unzähligen Eigenschaften des Willens, des Denkens und der Entscheidungskraft zurück, den Weg des Wachstums und der Entwicklung in Angriff nehmend und beginnt aufzusteigen.

Wann immer ein Sein vom obligatorischen Gehorsam der Instinkte befreit ist, die Ketten der Knechtschaft abwirft und beginnt seine innewohnenden Fähigkeiten und seine erworbenen Eigenschaften zu nutzen, werden seine sensorischen Bereiche geschwächt und seine natürlichen Kapazitäten gehen zurück.

Der Grund dafür ist, dass jegliches Organ oder jegliche Fähigkeit, die in einer Existenz ungenutzt bleibt, langsam gelähmt wird. Umgekehrt aber, wenn ein Organ oder eine Fähigkeit intensiv gebraucht wird, werden sie nur noch funktionstüchtiger.

Wenn also das Licht des Bewusstseins eines Menschen und sein kreativer Wille, inspiriert durch die Macht des kritischen Gespürs und der Vernunft seinen Weg erleuchtet und seine Handlungen bestimmt, werden seine Macht zur Einsicht und sein Denkvermögen es ihm ermöglichen, neue Wahrheiten und Realitäten zu entdecken.

Mehr noch, der Zustand der Verwirrung und der Zurückhaltung des Menschen zwischen den zwei sich gegenüber stehenden Polen, bringt ihn dazu nachzudenken und seine Lage einzuschätzen. Durch rationale Anstrengung kann er dann den richtigen von dem falschen Weg unterscheiden. Dies aktiviert seine mentalen Fakultäten, stärkt seine vernunftbegabten

Kapazitäten und stattet ihn mit einem höheren Grad an Beweglichkeit und Vitalität aus.

Besitztum, der Wunsch nach Freiheit, Wissenschaft und Zivilisation – all dies sind die direkten Resultate der Ausübung des freien, menschlichen Willens. Sobald der Mensch die Freiheit erlangt hat und an seinen notwendigen und positiven Bemühungen weiter arbeitet, kann er schnell im Prozess des Wachstums voranschreiten und all die Aspekte seiner innewohnenden, essentiellen Natur zur Entfaltung bringen. Wenn seine Talente und Fähigkeiten reifen, wird er zu einer Quelle des Gewinns und der Tugend für die Gesellschaft werden.

Wir sehen die Ergebnisse des freien Willens überall und der Kampf, der gegen ihn durch die Befürworter geführt wird, die sich ihm widersetzen, ist in sich selbst eine Indikation, dass die letzteren dem stillschweigend zustimmen.

Nun lasst uns sehen, welche Grenzen der Wahlfreiheit des Menschen gesetzt werden und was für einen Umfang er beim Ausüben dieses Bereiches genießt.

Die authentische Ansicht der Schiiten, die vom Koran und von den Worten der Imame bezogen wird, repräsentiert eine dritte Schule, die sich in der Mitte zwischen den Deterministen und den Befürwortern des absolut freien Willens positioniert. Diese Schule leidet nicht an den Unzulänglichkeiten und Schwächen der Deterministen, die der Vernunft, dem Bewusstsein und allen ethischen und sozialen Kriterien widersprechen und Gottes Gerechtigkeit leugnen, indem sie Ihm alle Grausamkeiten und Ungerechtigkeiten zuschreiben, die stattfinden, noch indem sie den absoluten, freien Willen erklären, wo es doch die Universalität von Gottes

Allmacht verneint und die Einheit in Gottes Handlungen zurückweist.

Es ist offensichtlich, dass unsere gewollten Taten sich von der Bewegung der Sonne, des Mondes und der Erde oder auch der Bewegung der Pflanzen und der Tiere unterscheiden. Willenskraft kommt aus unserem selbst hervor und macht es uns möglich, ein bestimmtes Verhalten durchzuführen oder nicht durchzuführen, uns damit die Wahlfreiheit gebend.

Unsere Fähigkeit frei zu wählen, ob gutes oder schlechtes, entsteht aus unserer frei ausgeübten Kapazität des kritischen Gespürs. Wir müssen unser Geschenk der freien Wahl bewusst benutzen. Als erstes gilt es reiflich und sorgsam zu reflektieren, die Dinge mit Präzision abzuwägen und dann eine kalkulierte Entscheidung zu treffen. Es ist Gottes Wille, dass wir unsere Freiheit auf diese Weise benutzen in einer Welt, die Er mit Bewusstsein und Wachsamkeit erschuf.

Was immer wir tun, es ist schon bestimmt in der Sphäre von Gottes früherem Wissen und Willen. Alle Aspekte des Lebens, alles, was das Schicksal des Menschen berührt, ist limitiert und bedingt durch Sein Wissen. Es ist durch Grenzen definiert, die Gott bereits bekannt sind. Mehr noch, wir sind nicht einmal für einen Augenblick frei von dieser Essenz, mit der wir verbunden sind und das Benutzen der Kraft, die in ins inhärent ist, kann unmöglich ohne Gottes kontinuierliche Hilfe in uns fort bestehen.

Er beobachtet uns unmittelbar mit Seiner obersten, überwältigenden Macht und dies auf einer Art und Weise, die über unsere Imagination hinausgeht. Er besitzt völliges Bewusstsein und die Souveränität über all unsere Intentionen und Verhaltensweisen.

Letztlich kann unser freier Wille nicht über die Ordnung, die Gott für Seine Schöpfung etabliert hat, hinauswachsen und daher gibt es auch bei Seinen Werken kein Problem bezüglich der Einheit.

Während der Mensch mithilfe seines Willens Wirkungen in der Welt schaffen kann, ist er selbst einer Serie von natürlichen Gesetzen unterworfen.

Er betritt die Welt ohne dafür zur Wahl gestellt worden zu sein und er tut zuweilen seinen letzten Atemzug, ohne dass er den Wunsch hat, dies zu tun. Die Natur hat ihn mit Bedürfnissen und Instinkten gefesselt. Trotzdem besitzt der Mensch bestimmte Kapazitäten und Fähigkeiten. So schafft die Freiheit in ihm Kreativität, die ihn in die Lage versetzt, die Natur zu unterwerfen und eine Dominanz über seine Umwelt zu etablieren.

Imam Jaafar as Sadiq (Friede sei mit ihm) sagte: „Weder der Determinismus noch der freie Wille, die Wahrheit dieser Angelegenheit liegt zwischen den beiden."[41]

Es gibt also den freien Willen, nur ist dieser nicht allumfassend, denn wenn man für den Menschen eine getrennte Sphäre postuliert, so ist dies gleichbedeutend mit dem Beigesellen eines Partners neben Gottes Werken. Der freie Wille, den der Mensch genießt, ist vom Schöpfer der Natur so gewollt und Gottes Befehl manifestiert sich in Form von Normen, die den Menschen, die Natur, die natürlichen Beziehungen, die Ursachen und die Faktoren regieren.

---

[41] „Al-Kafi", Band I

Aus der Sicht des Islams, ist der Mensch weder ein fertiges Geschöpf, dessen Schicksal verdammt ist, festgelegt zu sein, noch wurde er in eine dunkle und sinnlose Umgebung gestürzt. Er ist eine Existenzform, die vor lauter Zielen, Talenten, Fertigkeiten, kreativem Bewusstsein und Inklinationen geradezu überläuft, und er wird von einer Art innewohnender Führung begleitet.

Den Fehler, den die Deterministen und die Befürworter des unbegrenzten freien Willens machen, ist dass sie sich vorstellen, dass dem Menschen nur zwei begehbare Wege zur Verfügung stehen: Entweder all seine Taten werden allein auf Gott zurückgeführt, so dass er jegliche Freiheit verliert und in seinen Handlungen vorherbestimmt ist oder wir sind verpflichtet zu glauben, dass die gewollten Werke des Menschen von einer unabhängigen und ungebundenen Essenz in uns selbst stammen, eine Ansicht, die Gottes Macht limitiert.

Dass wir einen freien Willen haben jedoch, ist ein Fakt, der nicht die Allmacht Gottes betrifft, denn Er hat gewollt, dass wir freiheitlich unsere eigenen Entscheidungen treffen und zwar in Übereinstimmung mit den Normen und Gesetzen, die Er etablierte.

Einerseits kann man die Taten des Menschen und sein Verhalten auf den Menschen selbst zurückführen und andererseits auf Gott. Der Mensch hat eine unmittelbare, direkte Beziehung zu seinen eigenen Handlungen, während Gottes Beziehung zu diesen Taten indirekt ist. Aber beide Beziehungsformen sind real und wahr. Weder steht der Mensch dem göttlichen Willen oppositionell gegenüber, noch steht sein menschlicher Wille den Wünschen Gottes konträr gegenüber.

Hartnäckige Menschen intentionieren den Unglauben, sie sind jeder Form des Predigens und der Warnung gegenüber oppositionell eingestellt. Zu ihrer verirrten Position kommen sie ursprünglich durch die Ausübung ihres freien Willens und erfahren dann die Konsequenzen ihrer Blindheit und der Verstocktheit ihrer Herzen, die von Gott gesehen wird.

Sie gehorchen den Wünschen ihres niederen Selbst. Diese sich selbst gegenüber ungerechten Menschen verhindern das Funktionieren ihrer Herzen, ihrer Augen und ihrer Ohren und als Resultat ernten sie ewige Verdammnis.

Der Koran sagt: „Die nicht geglaubt haben - und denen es gleich ist, ob du sie warnst oder nicht warnst -, sie werden nicht glauben. Versiegelt hat Gott ihre Herzen und ihre Ohren, und über ihren Augen liegt eine Hülle, und ihnen wird schwere Strafe." (Vgl. Koran: Sure 2, Vers 6-7)

Manchmal sind die Korruption und die Sünde nicht von solchem Ausmaß, dass sie den Weg zur Rückkehr zu Gott und der Wahrheit blockieren. Aber zuweilen erreichen sie einen Umfang, dass die Rückkehr zur wahren menschlichen Identität nicht mehr möglich ist. Dann wird das Siegel des Eigensinns auf den verunreinigten Geist des Ungläubigen gelegt. Dies ist ein natürliches Ergebnis ihres Verhaltens, welches durch Gottes Wille und Wunsch entschieden wird.

Die Verantwortlichkeit solcher Personen stammt von der Ausübung ihres freien Willens und der Fakt, dass sie nicht den Segen der Führung bekommen haben, vermindert ihre Verantwortung nicht. Es gibt das feste, sich selbst beweisende Prinzip zu der Wirkung: „Was immer seinen Ursprung im freien Willen hat und in Zwang endet, widerspricht dem freien Willen nicht."

Es wird berichtet, dass der Imam sagte: „Gott wollte, dass die Dinge durch Ursachen und durch Mittel stattfinden und Er erlässt nichts, außer mittels Ursachen. Er hat daher für alles eine Ursache kreiert."[42]

Eine der Ursachen, die Gott in seiner Schöpfung etabliert hat, ist der Mensch und sein Wille. Bei Einhaltung dieses Prinzips, dass bestimmte Ursachen und Methoden von Gott für das Erscheinen jedes Phänomens etabliert wurden: Das Ereignis eines Phänomens macht die vorherige Existenz von jenen Ursachen und Mitteln erforderlich und wäre es nicht so, das Phänomen würde nicht in Erscheinung treten.

Dies ist ein universelles Prinzip, welches auch unsere gewollten Handlungen unvermeidlich regiert. Unsere Wahl und unser freier Wille formen das letzte Verbindungsstück in der Kette der Ursachen und der Mittel, die in der Ausführung einer Tat resultieren.

Bei den Versen, wo sich alle Dinge auf Gott beziehen und die Taten als ein Hervorkommen durch Ihn beschrieben werden, beschäftigt sich der Koran mit dem vorewigen Willen des Schöpfers als Entwerfer der Welt, und sie erklären wie Seine Macht alles umfasst und den gesamten Verlauf des Seins durchdringt. Seine Macht erstreckt sich über jeden Ort des Universums, und zwar ohne Ausnahme. Aber Gottes unangefochtene Macht vermindert nicht die Freiheit des Menschen. Denn Gott selbst hat für den Menschen den freien Willen geschaffen und Er war es, der ihm diesen erwiesen hat. Er hat den Menschen frei überlassen, welchen Weg er

---

[42] „Al-Kafi", Band I

zu wählen gedenkt und Er macht kein Individuum oder Leute für das Versagen Anderer verantwortlich.

Wenn es einen Zwang in den Angelegenheiten des Menschen gibt, dann nur in dem Sinne, dass er, aufgrund des Willens Gottes, gezwungen ist einen freien Willen zu haben, nicht aber in dem Sinne, dass er verdammt dazu ist, in bestimmter Weise zu handeln.

Wenn wir also die beste Tat unternehmen, so ist die Kapazität sie auszuführen von Gott gegeben und die Entscheidung, diese Kapazität zu nutzen ist von uns.

Bestimmte andere Verse des Korans betonen die Rolle des menschlichen Willens und seiner Handlungen und widerlegen damit die Ansichten der Deterministen. Wenn der Koran die Aufmerksamkeit des Menschen auf die Katastrophen und Qualen dieser Welt lenkt, die der Mensch erduldet, werden diese als das Resultat der schlechten Taten beschrieben.

Es kann in allen Versen, die sich mit Gottes Willen beschäftigen, nicht ein einziger gefunden werden, der die gewollten Handlungen des Menschen auf den göttlichen Willen zurückführt. So erklärt der Koran: „Wer auch nur eines Stäubchens Gewicht Gutes tat, der wird es dann schauen, Und wer auch nur eines Stäubchens Gewicht Böses tat, der wird es dann schauen." (Vgl. Koran: Sure 99, Vers 7-8), „(...) und ihr werdet gewiss zur Rechenschaft gezogen werden für das, was ihr getan." (Vgl. Koran: Sure 16, Vers 93), „Die Götzendiener werden sagen: Wäre es Gottes Wille, wir - wie unsere Väter - hätten keine Götter angebetet; auch hätten wir nichts unerlaubt gemacht. Also leugneten schon jene, die vor ihnen waren, bis sie Unsere Strenge zu kosten bekamen. Sprich: Habt ihr irgendein Wissen? Dann bringt es für uns zum Vorschein. Doch ihr folgt nur einem Wahn, und ihr vermutet bloß." (Vgl. Koran: Sure 6, Vers 148)

Wäre die Errettung und Irreführung des Menschen von Gottes Willen abhängig, keine Spur der Fehlleitung oder der Korruption würde auf der Welt existieren, alle würden den Weg der Errettung und der Wahrheit gehen, ob sie sich dies nun wünschten oder nicht.

Bestimmte Bösewichte, die für sich selbst Entschuldigungen suchen, beanspruchen für ihre sündigen Taten, dass sie von Gott gewollt und gewünscht wären. Dazu sagt der Koran: „Und wenn sie eine Schandtat begehen, sagen sie: Wir fanden unsere Väter dabei, und Gott hat sie uns befohlen. Sprich: Gott befiehlt niemals Schandtaten. Wollt ihr denn von Gott reden, was ihr nicht wisset?" (Vgl. Koran: Sure 7, Vers 28)

So wie Gott für gute Taten eine Belohnung verspricht, so will Er auch die Bestrafung für Sünde und Korruption. Aber in beiden Fällen ist das Wollen des Ergebnisses verschieden vom Wollen der Handlung, die zu diesem Ergebnis führt.

Das menschliche Sein und die natürlichen Wirkungen seiner Werke sind wirklich Gottes Willen unterworfen, aber seine gewollten Taten, kommen aus seinem eigenen, freien Willen hervor.

Nach Ansicht des schiitischen Islams, besitzt der Mensch keinen absolut freien Willen, so dass er nicht außerhalb des Rahmens, des göttlichen Willens und Wunsches agieren kann, welcher das ganze Universum mit festgelegten Normen und Gesetzen bedeckt. Denn auf diese Weise würde Gott auf eine schwache und ohnmächtige Entität reduziert werden, sobald Er mit dem

Willen der von Ihm geschaffenen Geschöpfe konfrontiert werden würde. Gleichzeitig ist der Mensch auch nicht der Gefangene eines Mechanismus, der ihn davon abhalten könnte, seinen eigenen Weg im Leben zu wählen und der ihn dazu zwingen würde, gleich einem Tier, ein Sklave seiner Instinkte zu sein.

Der noble Koran stellt ganz klar in einigen Versen fest, dass Gott dem Menschen den Weg der Errettung gezeigt hat, aber er ist weder gezwungen die Führung und Errettung zu akzeptieren, noch ist er gezwungen der Fehlleitung zu verfallen.

„Wir haben ihm den Weg gezeigt, ob er nun dankbar oder undankbar sei." (Vgl. Koran: Sure 76, Vers 3)

Die gewollten, menschlichen Handlungen auf Gott zurückzuführen, wird daher vom Koran abgelehnt.

L20 – Die Formen des göttlichen Willens

Die Bestimmung ist eins der kontroversen Themen, die oft missinterpretiert werden, weil es an präzisem Verständnis fehlt oder weil manchmal bösartige Absicht dahintersteckt. Um dieses Thema zu erörtern, werden wir es hier so prägnant wie möglich analysieren.

Alles auf dieser Welt basiert auf einer präzisen Kalkulation, Logik und Gesetz. Jegliches wurde nach einem bestimmten Maß an seinen Platz gesetzt und die definierten Charakteristika beruhen auf Ursachen und Faktoren, von welchen die jeweiligen Dinge abhängen.

So wie jedes Phänomen seine primäre Existenz von einer spezifischen Ursache ableitet, so bekommen alle ihre äußeren und inneren Eigenschaften von der gleichen Quelle. Jedes Phänomen leitet seine Form und seinen Umfang von einer Ursache ab. Da zwischen Ursache und Wirkung eine Homogenität besteht, wird von der Ursache zwangsläufig eine sich charakteristisch auswirkende Affinität der eigenen Essenz auf die Wirkung übertragen.

Nach der Weltanschauung des Islams, hat die Bestimmung die Bedeutung von Gottes festem Erlass bezüglich der sich entfaltenden Angelegenheiten der Welt, deren Umfang und deren Grenzen. Alle Phänomene, die innerhalb der Ordnung der Schöpfung stattfinden, die menschlichen Taten eingenommen, werden mithilfe ihrer Ursachen festgelegt und bestimmt, ihr Sein ist eine Konsequenz der universellen Validität des kausalen Prinzips.

Die Bedeutung der Bestimmung wird im arabischen zweierlei unterschieden. Bestimmung, im Sinne von „Qada'" hat etwas Beendendes und Irreversibles und es bezieht sich auf die Kreativität der Werke Gottes. Die Bedeutung von „Qadar" bezieht sich auf den Umfang oder das Ausmaß und zeigt auf die Natur und die Qualität der Ordnung Seiner Schöpfung und ihren systematischen Charakter. Es bedeutet, dass Gott der Welt des Seins eine geplante und systematische Struktur erweist. Mit anderen Worten, die Bestimmung ist das Ergebnis Seiner Kreativität, da sie Seinen Aufdruck überall hinterlässt.

Um es anders auszudrücken, was mit Bestimmung gemeint ist, sind die externen und objektiven Festsetzungen von Grenzen und Proportionen einer Sache - extern und objektiv, nicht mental. Bevor ein Architekt seinen Entwurf umsetzt, wird er sich im Kopf die Qualitäten und die Dimensionen des Komplexes entwickeln, das er bauen möchte. Der Koran spricht bei den festen Formen, Eigenschaften und Proportionen der Dinge von Qadar: „Wir haben ein jegliches Ding nach Maß geschaffen." (Vgl. Koran: Sure 54, Vers 49), „(…) Für alles hat Gott ein Maß bestimmt." (Vgl. Koran: Sure 65, Vers 3)

Der Terminus Qada' bedeutet im Koran rationale und natürliche Notwendigkeiten, all die Teile der Ursache, die zum Hervorkommen einer Sache führen. Es impliziert, dass der Wille Gottes sich nur implementiert, wenn die festgelegten Mengen, Konditionen und Ursachen einer Sache miteinander ausgerichtet sind.

Der Schöpfer berücksichtigt die raumzeitliche Situation der Phänomene mit ihren Grenzen und ihren Proportionen und erteilt dann Seinen darauf basierenden Erlass. Welcher Faktor oder Ursache auch immer in der Welt sichtbar ist, ist die Manifestation des Willen Gottes und Seines Wissens, und das Instrument für die Erfüllung dessen, was Er vorherbestimmt hat.

Die Eigenschaft des Wachstums und der Entwicklung ist in den Herzen der Dinge festgelegt. Materie, die den Gesetzen der Bewegung unterworfen ist, hat die Fähigkeit, verschiedene Formen anzunehmen und zahlreiche Prozesse zu durchlaufen. Unter dem Einfluss verschiedener Faktoren, nimmt sie eine Vielzahl an Stadien und Qualitäten an. Sie leitet ihre Energie von bestimmten natürlichen Faktoren ab, die es ihr ermöglichen voran zu schreiten, aber wenn sie auf andere Faktoren stößt, verliert sie an Existenz und verschwindet. Manchmal besteht sie in unterschiedlichen fortschreitenden Stadien weiter, bis sie die höchste Stufe ihrer Entwicklung erreicht, zuweilen fehlt es ihr an der nötigen Geschwindigkeit, um die nächste Etappe des Fortschritts zu erreichen und ihre Bewegung wird träge.

So ist das Ergebnis der Dinge nicht direkt mit dem Schicksal und dem Geschick verbunden, da es eine Ursache gibt, welche die Natur der Wirkung festlegt. Da die materiellen Existenzformen mit einer Reihe von Ursachen verknüpft sind, gehen sie notwendigerweise verschiedene Wege, wobei jede Ursache die jeweilige Existenzform dazu bringt einen bestimmten Pfad einzuschlagen.

Nehmen wir an, jemand hätte eine Blinddarmentzündung. Das ist sein Schicksal, welches sich durch bestimmte Ursachen ergab. Zwei zusätzliche separate Schicksale erwarten diesen Arbeitsunfähigen: Entweder, er ist mit einer Operation einverstanden, in diesem Fall wird er wieder genesen, oder er lässt diese nicht zu und muss sterben. Beide Möglichkeiten repräsentieren eine Form der Bestimmung.

Schicksale können daher austauschbar sein, aber welche Entscheidung der Kranke trifft und danach handelt, es wird nicht außerhalb der Sphäre sein, die Gott ihm bestimmt hat.

Man kann nicht mit gefalteten Händen dasitzen und zu sich selbst sprechen, „Wenn es meine Bestimmung ist, werde ich am Leben bleiben, und wenn es nicht meine Bestimmung ist, werde ich sterben, egal wie sehr ich mich um eine ärztliche Behandlung bemühe."

Wenn man die Heilung sucht und dann gesund wird, ist dies Bestimmung, und wenn man eine Behandlung ablehnt und stirbt, so ist dies ebenfalls Bestimmung. Wo immer man hingeht, was immer man tut, man ist vom Schicksal umgeben.

Menschen, die faul sind und nicht arbeiten wollen, entscheiden sich zuerst nicht zu arbeiten und wenn sie dann kein Geld mehr haben, geben sie dem Schicksal die Schuld. Wenn sie sich entschlossen hätten zu arbeiten, das Geld, das sie verdient hätten, wäre dies ebenfalls Schicksal gewesen. Ob man nun aktiv und fleißig ist oder untätig und faul, man kann der Bestimmung nicht zuwider handeln.

Eine Veränderung der Bestimmung bedeutet daher nicht das Rebellieren eines bestimmten Faktors gegen das Geschick oder eine oppositionelle Haltung gegenüber dem Gesetz der Kausalität. Etwas, das eine Veränderung im Schicksal verursacht, ist selbst ein Glied der Kausalitätskette, eine Manifestation von Schicksal. Anders ausgedrückt, ein Schicksal wird durch ein anderes Schicksal verändert.

Im Gegensatz zu den Wissenschaften, weist dies nur in eine Richtung und zeigt nur die Orientierung von bestimmten Aspekten der Phänomene. Die Gesetze der Metaphysik sind nicht mit den Phänomenen aus der Warte der konjunktionalen Sichtweise beschäftigt, auch wenn die Gesetze die Phänomene regulieren sind sie doch gegenüber der Orientierung, die sie annehmen, gleichgültig. In Wirklichkeit sind beide, die Phänomene selbst und deren Orientierung, den gewaltigen und umfassenden Gesetzen der Metaphysik unterworfen: Wohin auch immer ein Phänomen tendiert, es wird unentrinnbar von diesen Gesetzen umgeben sein.

Die Situation gleicht einer weiten, großen Ebene, in der die am weitesten im Norden gelegenen Bereiche und die am weitesten im Süden gelegenen Bereiche doch immer Teil dieser Ebene bleiben.

Kurz gefasst repräsentiert die Bestimmung gar nichts anderes als die Universalität des Prinzips der Kausalität. Es repräsentiert eine metaphysische Wahrheit, die nicht auf gleiche Weise betrachtet werden kann, wie die Daten der Wissenschaft.

Das Prinzip der Kausalität sagt, dass nur jedes Phänomen eine Ursache hat, es kann selbst keine Voraussage machen. Dies ist eine Eigenschaft, die sich dem Bewusstsein der Metaphysik völlig entzieht.

Für die Gesetze der Metaphysik, die eine anschauliche Form des Wissens darstellen und der feste und stabile Grund für zahlreiche Phänomene in der Welt sind, macht es keinen Unterschied, welches besondere Phänomen auftritt. Eine Autobahn, die Menschen wegen ihrer Stabilität und Festigkeit zum Reisen benutzen, ist der Richtung gegenüber, die diese nehmen, völlig gleichgültig.

Ali, der Führer der Gläubigen (Friede sei mit ihm), hat sich im Schatten einer wackeligen Mauer ausgeruht, die den Anschein machte, kurz vor den Einstürzen zu sein. Plötzlich stand er auf und setzte sich in den Schatten einer anderen Wand. Er wurde gefragt: „Fliehst du vor dem, was Gott dir geschrieben hat?"

Er antwortete, „Ich such Zuflucht in Gottes Macht vor dem, was Er bestimmt hat.", was bedeutet, „Ich fliehe von einer Bestimmung zur anderen. Beides, das Sitzen als auch das Aufstehen waren gleichermaßen dem Schicksal unterworfen. Wenn eine defekte Wand über mich einstürzt und mich verletzt, wird dies Schicksal sein und wenn ich den Gefahrenbereich verlasse und dem Unheil entkomme, so ist auch dies Schicksal."

Der glorreiche Koran beschreibt die Systeme und Gesetze der Natur als göttliche Normen, die über der Welt regieren und unvermeidlich und unveränderlich ihren Bahnen folgen. „(...) und du wirst in Gottes Brauch nie einen Wandel finden." (Vgl. Koran: Sure 33, Vers 62)

Die unveränderliche Norm Gottes erlässt unter anderem: „Verheißen hat Gott denen unter euch, die glauben und gute Werke tun, dass Er sie gewisslich zu Nachfolgern auf Erden machen wird, (...)" (Vgl. Koran: Sure 24, Vers 55)

Nach dem Koran ist das auch eine unveränderliche, göttliche Norm: „(...) Gewiss, Gott ändert die Lage eines Volkes nicht, ehe sie nicht selbst das ändern, was in ihren Herzen ist. (...)" (Vgl. Koran: Sure 13, Vers 11)

Nach der religiösen Weltsicht, sind Realitäten nicht auf die vier Wände der materiellen Verursachung beschränkt. Phänomene sollten nicht nur in ihren sensorischen Beziehungen und materiellen Dimensionen berücksichtigt werden. Nichtmaterielle Faktoren haben zu Bereichen Zugang, die materiellen Faktoren völlig verschlossen sind. Und sie spielen beim Hervorkommen von Phänomenen eine unabhängige und entscheidende Rolle.

Die Welt ist auf keinen Fall dem Unterschied zwischen Gut und Böse gegenüber gleichgültig. Die Taten des Menschen produzieren während seines Lebens bestimmte Reaktionen. Freundlichkeit und Güte zum Nächsten und die Liebe und der Dienst der Geschöpfe Gottes sind Faktoren, die mit nichtmateriellen Mitteln letztlich zu einer Veränderung des menschlichen Schicksals führen und zur Ruhe, Freude und einer Fülle von Segnungen beitragen.

Unterdrückung, Böswilligkeit, Egoismus, Aggression bringen bittere Früchte und haben zwangsläufig schädigende Wirkungen. So ist der Natur aus dieser Sicht eine Form der Vergeltung inhärent, denn die Welt besitzt Wahrnehmung und Bewusstsein, sie sieht und sie hört. Die Art, wie sie die Taten rächt ist eine Form der Manifestation der Bestimmung. Es ist unmöglich, dem zu entfliehen, wo immer man auch hingeht, es wird einen ergreifen.

Ein bestimmter Wissenschaftler erklärt: „Sagt nicht, die Welt hätte keine Wahrnehmung, denn dann hat man sich selbst beschuidigt keine Wahrnehmung zu haben. Du bist in die Welt als Teil der Welt gekommen und wenn es keine Wahrnehmung in der Welt gibt, gibt es auch in dir keine."

Bezüglich der Rolle der nichtmateriellen Faktoren, die das Schicksal gestalten, sagt der Koran folgendes: „Hätte aber das Volk (jener) Städte geglaubt und wären sie rechtschaffen gewesen, so hätten Wir ihnen ganz gewiss vom Himmel und von der Erde Segnungen eröffnet. Doch sie leugneten; also erfassten Wir sie um dessentwillen, was sie sich erwarben." (Vgl. Koran: Sure 7,Vers 96), „(...) Wir zerstören keine Städte, ohne dass ihre Bewohner voll Ungerechtigkeit sind." (Vgl. Koran: Sure 28,Vers 59)

Der Begriff des Schicksals wird von den Befürwortern des Determinismus als einer ihrer Beweise angeführt. Ihrer Ansicht nach, ist es nicht möglich, dass irgendeine Tat unabhängig von irgendwem ausgeführt werden kann, denn Gott hat das Handeln der Menschen schon vorbestimmt, im Allgemeinen wie im Besonderen, im Guten wie im Schlechten, so dass kein Platz mehr für ein gewolltes Schaffen durch den Menschen bleibt.

Es gibt einen Unterschied zwischen Determinismus und der irreversiblen Bestimmung. Jedes Phänomen ist gebunden aufzutreten, wenn erst einmal alle Ursachen für dieses Phänomen gegeben sind. Ein Bindeglied in der Kausalitätskette ist der Wille des Menschen, der eine eindeutige Rolle spielt. Der Mensch ist eine Existenzform, die mit dem freien Willen ausgestattet wurde, daher verfolgen seine Taten bestimmte Ziele, und beim Streben nach diesen Zielen, geht er nicht einem automatischen Gesetz der Natur nach, wie ein Regentropfen, der dem Gesetz der Gravitation folgt. Wäre das anders, der Mensch könnte faktisch nicht die Ziele anstreben, die er sich, als Existenzform mit freiem Willen, vorgenommen hat zu erreichen.

Dies steht im Kontrast mit der deterministischen Sichtweise, die den freien Willen des Menschen als funktionsunfähig betrachtet und alle Ursachen auf Gott allein zurückführt und auf Faktoren, die außerhalb der menschlichen Essenz liegen.

Der Glaube an das Schicksal endet nur im Determinismus, wenn man es als ablösende Kraft und Willen des Menschen betrachtet, so dass keine Rolle oder Wirkung bei der Ausführung seiner Taten seinen Wünschen zugeschrieben werden kann. Tatsächlich jedoch, ist Bestimmung, das Schicksal und die Fügung nichts weiter als das System der Ursache und Wirkung.

Der Koran erklärt, dass einige von jenen, die den Propheten ablehnten und den Banner der Rebellion gegen den von Gott Erwählten erhoben das Schicksal in einer deterministischen Weise interpretierten. Sie wollten nicht, dass sich die bestehende Situation verändert, damit die soziale Ordnung des Monotheismus die scheußlichen Bräuche nicht ersetzen würde können, an denen sie festhielten.

Dies sind die relevanten Verse: „Und sie sprechen: Hätte der Gnadenreiche es gewollt, wir würden sie nicht verehrt haben! Sie haben keinerlei Kenntnis hiervon; sie vermuten nur. Haben Wir ihnen ein Buch gegeben vor diesem (Koran), an dem sie festhalten?" (Vgl. Koran: Sure 43, Vers 20-21)

Im Gegensatz zu den Deterministen waren der Gesandte Gottes und die Anhänger seiner göttlichen Lehren nicht mit dem Erhalt des Status quo beschäftigt, sondern mit dem Umsturz der Traditionen, denn sie blickten in die Zukunft.

Der noble Koran verspricht der Menschheit in seinem Kampf gegen Tyrannei den höchsten Sieg und betont, dass die letzte Regierung, welche die Erde beherrschen wird, eine gerechte Regierung sein wird. Die Falschheit wird verschwinden und das Endergebnis aller Angelegenheiten wird den Gottesfürchtigen gehören. Das ist die Verheißung des Korans: „Und Wir wünschten, denen, die im Lande als schwach erachtet worden waren, Huld zu erweisen und sie zu Führern zu machen und zu Erben einzusetzen." (Vgl. Koran: Sure 28, Vers 5), „Verheißen hat Gott denen unter euch, die glauben und gute Werke tun, dass Er sie gewisslich zu Nachfolgern auf Erden machen wird, wie Er jene, die vor ihnen waren, zu Nachfolgern machte; und dass Er gewisslich für sie ihre Religion festigen wird, die Er für sie auserwählt hat; und dass Er gewisslich ihren (Stand), nach ihrer Furcht, in Frieden und Sicherheit verwandeln wird: Sie werden Mich verehren, (und) sie werden Mir nichts zur Seite stellen. (...)" (Vgl. Koran: Sure 24, Vers 55)

„Und Wir gaben dem Volk, das für schwach galt, die östlichen Teile des Landes zum Erbe und die westlichen Teile dazu, die Wir gesegnet hatten. Und das gnadenvolle Wort deines Herrn ward erfüllt an den Kindern Israels, weil sie standhaft waren; und Wir zerstörten alles, was Pharao und sein Volk geschaffen und was an hohen Bauten sie erbaut hatten" (Vgl. Koran: Sure 7, Vers 137)

So stellt der Koran eine Opposition zwischen Glaube und Unglaube dar, zwischen den Unterprivilegierten und den Tyrannen. Und er sagt uns, dass die Welt sich in Richtung des Triumphes der Wahrheit über die Falschheit bewegt, der Benachteiligten über ihre Unterdrücker. Eine revolutionäre Bewegung ist dabei zu geschehen, die in Harmonie mit allen Geschöpfen hin zur Vollendung voranschreitet.

Der Ruf der Propheten, Belohnung und Bestrafung, Paradies und Höllenfeuer – all dies beweist, dass der Mensch Pflichten hat und Verantwortung trägt, und nach dem Koran sind die Errettung des Menschen in dieser Welt und der Nachwelt an seine Taten gekoppelt.

Nach der Doktrin von Bestimmung und Schicksal, ist der Mensch frei und für sein eigenes Schicksal verantwortlich, welches er selbst lenkt. Das Schicksal ist in der Tat am Werk, wenn ein Volk mächtig und ein anderes Volk miserabel und unbedeutend ist, wenn eine Gemeinschaft triumphiert und stolz ist und die andere besiegt und bescheiden dasteht. Dies ist nur so, weil das Schicksal feststellt, dass ein Volk seine Mittel für Fortschritt und Entwicklung nutzt und würdevoll und ehrenvoll voranschreitet, während ein anderes Volk sich für die Genusssucht und Indifferenz entscheidet und dafür nichts als Verlust, Erniedrigung und Erbärmlichkeit erwarten kann.

Der Koran sagt sehr deutlich: „Dies, weil Gott niemals eine Gnade ändern würde, die Er einem Volke gewährt hat, es sei denn, dass das Volk seinen eignen Seelenzustand ändert. (…)" (Vgl. Koran: Sure 8, Vers 53) Kein Zweifel besteht darin, dass unsere Wünsche nicht immer so erfüllt werden, wie wir es erwarten, aber dass beweist nicht im Geringsten, dass der Mensch in seinen Handlungen festgelegt ist. Die Tatsache, dass die Reichweite der gewollten Taten des Menschen begrenzt sind, widerspricht in keinerlei Weise dem freien Willen, den er besitzt. Zu behaupten, der Mensch hätte einen freien Willen, bedeutet keineswegs, dass sein freier Wille unbegrenzt ist.

Gott lässt viele Faktoren in der weiten Fläche des Seins arbeiten. Manchmal sind diese Faktoren zusammen mit den Phänomenen, die sie verursachen, dem Menschen evident und manchmal nicht. Eine sorgfältige und realistische Interpretation des Konzeptes des Schicksals wird den Menschen dazu bringen, sich stärker zu bemühen, sich mehr Wissen über all diese Faktoren anzueignen, sodass er sie in Betracht ziehend noch größere Leistungen anstrebt.

Weil der Mensch nicht in der Lage ist, alle Faktoren zu kennen, die für seinen Erfolg notwendig sind, sind seine menschlichen Fähigkeiten begrenzt und seine Wünsche bleiben unerfüllt.

In Übereinstimmung mit dem generellen Prinzip der Kausalität, ist das Schicksal jeder Existenzform an die Ursache gekettet, die ihr vorausgeht. Ob man nun die Existenz eines göttlichen Prinzips akzeptiert oder nicht, es hat keine Auswirkung auf die Frage der Freiheit und des Schicksals eines Menschen. Dies, weil man das System der Ursache und Wirkung entweder dem Willen Gottes zuschreibt oder aber davon ausgeht, dass es unabhängig und ohne Verbindung zu einem göttlichen Prinzip steht. Wenn dieser Fall angenommen wird, kann man ebenfalls behaupten, dass der Determinismus aus dem Glauben an die Doktrin der Bestimmung resultiert. Was wir mit Bestimmung meinen, ist die unzertrennliche Verbindung jedes Phänomens mit ihrer Ursache, den Willen und die Entscheidungskraft des Menschen eingenommen. Wir wollen nicht die Kausalität leugnen.

Die Bestimmung bringt die Existenz eines jeden Phänomens durch das Mittel einer bestimmten Ursache hervor. Der göttliche Wille regiert als universelles Prinzip und Gesetz über die gesamte Welt. Jede Veränderung, die stattfindet basiert auch auf der göttlichen Norm und Angewohnheit. Wäre dies nicht der Fall, das Schicksal hätte nie irgendeinen externen Ausdruck. Jede wissenschaftliche Gedankenschule, die das Prinzip der universellen Kausalität akzeptiert, ist verpflichtet die Realität der Beziehungen zwischen einem Phänomen und der dazugehörenden Ursache zu akzeptieren, ganz gleich, ob sie theistische oder materialistische Standpunkte vertritt.

Wenn nun eine definitive Verbindung zwischen dem Auftreten eines Phänomens und seinen Ursachen – das menschliche Handeln eingeschlossen – den Menschen dazu lenkt eine Maschine zu sein, die in ihren Handlungen vorherbestimmt ist, sind Theismus und Materialismus offen für Beanstandungen, insofern sie beide Kausalität akzeptieren. Wenn es aber nicht zu dieser Folgerung führt (was natürlich auch nicht geschehen sollte), bleibt die Frage bestehen: Was ist der Unterschied zwischen Theismus und Materialismus?

———

Der Unterschied ist, dass die theistische Weltanschauung im Gegensatz zur materialistischen das Ideal und nichtmaterielle Faktoren für fähig hält, eine Wirkung auszuüben. Diese Faktoren sind im Netz der Schöpfung tatsächlich subtiler und komplexer als die materiellen Faktoren. Die Weltsicht, die auf einen glauben an Gott basiert, schenkt dem Leben Sinn, Ziele und Bedeutung. Sie erweist dem Menschen Courage, Vitalität, einen weiten Horizont, tiefe Erkenntnis, stärkt die Vernunft, verhindert, dass er in den Abgrund der Zwecklosigkeit fällt und bringt ihn in einer nicht endenden Arche des Aufstiegs hoch.

Ein Gläubiger, der vom Schicksal fest überzeugt ist, der wahrnehmen kann, dass weise Absichten in der Schöpfung des Menschen und des Universums am Werke sind, wird auf dem geraden Weg mit Gottvertrauen voranschreiten, wissend, dass er Unterstützung und Schutz durch Gott erfahren wird. Er wird selbstsicherer und hoffnungsvoller bezüglich der Ergebnisse seiner Aktivitäten sein.

Aber einer, der in der Weltanschauung des Materialismus gefangen ist, dessen mentale

Grundstrukturen ihn dazu neigen lassen an ein materielles Schicksal zu glauben, genießt keine dieser Vorteile. Er hat keine sichere und unbesiegbare Unterstützung bei seinen Bestrebungen, seine Ziele zu erreichen.

Es ist daher offensichtlich, dass es einen tiefgründigen Unterschied zwischen den beiden Denkschulen bezüglich ihrer sozialen und psychologischen Wirkung gibt. Anatole France sagt: „Es ist die nützliche Wirkung der Religion, die den Menschen den Grund für seine Existenz und die Konsequenzen seiner Handlungen lehrt. Sobald wir die Prinzipien der theistischen Philosophie ablehnen, wie es soviele heute in einem Zeitalter der Wissenschaft und der Freiheit tun, haben wir nicht mehr die Mittel zu wissen, warum wir in diese Welt kamen und was wir zu schaffen haben, nachdem wir unsere Füße auf diese Welt gesetzt haben.

Die Mysterien der Bestimmung haben uns mit ihren mächtigen Geheimnissen umwickelt und wenn wir uns wünschen, der traurigen Mehrdeutigkeit des Lebens zu entgehen, müssten wir gar nichts mehr denken. Denn die Wurzel unseres Schmerzes liegt in unserer kompletten Ignoranz des Zweckes unserer Existenz. Physischer und spiritueller Schmerz, die Qualen der Seele und der Sinne – alles wäre erträglich, wenn wir den Grund für diese wüssten und glauben würden, dass Gott sie gewollt hat.

Der echte Gläubige hat gefallen an den spirituellen Qualen, die er erträgt. Selbst die Sünden, die er begeht, rauben ihm nicht die Hoffnung. Aber in einer Welt, wo der Strahl des Glaubens ausgelöscht ist, verlieren Schmerz und Krankheit an Bedeutung und werden zu hässlichen Witzen, eine Art finsterer Spott."

L21 – Eine unsachgemäße Interpretation der Bestimmung

Manche Pseudointelektuelle haben falsche Ideen von der Bestimmung und stellen sich vor, dass diese Doktrin Stagnation und Inaktivität verursacht, den Menschen von allen Formen der Bemühung zurückhaltend, die sein Leben verbessern könnten.

Die Quelle für diese Ansicht liegt im Westen im Fehlen eines angemessenen Verständnisses des Begriffes, insbesondere wie er in der islamischen Lehre dargelegt wird. Im Osten hat diese Sichtweise aufgrund von Zerfall und Rückständigkeit an Einfluss zugenommen. Es ist ziemlich bekannt, dass Individuen oder historische Gemeinschaften, die ihre Ziele und Ideale nicht erreichen, was auch immer für Gründe dafür vorliegen mögen, sich mit Worten wie „Glück", „Zufall" und „Schicksal" trösten.

Der hochnoble Gesandte (Friede sei mit ihm und seiner Familie) hat sich in diesem Zusammenhang eloquent geäußert: „Es wird für die Menschen meiner Gemeinschaft eine Zeit kommen, wo sie Sünden und Ungerechtigkeiten begehen werden und um ihre Korruption und Verschmutzung zu rechtfertigen werden sie sagen: Gott hat über uns dieses Schicksal verfügt, sodass wir derartig handeln. Wenn ihr solche Menschen trefft, sagt ihnen, dass ich sie verleugne."

Dar Glaube an das Schicksal behindert den Menschen nicht, seine Ziele im Leben zu erreichen. Jene, die das notwendige Wissen in Religionsfragen haben, realisieren, dass der Islam die Menschen dazu aufruft, ihr Bestes zu geben, um ihr Leben zu verbessern, im moralischen als auch im materiellen Sinne. Das ist an sich schon ein mächtiger Faktor bei der Intensivierung der Bemühungen, die der Mensch unternimmt.

Einer der westlichen Denker, der ein unzulängliches Verständnis von Bestimmung hat, ist Jean Paul Sartre. Er meint, dass es unmöglich ist, an ein von Gott bestimmtes Schicksal zu glauben und gleichzeitig die Freiheit des Menschen zu vertreten. Daher ist es, seiner Meinung nach, notwendig, dass der Mensch sich entweder für den Glauben an Gott oder die Freiheit des Menschen entscheidet: „Da ich an die Freiheit des Menschen glaube, kann ich nicht an Gott glauben, denn würde ich an Gott glauben, müsste ich das Konzept des Schicksals akzeptieren und wenn ich das Konzept des Schicksals akzeptiere, muss ich auf meine Freiheit verzichten. Da ich an der Freiheit festhalte, glaube ich nicht an Gott."

Dabei gibt es gar keinen Widerspruch zwischen den Glauben an eine Bestimmung und dem Schicksal einerseits und der Freiheit des Menschen andererseits. Solange man den Willen Gottes mit universeller Reichweite erkennt, spricht auch der noble Koran dem Menschen eine freie und aktive Rolle zu. Er wird beschrieben als jemand, der bewusst in der Lage ist, sein eigenes Schicksal mit einem Verständnis für das Gute und Schlechte, für das Hässliche und Schöne zu gestalten und zu differenzieren. „Wir haben ihm den Weg gezeigt, ob er nun dankbar oder undankbar sei." (Vgl. Koran: Sure 76, Vers 3), „Wer aber das Jenseits begehrt und es beharrlich erstrebt und gläubig ist - dessen Streben wird belohnt werden." (Vgl. Koran: Sure 17, Vers 19)

Jene, die am Tag des Gerichts ihre Zuflucht im Determinismus suchend sagen werden, „(...) Hätte Gott es so gewollt, wir würden nichts außer Ihm angebetet haben. (...)" (Vgl. Koran: Sure 16, Vers 35), werden für das Zurückführen ihrer eigenen Sündhaftigkeit und ihrer eigenen Fehlern auf den göttlichen Willen zurechtgewiesen. Gleichzeitig stellt die Bestimmung keine Hürde für eine korrupte und verschmutzte Gesellschaft dar, die sich reformieren will. Es findet sich kein einziger Vers, wo Gottes Willen den menschlichen Willen ablöst oder wo gesagt wird, der Mensch würde aufgrund seiner Bestimmung leiden müssen.

Der Koran erwähnt mehrmals den Zorn Gottes, der die Korrupten und Tyrannen mit schmerzvoller Strafe überraschen wird.

Da Gott zu seinen Dienern extrem liebevoll und vergebend ist, ihnen unzählige Gnaden erweist und da Er gleichzeitig nachsichtig ist und bereit ist Reue anzunehmen, hält Er den Sündigen immer den Weg der Rückkehr zu Reinheit und Rechtschaffenheit offen. Gottes Akzeptanz der Reue ist an sich schon eine große Instanz Seiner Vergebung.

Obwohl die Reichweite des menschlichen Willens größer und weitreichender ist und er eine weitaus kreativere Rolle als all die anderen uns bekannten Geschöpfe spielt, so kann sein Wille doch nur in einem abgegrenzten Tätigkeitsbereich Gottes wirken. Er kann daher in seinem Leben nicht alles erreichen, was er möchte.

Es passiert oft, dass der Mensch versucht etwas zu tun, doch so sehr er sich bemüht, er schafft es nicht, dies zu vollbringen. Der Grund dafür ist nicht, dass Gottes Wille sich gegen den Willen des Menschen richtet und ihn davon abhält zu tun, was er sich wünscht. Es ist in solchen Fällen vielmehr so, dass ein nicht bekannter Faktor, der über die Wissensgrenzen und die Kontrollbereiche des Menschen hinausgeht, ihm

Schwierigkeiten in den Weg legt und ihn davon abhält, seine Ziele zu erreichen.

Die Individuen und die Gesellschaft, beide begegnen ständig diesen Hürden. Angesichts der Tatsache, dass es im natürlichen Bereich keine Ursache ohne Wirkung gibt und keine Wirkung ohne eine vorangegangene Ursache und dass unsere Mittel der Wahrnehmung auf diese Welt und auf den menschlichen Bereich begrenzt sind, sollte für uns nicht schwer zu akzeptieren sein, dass unsere Aspirationen nicht auf die Weise in Erfüllung gehen, wie wir es wünschen.

Gott hat Billionen von Faktoren, die an der Ordnung des Seins arbeiten. Zuweilen sind diese Faktoren dem Menschen sichtbar und manchmal bleiben sie ihm unbekannt, sodass er sie in seine Kalkulationen nicht mit einbeziehen kann. Dies bezieht sich auch auf die Bestimmung, aber nicht nur resultiert dies in einer Benachteiligung des menschlichen Willens oder in der Verhinderung seiner Bemühungen Zufriedenheit im Leben zu erlangen, es führt den Menschen in seinen Gedanken und in seinem Handeln und durchdringt die innersten Tiefen seines Seins mit stärkerer Lebenskraft. Er sucht nach der Erweiterung seines Wissens und möchte so präzise wie nur möglich die Faktoren identifizieren, die seinen Weg für einen größeren Erfolg im Leben ebnen. Der Glaube an das Schicksal und die Bestimmung ist daher ein starker Faktor für das Vorwärtskommen des Menschen hin zu seinen Zielen und Idealen.

Die Frage der Errettung oder Verdammung des Menschen ist implizit in der folgenden Diskussion gelöst, da Errettung und Verdammung aus den Werken des

Menschen resultiert und nicht aus Angelegenheiten, die über seinen Willen hinausgehen oder von natürlichen Phänomenen ausgeht, die in die menschliche Existenz durch den Schöpfer implantiert wurden.

Weder umweltbedingte und erbliche Faktoren noch die natürlichen Kapazitäten, die im Menschen zugegen sind haben eine Wirkung auf seine Errettung oder Verdammung, sie können sein Schicksal nicht gestalten. Was seine Zukunft festlegt, ist die Achse an der sich seine Errettung oder Verdammung wendet, und die Ursache für seinen Auf- oder Abstieg ist das Ausmaß der Entscheidungen, die der Mensch als Existenzform mit der Möglichkeit zu wählen, macht, und wie er seinen Intellekt, sein Wissen und andere Kräfte einsetzt.

Glück und Errettung hängen nicht von der Fülle der natürlichen Fähigkeiten ab. Es ist jedoch wahr, dass diejenigen, die größere Talente besitzen auch die größere Verantwortung tragen. Ein leichter Fehler eines solchen Individuums ist wesentlich bedeutsamer, als wenn ein ähnlicher von einer schwächeren und hilfloseren Person gemacht wird. Jeder wird gemäß seiner Talente und Kapazitäten, die er besitzt, zur Rechenschaft gezogen werden.

Es ist absolut möglich, dass eine Person, deren innere Fähigkeiten und Ressourcen geringfügiger Natur sind, sein Leben nach den Pflichten und der Verantwortung ordnet, die ihm auferlegt wurden und dadurch das wirkliche Glück erreicht. Das wird ihn in die Lage versetzten, zu verstehen, dass das Ergebnis die Intensität seiner Bemühungen war, die er aufgewandt hat, um die limitierten Talente, die ihm gegeben waren, zu nutzen.

Andersherum, jemand, dem eine Fülle an inneren Ressourcen und Gaben gegeben wurde, die er nicht nur nicht nutzt, um selbst davon zu profitieren, er wird sie vielleicht sogar noch missbrauchen, um auf seine eigene menschliche Würde herumzutreten und sich selbst in Sünde und Korruption werfen, so eine Person ist ohne Zweifel ein Sünder, für den die Verdammnis bestimmt ist, und er wird nie einen Blick auf die Errettung erhaschen.

Der Koran sagt: „Jede Seele ist ein Pfand für das, was sie verdient hat." (Vgl. Koran: Sure 74, Vers 38) Daher sind die Errettung und die Verdammnis einer Person von seinen gewollten Taten abhängig, nicht von seiner natürlichen oder psychologischen Verfassung. Das ist die klarste Manifestation von der Gerechtigkeit Gottes.

Eine der charakteristischen Doktrinen der schiitischen Schule ist „bida", ein Term, der besagt, dass sich die Bestimmung eines Menschen ändert, wenn sich die Faktoren und Ursachen, die sie regulieren, ändern: Was den Anschein erweckt, ewig und unveränderlich zu sein, verändert sich in Übereinstimmung mit dem Wandel in den menschlichen Taten und Verhaltensweisen. So wie materielle Faktoren das Schicksal des Menschen neu formen können, so entlocken nichtmaterielle Faktoren neue Phänomene.

Es ist möglich, dass solche nicht-materiellen Faktoren verborgenes und gegensätzliches zu dem, was aktuell ist, zum Vorschein bringen. Tatsächlich werden durch das Verändern der Ursachen und der Verhältnisse durch Gott neue Phänomene erlassen, die vorteilhafter als das Phänomen sind, welches ausgetauscht wurde. Dies ist vergleichbar mit dem Prinzip der Aufhebung in einem gezeigten Gesetz. Wenn ein früheres Gesetz zu

Gunsten eines Anderem aufgehoben wird, so deutet dies nicht auf die Ignoranz oder das Bedauern des göttlichen Gesetzesgebers hin, sondern sagt lediglich aus, dass ein aufgehobenes Gesetz keine Gültigkeit mehr besitzt.

Wir können nicht das Konzept der „bida" in dem Sinne interpretieren, dass Gott seine Meinung ändert, weil ihm nun eine Realität bekannt geworden ist, die Ihm vorher unbekannt war. Das würde dem Prinzip der Universalität des göttlichen Allwissens widersprechen und so kann es von keinem Muslim akzeptiert werden.

———

Das auferlegte Gebet ist ein weiterer Faktor, dessen Wirkungsweise nicht unterschätzt werden darf. Es ist klar, dass Gott von den inneren Geheimnissen jedes einzelnen weiß, aber in der Beziehung des Menschen zu Gott spielen die Gebete die gleiche Rolle, welche die Bemühungen und Handlungen des Menschen in seiner Beziehung zur Natur eine Rolle spielen. Abgesehen von der psychologischen Wirkung, übt das Gebet eine unabhängige Wirkung aus.

Jeden Augenblick erscheinen neue Phänomene in der Natur, bei deren Auftauchen vorangegangene Ursachen von Bedeutung sind. Ebenso ist in einer großen Sphäre der Existenz das Gebet auf dem Weg hin zu einem Ziel zutiefst effektiv. So wie Gott jedem der natürlichen Elemente in dem System der Kausaltät eine Aufgabe zugeteilt hat, so hat Er auch dem Gebet eine wichtige Aufgabe zugewiesen.

Wenn eine Person von Schwierigkeiten belagert wird, soll sie nicht in Hoffnungslosigkeit und Verzweiflung verfallen. Die Türen zu Gottes Barmherzigkeit sind gegenüber niemandem verschlossen. Es mag sein, dass sich morgen schon eine neue Situation abzeichnet, die in keiner Weise mit dem korrespondiert, was der Mensch erwartet hatte. Denn der Koran sagt: „Ihn bitten alle, die in den Himmeln und auf Erden sind. Jeden Tag offenbart Er Sich in neuem Glanz." (Vgl. Koran: Sure 55, Vers 29)

Man sollte daher nie aufgeben, sich zu bemühen. Ein Gebet, welches nicht mit dem entsprechenden Einsatz verknüpft ist, gleicht, wie es der Führer der Gläubigen, Ali (Friede sei mit ihm) formulierte: „(...) einer Person, die einen Pfeil von einem Bogen lösen will, der keine Saite hat."

Während man sich ständig anstrengt, sollte man seine Wünsche Gott gegenüber mit Hoffnung und Aufrichtigkeit äußern und mit seinem ganzen Sein nach Seiner Hilfe suchen, die von dieser Quelle der unendlichen Macht ausgeht. Der Koran sagt: „Und wenn Meine Diener dich nach Mir fragen (sprich): Ich bin nahe. Ich antworte dem Gebet des Bittenden, wenn er zu Mir betet. So sollten sie auf Mich hören und an Mich glauben, auf dass sie den rechten Weg wandeln mögen." (Vgl. Koran: Sure 2, Vers 186)

Der Geist des Menschen wird zu Gott aufsteigen und ihn in wahres Glück eintauchen lassen, wenn er die Fallen der Bedürftigkeit meidet, sich von allen Ursachen loslösend und sich direkt an Gott wendet. Er wird sich dann mit der Essenz Gottes verbunden sehen und Sein offenkundiges unendliches Wohlwollen und seine Huld spüren.

Imam Sajjad (Friede sei mit ihm) richtet sich an Gott in seinem Gebet, das als das Gebet des Abu Hamsa bekannt ist: „Oh Schöpfer! Ich sehe die Pfade der Bitten und der Petition, welche zu Dir führen, offen und klar und die Quellen der Hoffnung in Dir sind reich. Ich sehe es als erlaubt an, von Dir Hilfe für Wohlwollen und Vergebung zu ersuchen und ich sehe die Tore des Gebets für alle offen, die Dich anrufen und Dich um Hilfe flehen. Ich bin mir sicher, dass Du bereit bist, die Gebete jener zu beantworten, die Dich anrufen und jenen Zuflucht zu gewähren, die sie bei Dir suchen."[43]

Es gibt ebenfalls eine Überlieferung über die Wirkung von Sünden und guten Werken: „Jene, die aufgrund ihrer Sünde sterben, sind zahlreicher, als jene, die aufgrund eines natürlichen Todes sterben. Und jene, die aufgrund der Ausführung ihrer guten Taten leben, sind zahlreicher, als jene, die aufgrund ihrer natürlichen Zeitspanne leben."[44]

Es war die Wirkung des Gebets, die Zakariya, einem wahren Propheten, der daran verzweifelt ist, kein Kind zu haben, in die Lage versetzte, seinen Wunsch zu erreichen. Es war die Wirkung der Reue, die den Propheten Junus und seine Leute vor Katastrophe und Vernichtung bewahrte.

Die Gesetze, die der große Schöpfer im System des Universums implantiert hat, limitieren Seine unendliche Macht in keinster Weise noch verringern sie Seinen Spielraum. Er hat die gleiche absolute Diskretion bei der Veränderung der Gesetze, im Bestätigen und Aufheben ihrer Wirkungen, die Er hatte, als Er sie etalierte. Diese einzigartige Essenz, die sorgsam und umfassend das ganze System des Seins überwacht, kann kaum selbst hilflos diesen Gesetzen und Phänomenen unterworfen

---

[43] „Mafatih Al-Janan"

[44] „Safinat Al-Bihar", Band I

sein, die sie selbst erschuf noch kann sie die Fähigkeit und Macht veriieren zu machen, was sie möchte.

Wenn wir sagen, dass Gott in der Lage ist, zu jedem Zeitpunkt, die Phänomene, die Er in dieser Welt schuf, zu verändern, so meinen wir damit nicht, dass Er die Ordnung der Welt zerstört oder ihre festgelegten Regulierungen oder die Gesetze und Prinzipien der Natur umkippt. Der ganze Prozess der Veränderung findet innerhalb bestimmter unbekannter Prinzipien und Kriterien statt, die unserer limitierten Wahrnehmung und Kognition entgehen. Wenn der Mensch die Materie sorgfältig und kritisch betrachtet und die weite Spannbreite der Möglichkeiten in Betracht zieht, mit denen er konfrontiert ist, wird es ihn davon abhalten, auf der Basis dieser weniger Prinzipien ehrgeizig alles Vorherzusagen, was er in der Lage war, in der Natur zu beobachten.